岩波現代文庫／学術 341

日本語文体論

中村 明

JN210979

岩波書店

目　次

I　文体の発見

——さまざまな文章を生み出すもの——

1　表現差の諸相

対照的な小説文

いろいろの文章がある。実感で確かめておこう。

　雨が降っている。古風な機関車が真白な煙りを吐いて止まっている。それは葱をふみながらきき耳立てた雄《お》ん鶏《どり》に似ている。パラソルの骨のように、線路は停車場へたぐられる。お前の電車が一生懸命で駅へ走る。赤い陸橋を斜めに抜ける。シグナルの色は次第に濃くなる。貨物車は海ぎわに幾筋にも列んで、雄ん鶏の来るのを待っている。海の上にひろがる空は黄ばんで霽《は》れそうに見える。海は、古いフィルムを一杯にほぐしたり、透かして見たりしている。夕方の白さが駅を中心にしてどこにも見える。

——永井龍男『絵本』

　盤上に散った水滴が変り玉のようにきらきらするのを手に取り上げて見ればぱっい消えうせてしまうごとく、かりに物語にでも書くとして垂井茂市を見直す段になるとこれはもう異様の人物にあらず、どうしてこんなものにこころ惹かれたのかとだまされたような気がするのは、元来物語の世界の風は娑婆の風とはまた格別なもので、地を払って七天の高きに舞い上るいきおいに紛紛たる浮世の塵人情の滓など吹き落されてしまうためであろうか、それにしてもこれはちょっと鼻をつまめばすぐ息がとまるであろうほどたわいのなさすぎる男なのだ。

——石川　淳『普賢』

前例は超現実風の感覚的なスケッチでひるがえり、後例は粘りつくような饒舌でリズミカルに進む。両者は対照的な印象を与え、事実、表現上の性格が驚くほど違う。もっと驚くのは、世の中にある文章の中で、これはむしろ似た部類に属するということだ。正反対に見えるこの二つの文章はどちらも、日本の近代以降、それも同じ昭和初期に、男性作家の手によって、日本語の口語体の共通語で、散文として書かれた、大人の読者を対象とする小説作品の、ともに書き出しの一節なのである。

文章の多様性

以上のように、「日本の」から「書き出し」までの一〇項目の条件を等しくする二例でこれだけ違うのだから、現実に存在する文章の間の表現差はこんなものではない。「夏だ、サファリだ。元気がちがう」(新聞広告)、「シルバーシャドウをベースに、H・

J・マリナー・パークウォード社がコーニッシュなるパーソナルクーペを」(外国車ガイド)、「当該販売機関の営業所等を経由して提出した次項において準用する所得税法第十条第三項の特別非課税貯蓄申告書に記載された同項第三号に掲げる最高限度額」(租税特別措置法)、「あなたぐらい弔辞の書きにくい人はいない。最後に云いたいことは山程ありながら、結局「馬鹿、なぜ死んだ」という愚痴しかでてこない」(中村光夫の弔辞)、「僕が入って居るろうやの前に電気が有るので電気の下の廊下に小金虫が沢山死んで落ちて居るので夜になると電気がつくので電気がついて明るくなって居る所へ小金虫が沢山飛んで来て」(山下清の日記)、「三角形ABCの外接円上の一点Pから、各辺AB、BC、CAまたはその延長上におろした垂線の足をL、M、Nとすれば、L、M、Nは同一直線上にある」(シムソン線の説明)、「父上様、母上様、三日とろろ美味しゅうございました。干し柿、モチも美味しゅうございました」(円谷幸吉の遺書)、「わらい　こぞうが　くすぐった　／　ごりらの　ごうけつ　はははは　／　いたずら　まじょは　ひひひひひ」(絵本)と順不同に並べてみると、一口に文章と言っても、その表現の多様性はまさに驚くばかりである。

文章という存在を大きく、ひとまとまりの言語表現ととらえると、ここに挙げた多彩な例も、文章全体から見れば、ほんの一端を取り上げたことにしかならない。万葉の相聞歌も、村会の議事録も、西田哲学の論文も、落語の「芝浜」も、年賀状も、新聞の経済記事も囲碁欄も、パソコンの取扱説明書も、『奥の細道』も、チャールズ・ラムの書簡集も、不動産売買契約書も、五箇条の御誓文も、世界史の受験参考書も、啄木のローマ字日記も、天気予報も、『若菜集』も、医者の診断書も、『出雲風土記』も『荻窪風土記』も、『新約聖書』も、「あるんであるんである」調の大隈重信の演説も、おそらく他のどれとも似ていまい。

果てしなく広がる多様な文章――どれが普通でどれが特殊だというわけではない。それらは互いに無縁な存在に見える。『古事記』と暑中見舞のはがきの文面とスポーツ記事と『悪の華』と判決文と歌舞伎の台本と『論語』と童話を比べて文章の性格の違いを論ずる試みがめったに現れないのはそのためだ。『雪国』との対比には『風と共に去りぬ』より『風立ちぬ』、『城の崎にて』との対比には『今昔物語』より『羅生門』、『たけくらべ』との対比には『高瀬舟』より『舞姫』、『徒然草』との対比には『源氏物語』より『枕草子』の方が対象として適切だと判断するのはなぜか。ある点が違えば当然その表現の性格は異なるという常識が働いているからである。一体、何が違えば文章の姿は一変するのか。その常識的な判断の背後にある原理を明らかにすることを通して、文章の表現上の性格を規定する条件を探ることにしたい。

2　使用言語の性格

日本語と英語

絵巻物や浮世絵のような日本の伝統芸術には、固定視点による西洋風の遠近法とは違って、対象に合わせて移動したり分散したりする視点の柔軟さがある。歩を運ぶにつれて刻々と微妙に光と姿を変える景観を楽しむ回遊式の庭園にも共通の嗜好が認められる。牧野成一『ことばと空間』(東海大学出版会)は、日本の都市に左右対称の構造が西欧より少ない事実を、視点不定の原理と結びつけ、日本語の文章の性格ともつながることを指摘した。

「玉子の白みに酒石酸を入れ、かたく泡立てます」といった料理法の説明に典型的に見られるように、主語が何人称か不明な文構造はその一例だと言う。また、大仏次郎の『帰郷』の原文中にあった現在形が英訳ですべて過去形に統一されたことに注目し、日本語のテンス(時制)が不安定なのも浮遊する視点のせいだとし、さらに、作者の客観視点の叙述の間に「自分は……だったのだ」といった登場人物の視点に立つ共感話法が混在するのも、視点の揺れる日本語の特徴であるとした。神宮輝夫は児童文学について、作者が登場人物と同化しやすく対象との距離を自在に変化させると述べたが、それは童話に限らず、日本語の表現に広く見られる傾向だということになる。

國廣哲彌「日本人の言語行動と非言語行動」(岩波講座「日本語」2『言語生活』所収)によれば、別れと再会の場面を観察すると、アメリカ人に比べて日本人は、一度できた関係を自分で断ち切ることを嫌うという。訪問客が帰る際、アメリカではドア一枚の開閉で別れは一瞬のうちに成立する。ところが、日本では、客が腕時計を気にするあたりから別れの雰囲気が立ち始め、お辞儀を重ねるごとにその濃さを増して、門で見送るまで別れは徐々に起こる。客の姿が見えなくなるまで見届けるのは、視界から消える決定的な瞬間を自分の意志で実現させたくないからだとも言う。再会の時に「先日はどうも」「こちらこそ失礼」といったことばを交わしてその間の空白を埋めようとするのは、確かに、断絶を気にする日本人の心理の反映であるかもしれない。

このような行動様式の違いは言語表現のいろいろな層に現れ、日本語らしさを作り上げている。改まったスピーチでは「……でございまして」「……でございますが」と接続助詞で長々とつないでいく。なめらかさを心がけると、文を切るのは勇気が要る。やむをえず切ったとしても、接続詞などでつないで切れめが目立たないようにする。

手紙でもそういう配慮を示す。丁重に書く場合に段落を設けなかったのもその一つだ。「過日は」「その後」というふうに相手との関係を連続させる形で入るのは、再会での口頭の挨拶と同じ心理だろう。単刀直入に用件を切り出すアメリカ人の場合と違って、日本人の手紙は初めや終わりの挨拶が長いと言われる。門や玄関を通って出会いや別れが次第に進行するように、手紙でも唐突さを避け、できるだけ自然に運びたいのである。

日本人のスピーチは言い訳から始まると言われる。意見を述べる際にも、段取りを踏んで徐々に結論に導く。日本語では末尾の述語によって文全体の意味が決する。肯定か否定か疑問か断定か推量かといった意思表示を文末まで宙吊りにする文構造で思考することに慣れてしまうと、それが文章構成にも影響を与え、賛成か反対かという自己の立場や態度の表明をしばらく保留し、最後になってようやく論旨がはっきりするように文章を展開させる傾向が出て来るのは自然なのかもしれない。いきなり結論を述べるのは非礼の感があり、抵抗を覚える。

一方、日本には余韻・余情を尊ぶ長い伝統がある。幅を持たせる非限定の表現、即かず離れずの間接的な表現、隅ずみまで描き込まず省略を利かせてすっきりと仕立てた表現をよしとしてきた。論理を振りかざすよりは感覚的にとらえ、また、表現形式の完結感を回避する傾向も、同じ方向の美意識とつながる。

英語やドイツ語やフランス語やロシア語でなく、中国語や韓国語でもない、この日本語で表現することを選ぶ時、これまで言及してきた性格を帯びやすい傾向をも同時に選び取ることになる。肯定表現をとるか否定表現をとるかということも、素材のあり方ではなく主体側の思考、すなわち発想によるため、どちらが自然かは言語によって違う。無論、日本的でない表現を日本語で行うことも可能だが、それは自然な日本語の文章から逸脱しているという表現価値を否応なく負わされる。

表現の非限定性、間接性、省略性といっても、それが強ければ強いほど日本的だとは言えない。限定が緩過ぎると一定の意味にまとまらない。あまりに間接的過ぎると相手は関係がたどれなくなる。省略も度を越せば通じない。通じる表現の限界は相手や状況によって違う。これ以上述べてはくどくなり、これ以下では正しく伝わらない、ことばと心とのそういうバランスの極致を、日本人は表現の理想としてきたように思われる。

文語体と口語体

日本語の表現には日本人が感じ考えてきた心と行動の歴史がしみ込んでいる。日本語を選んだ時に表現の最も基本的な性格はそれで決まったと言っていい。が、同じ日本語で書いた文章でも、他の条件の違いでさまざまな姿を呈する。文語体と口語体の差もその一つだ。

春の日脚の西に傾きて、遠くは日光、足尾、越後境の山々、近くは、小野子、子持、赤城の峰々、入日を浴びて花やかに夕栄《ゆふばへ》すれば、つい下の榎離れて唖々と飛び行く鳥の声までも金色に聞ゆる時、雲二片《ふたつ》蓬々然《ふらふら》と赤城の背《うしろ》より浮び出でたり。

——徳冨蘆花『不如帰』

自分が一度犬をつれ、近処の林を訪い、切株に腰をかけて書《ほん》を読んで居ると、突然林の奥で物の落ちたような音がした。足もとに臥て居た犬が耳を立ててきっと其方を見詰めた。それぎりで有った。多分栗が落ちたのであろう、武蔵野には栗樹《くりのき》も随分多いから。

——国木田独歩『武蔵野』

ほぼ同年齢の文学者が同じ明治三一年に発表した作品から、ともに自然を描写した箇所を抜いてみた。前者は視覚的、後者は聴覚的な描写であるが、ここでは、前者の類型的な安定感、後者の新鮮な軽快さという感触の違いが、それぞれ文語体と口語体という文章体の選択と無関係ではないことに注目したい。同一作家の書いた文語体と口語体の文章を対比すれば、さらにはっきりする。

この許多《あまた》の景物が目睫《もくしょう》の間に聚《あつ》まりたれば始めてこゝに来しものゝ応接に遑《いとま》なきも宜《うべ》なり、されど余が胸中には縦令《たと》ひいかなる境に遊びてもあだなる美観に心をば動さじとの念ありて恒にわれを襲ひ来たる外物を遮ぎり留めんとしたり。

――『舞姫』

生れてから今日まで、自分は何をしているか。始終何物かに策《むち》うたれ駆られているように学問ということに齷齪《あくせく》している。これは自分に或る働きが出来るように、自分を為上げるのだと思っている。

――『妄想』

筆者はともに森鷗外である。文語体と抒情的美文、口語体と明晰な思弁という結びつきは偶然とは思いにくい。一個人が文語体か口語体かを選ぶ時、それぞれの文章類型が帯びやすい表現傾向をも同時に選んでいるのだ。

口頭語と文章語

口語体と文語体という対立とは別に、口話体と文章体という表現類型をも考慮に入れる必要がある。「……では、せッかくですから、わたくしの存じておりますことだけおはなしいたしましょう」(久保田万太郎『うしろかげ』)という箇所を「今、機会を得て、自分の知る限りのことを述べるつもりである」と改めてみると、ほぼ等しい情報がまるで違った感じで伝わる。逆に、「死があたかも一つの季節を開いたかのようだった」(堀辰雄『聖家族』)を「……ですよ」「……だわ」「……のさ」という話しことばの調子に変えると、きざに感じられる。

しかし今私は「原情景」を検討して、私が映像を選択して保存しているのを知った。無論われわれは過去のことごとくを記憶するものではなく、脱落は多く偶然によるものであるが、この瞬間の空白を偶然と見なすには、場合はあまりにも重大であり、私はあまりにもそれを忘れる理由を持ちすぎている。

——大岡昇平『俘虜記』

いいよ、帰ったら、たらふく飯を食ってやるからな……帳面なんか、そっちのけで、食いたいほうだい食ってやるさ……うん、夕バコも吸うし、酒だって飲んでやるぞ……羊羹一本だって、ぺろっと平らげてしまってやる……やりそこなったことを、すっかり、とり返してやるんだ……本当だよ、無理してきたんだからなあ……

——安部公房『時の崖』

成城の自宅を訪問した折、話しことばの調子を除くのが自分の文体だと語った大岡昇平の書き方が、結果として極度に文章語を駆使した堅い文章を生み落とすのはきわめて当然のことだろう。作品に硬質の抒情が流れるのはそのためである。

安部公房が常にこういう話しことばで書くわけではないが、ここは引退の近い落ちめのボクサーの、ゴングが鳴ってからマットに沈むまでの意識を、独り言の話体でくりひろげた短編からの引用である。人格の一貫性を否定し、人間を可塑的な存在と解釈していると言われるこの作家の、いわば方法としての文学が実現するための一つの試行的形態であり、これを文章体に置換すれば、作品はおそらく体を成さぬほどに変質してしまうだろう。

小説だけの特殊事情ではない。口話体と文章体のどちらに寄せて書くかを選んだ時、その文章の表現上の性格のある部分はすでに決まってしまうと言うことができよう。

共通語と方言

同じく現代語の話しことばを選んだとしても、標準語で書くか方言を使うかで印象はかなり違う。一口に方言といっても、関西弁か東北弁か九州弁かでまた違う。

私は此れから、あまり世間に類例がないだろうと思われる私達夫婦の間柄に就いて、出来るだけ正直に、ざっくばらんに、有りのままの事実を書いて見ようと思います。それは私自身に取って忘れがたい貴い記録であると同時に、恐らくは読者諸君に取っても、きっと何かの参考資料となるに違いない。

———谷崎潤一郎『痴人の愛』

先生、わたし今日はすっかり聞いてもらうつもりで伺いましたのんですけど、折角お仕事中のとこかまいませんですやろか？　それはそれは委しいに申し上げますと実に長いのんで、ほんまにわたし、せめてもう少し自由に筆動きましたら、自分でこの事何から何まで書き留めて、小説のような風にまとめて、先生に見てもらおうか思たりしましたのんですが、……実はこないだ中ひょっと書き出して見ましたのんですが、何しろ事件があんまりこんがらがってて、どう云う風に何処から筆着けてええやら、とてもわたしなんぞには見当つけしません。

——谷崎潤一郎『卍』

同じ作家の、比較的近い時期に書かれた、同じ語り体の小説から、ともに書き出しの二文を引いてみた。作品の印象が共通語と方言の差によって大きく変わることが容易に読み取れるだろう。作中の会話の方言がその土地の雰囲気をかもし出す例も多い。小島信夫はお茶の水の山の上ホテルでインタビューした折、『自慢話』において、弟が作戦を立てて兄から金を借りようとする、その手紙の中の意図の屈折を効果的に表すために、岐阜と名古屋のことばをまぜこぜに使ったと言う。

谷崎潤一郎『細雪』の雪子にしても、「はあ、……けど此の頃は、もう大丈夫や云やはって、さっぱり来てくれはれしません。何せ忙しいお医者さんですよってに、少し病人がようなった思うたら、いつもあれですねんわ」といった蘆屋のことばとともに、その人物像が刻まれているはずであり、それを東京弁に改めればきっと別人のような印象を与えることだろう。

「あさ、眼をさますときの気持は、面白い。かくれんぼのとき、押入れの真っ暗い中に、じっと、しゃがんで隠れていて、突然、でこちゃんに、がらっと襖をあけられ、日の光がどっと来て、でこちゃんに、「見つけた！」と大声で言われて、まぶしさ、それから、へんな間の悪さ、それから、胸がどきどきして、着物のまえを合せたりして、ちょっと、てれくさく、押入れから出て来て、急にむかむか腹立たしく、あの感じ、いや、ちがう、あの感じでもない、なんだか、もっとやりきれない」と始まり、「おやすみなさい。私は王子さまのいないシンデレラ姫。あたし、東京の、どこにいるか、ごぞんじですか？　もう、ふたたびお目にかかりません」と終わる太宰治『女生徒』がもしも津軽弁で書かれたとしたら、作品の印象がすっかり変わってしまっていたにちがいない。

「坊っちゃ」「モジアルド」「四〇《よんずっ》パーセント《シェ》」「名場面集《ええどごばっか》」といった東北弁をベースとして物語る井上ひさし『吉里吉里人』は、逆に東北弁以外では作品自体が成り立たないほどだ。宇野千代『おはん』の語り口も「重くるしゅうなってしもうた」とか「まァこの私の、早鐘みたよな胸の動悸は何ごとでござりましょうぞ」とかといった岩国あたりの方言の調子によって、生なましく生きてくる。

火野葦平『花扇』の「この方、若松におんなさるのですか。会いにいらっしゃればよかですとに」といった博多弁、井伏鱒二『朽助のいる谷間』の「若しあんたが立身せなんだら、私らはいっそつらいでがす。そんなめに逢うほどならば、私らはなんぼうにもつらいでがす」といった広島弁、長塚節『土』の「大《え》かえ風呂敷要《ふるしきえ》るっちから貸してくんねえか」といった茨城弁など、いずれも他の方言や標準語に換言できない表現価値を持つ。地方のことばだけではない。久保田万太郎『春泥』の「ぐずぐずいうこたァねえ。――日暮里を来すぎたら、ここまで来たんだ、もう一ト呼吸《いき》伸して田端へ出りゃァいい」といった東京下町のことばも、それを標準語に置き換えることで失われるものは決して少なくないだろう。

同じ東京弁を東北人は垢抜けしていると感じ、近畿人はきついと感じ、九州人は軽快だと感じる傾向があるというから、全国共通語と各方言によって、一定の情報をまったく同じニュアンスで伝達することはほとんど不可能だ。ある言語体系を選択する時に、やがて受容者側で実現する伝達効果の一部がすでに予約されると見ることもできよう。

時代性

個性を超えて横たわっている時代の翳《かげ》のようなものがある。そういう時代性の存在を確認しておきたい。

春の光を見給ふにつけても、いとゞくれ惑ひたるやうにのみ、御心一つは悲しさのあらたまるべくもあらぬに、外《と》には例のやうに人々参り給ひなどすれど、御心地なやましきさまにもてなし給ひて、御簾《みす》の内にのみおはします。

——紫式部『源氏物語』幻の巻

桜もちるに歎き、月はかぎりありて入佐山《いるさやま》。爰《ここ》に但馬の国かねほる里の辺《ほとり》に、浮世の事を外《ほか》になして色道ふたつに寝ても覚めても夢介とかへ名よばれて、名古屋山三《さんざ》、加賀の八《やつ》などと七つ紋の菱にくみして、身は酒にひたし、一条通り夜更けて戻り橋。或時は若衆出立《でたち》、姿をかへて墨染めの長袖、またはたて髪かつら、化物がとほるとは誠に是ぞかし。

——井原西鶴『好色一代男』

石炭をば早や積み果てつ。中等室の卓《つくゑ》のほとりはいと静にて、熾熱燈の光の晴れがましきも徒なり。今宵は夜毎にここに集ひ来る骨牌《カルタ》仲間も「ホテル」に宿りて、舟に残れるは余一人のみなれば。

——森　鷗外『舞姫』

いずれも文語体の物語・小説の初めの一節であるが、それぞれの文章には明確な骨格の違いが感じ取れる。

源氏の文章はゆったりとしたリズムで流れる。行為の主体を文面に明示せず、文脈に委ねて間接的に伝える。同じ巻の終わり近くにある「年暮れぬとおぼすも心細きに、若宮の、儺《な》やらはむに、おと高かるべき事、何わざをせさせむと走りありき給ふも、をかしき御有様を見ざらむ事と、よろづに忍びがたし」という箇所ひとつにも伺えるように、「儺やらはむに、おと高かるべき事、何わざをせさせむ」という匂宮の会話や「をかしき御有様を見ざらむ事」という光源氏の内語と地の文との区別が際立たない、そういう渾然とした書き方であり、全体として切れめがない。

西鶴の文章が、矢数俳諧師らしい連想の飛び交う文展開、掛けことばや連鎖法と省略法を併用した尻取り文と、複雑に屈折した行文ながら口話的なスピード感にあふれる雅俗折衷体であることは、引用箇所からも伺えよう。「入佐山」は、「月が入る」から但馬の国の歌枕を出して次を誘導する掛けことば。「寝ても覚めても」の次に「そのことばかりで、そのため」といったことばを省いて、縁語として「夢」を出し、遊興三昧、世を夢と暮らす男の意で「夢介」というあだ名に吸収。遊興を承けて当時のなうての遊蕩児と覚しき名古屋山三らを登場させ、「山三」「八」「七つ紋」と数字を並べる。その後も、遊廓から「夜更けて戻る」の「戻る」を堀川に架かる橋の名に組み込むなど、非連続の展開を見せている。

鷗外の例はそのどちらとも似ていない。「石炭」「中等室」「熾熱燈」「骨牌」という語の指示体が持つ新しい感触のせいだけではない。冒頭の一文に典型的に現れている近代性のためである。典雅な格調のうちに清新な印象を投げるこの知的で簡潔な文語文体は、平安時代や江戸時代のそれと明らかに異質の文章だと言っていい。

これらの表現上の性格の違いをことごとく作者の個性の差ととらえるのはやや短絡的に過ぎよう。紫式部の文章の個性が、しばしば指摘されるように、清少納言のそれと対照的である事実は否定できないが、それはあくまで同時代の文章という枠の中でのことであり、平安という共通の翳が両者を蔽っているはずなのだ。「このさうしは、目に見え心におもふ事を、人やは見むずると思ひて、つれづれなるさとゐのほどにかきあつめたるを、あいなく人のためびんなきいひすぐしなどしつべき所々もあれば、きようかくしたりとおもふを、なみだせきあへずこそなりにけり」という『枕草子』の跋文の一節を引いても、西鶴や鷗外の文章を前にすれば、むしろ『源氏物語』との共通点の方が目につくだろう。

同様に、鷗外の文語文が樋口一葉のそれとどれほど懸け離れて見えても、「竜華寺の信如、大黒屋の美登利、二人ながら学校は育英舎なり」といった『たけくらべ』の一節を引くだけで、両者に共通の明治の翳が濃く落ちていることは一目瞭然だ。もっと時代の幅を狭く取り、口語体の小説どうしを比べても程度の差はあれ、やはり時代色が感じられる。

どんなに丑松は胸の中に戦う深い恐怖《おそれ》と苦痛《くるしみ》とを感じたろう。どんなに丑松は寂しい思を抱き乍《なが》ら、もと来た道を根津村の方へと帰って行ったろう。

――島崎藤村『破戒』

私は卓上計算器のスイッチをいれた。プラスチックの窓に液晶の四角ばったゼロが輝いた。相変らず女は黙ったままだ。私は出鱈目にキイをたたいた。

――立松和平『をちち草紙』

個性の差など霞んでしまうほど時代の翳が鮮明に浮いて見える。それは、「半分道も来たと思う頃は十三夜の月が、木の間から影をさして尾花にゆらぐ風もなく、露の置くさえ見える様な夜になった」(伊藤左千夫『野菊の墓』)という表現を前者に、「もう一度、武は馬の腹を蹴った。馬は鼻を鳴らした。不意に景色が上下に揺れた。ひづめの音が耳に入った」(高橋三千綱『馬』)という表現を後者に、躊躇なく結びつける同時代性である。

この同時代性は単純に執筆年代の問題として片づけるわけにはいかない。その時代を生きている人間側の条件、特に執筆時の年齢が微妙に絡んでいるからだ。

　都会の濁った空気の中にいては健康は長く保たれないという医者の注意によって、一人子をこの海岸に住わせることになったのも、今になって見れば、一時の気休めに過ぎなかったことが分るにつけて、自分たち親子三人の身は暗い闇に鎖されているように思われてならなかった。　——正宗白鳥『生まざりしなば』

　そうして明治何年かの四月一日、母はいそいそした私の手を引いて小学校の門をくぐった。私はきっと、次兄の着古した紺飛白《こんがすり》の縫い直したのを着、新しいごわごわの袴《はかま》と、新しいカバンと新しいぴかぴかする帽子をかぶって、然し、傍の者から見た私の姿は、袴にはかれ、帽子にかぶられ、カバンに下げられていたに違いない。きっとその日は好い天気であったろう。　——永井龍男『黒い御飯』

同じ大正一二年に発表された二つの文章だが、ここではむしろ違いの方が目立つ。この差のすべてを、筆者の性格なり作品の題材なりの個別的な要素で解釈するのは無理だろう。四五歳と二〇歳という年齢の差が、表現の同時代性を目立たなくしていると考えるべきではあるまいか。

戦前派と戦後派の作家とが同時期に執筆した作品を比較した試みを紹介しよう。鈴木敬司「文体における戦後性」(『近代文学研究』第二号所収論文)によると、志賀直哉六四歳の昭和二一年に発表された『灰色の月』と野間宏三二歳の昭和二二年に発表された『顔の中の赤い月』との間には次のような文章表現上の差異が認められるという。

文章構成の点では、志賀が「作中の事件の展開と時間の推移とが平行して進行する羅列型」であるのに対し、野間は「叙述内容がしばしば時間の推移と逆行したり順行したりするスイッチ・バック型」である。構文の点では、志賀が単純な文構造の短文中心の文章を書くのに対し、野間は複文や重文あるいは複々文・重複文という込み入った構造の文を用いる。発想の点では、志賀の視線が「灰色の月」から「歩廊」へ、そして「電車の頭灯」へ、さらに車内へと、対象を次々と移るだけなのに対し、野間は「一種苦しげな表情」の意味を執拗なまでに底深くとらえようとする。

淡彩画を思わせる志賀の文章の透明感を白樺的ヒューマニズムと結びつけ、油絵を連想させる野間の文章の不透明感を戦後リアリズムの精神と関係させて説く論旨が、もし条件を変えても普遍的に成立するものなら、複合体である文章から他の条件を捨象し、純粋に近い形で時代性を析出する困難な作業を一歩進めたことになるだろう。

3　表現主体の属性

性別

作家訪問の折に鎌倉の自宅で語ったとおり、東京の女性から都会的な教養をやわらかくしたような「あたくし」という人称代名詞が消えて、永井龍男の繊細な文章感覚を嘆かせた。「わ」「かしら」といった終助詞、「あら」「まあ」といった感動詞など、女性専用に近い言いまわしが大幅に減り、世代によっては「そうよ」が「そうだよ」に交替する現象も見られる。男っぽい文章、女らしい文章は絶滅したのだろうか。あるいは、文章の男女差などというものはもともと存在しなかったのだろうか。『ことばと文章の心理学』(新潮文庫)に載った波多野完治の調査報告はその意味で注目される。

阿部知二・堀辰雄・室生犀星・佐藤春夫・川端康成・島崎藤村、吉屋信子・中里恒子・小山いと子・平林たい子・岡本かの子・林芙美子という男女各六作家の作品から、女性を主人公とする一編を選び、各数ページの文章例を抜き出して被験者に読ませ、筆者の性別を推定させた試みで、次のような結果が得られたという。

男性作家で的中率の高かったのは、島崎藤村八八・五パーセント、堀辰雄八三・六パーセント、佐藤春夫八〇・二パーセントの順であった。男性の書いた文章であることが最もわかりやすかった文例の一部を掲げておく。

室賀の御新造《ごしんぞ》は新に奉公人として抱えた百姓の娘を台所の方へ連れて行って、いろいろと為ることを言って聞かせた。信州の山家のことだから、鍋釜を洗うだけなら、裏の流れで間に合うが、飲み水を汲む為には、桑畑や野菜の畠の間を通って共同の掘井戸まで行かねばならぬ。御新造はそれを言って、それから炭薪、ボヤなどの置いてある暗い物置小屋の戸を開けて見せた。

一方、女性で的中率の高かったのは、吉屋信子八三・六パーセント、平林たい子七五・四パーセント、林芙美子七二・一パーセントの順であった。やはり、女性作家の文章であることが最もわかりやすかった文例を掲げる。

その日頃の残暑は夏の終りの総じまいのようだった。ことに夕方かけてむんと押しつけるように蒸しあつかった。

そこは有楽町駅に近い通り、終戦後からいつのまにか復興した商店街の中に、狭い間口に紺地に麻の夏のれんをかけて、右手に籠行灯型の軒灯を吊し、それに(名代とんかつ)としるし、その横に(美佐古)と店名を書いたとんかつ屋がある。

逆に、男性が書いたと誤って推定されたのは小山いと子、中里恒子の順で、的中率はそれぞれ二三・〇パーセント、三一・八パーセントと低い。女流作家の書いた最も男性的な文章と判定された文例を掲げる。

雪が檜や落葉松《からまつ》の梢から、時折、秋霧のように吹きなびいた。梢を離れるときは風にさっと薙《のぞ》かれるのだが、やがて一面にひろがり、たゆたい、或は渦まきながら目の前を流れてゆき、たちこめた濃さを次第にうすらかせつつ、いつ地に敷くともなく消えてしまう。指の先につまんでこすってみると、雪は軽くさらさらと片栗粉のように光る。

逆に、女性が書いたと誤って推定された最高は川端康成で、的中率はわずかに一一・五パーセントに過ぎない。次いで阿部知二の二九・五パーセントとなる。一〇人中九人が間違えた最も女性的な文章は次の文例である。

寮の建物がこんなに楽しいものに見えるのは、みちよには初めてで、自分ながら恥かしいくらいに足を早めていると、「ああ帰った」と言う、はずんだ声といっしょに、手を叩く音が聞えて、二階の廊下の下の窓から、かつ子が、手を振っているのだった。かつ子はうれしそうに半身を乗り出していたけれども、傍にはやはりちゃんとつや子が並んでいた。それを見ると、みちよは楽しさが一瞬に消えて、ああ騙《だま》されたと悲しそうに頭を下げただけで言葉はなにも出なかった。

調査に用いた文例の出典は示されていない。作品を推定し、そこから作者をたどった場合もなかったとは言えないが、書き手の性別を推定する手がかりとしては次の三点が優勢だったという。第一は、男性は冷静に観察してとらえた客観的な事実をもとに、感情を交えずに記述する傾向があるという点だ。題材に対する態度や描写の仕方が主観的であれば女性が書いた可能性が高いことになる。こういう仮定で判断した結果、島崎藤村・堀辰雄・佐藤春夫と吉屋信子とを正しく判定し、一方、形式的、説明的で整然とした叙述の小山いと子の文章において、その性別を見誤る結果となった。

第二は、女性の作中人物に対して、男性より女性の方が内側から描く傾向が強いという点だ。この前提に立つと、子供の服を前後逆に着せたまま外に出してしまい、隣の細君に注意された時の「自分の気持の隙間を隙見されたような心持」など、女性でなくては描けないとして平林たい子の文章を見抜くことはできるが、反面、女主人公の心理描写の細かさの目につく川端康成・阿部知二の文章を女性と見誤ることになりやすい。

第三は、「お勤め人」「お弁当」「ご同様」といった女性の多用することばが決め手になる点だが、これはここでは吉屋信子の場合に限って有効な基準であるに過ぎまい。

文学作品では多彩な技巧が施されるため、作者に関する推定は一般に難しいが、それにもかかわらず筆者の性別を当てる実験に被験者が素直に応じた事実は注目される。筆跡などと同様、多くの例外を抱えながらも、ともかく、男性的な文章、女性的な文章という区別が頭の中にイメージとして存在することを示唆するからである。生き方、考え方に違いのある限り、性別が文章の性格になんらかの傾向をもたらす可能性のあることは否定できないだろう。

年齢

男の文章、女の文章に比べれば、大人の文章と子供の文章との違いはもっとずっとわかりやすい。

燃えている火が煙の間からちらちら見えた。ポンプの前を通って、君ちゃんと人ごみの中を通って露路の前に出た。そこには、なお人が一ぱいで、黒土の地面が水でビタビタになっている中を、人がぐちゃぐちゃ歩きまわっていた。そこいらへんの空気がぬるまっこくなっているような気がした。

――豊田正子『火事』

焔の音が聞えた。眼の前に火の手が立った。駒子は島村の肘をつかんだ。街道の低い屋根が火明りでほうっと呼吸するように浮き出して、また薄れた。足もとの道にポンプの水が流れて来た。島村と駒子も人垣に自然立ちどまった。火事の焦臭さに繭を煮るような臭いがまじっていた。

——川端康成『雪国』

前例は綴り方の天才少女と注目を浴びた書き手の文章で、「よく晴れた水色の空に黒茶色の煙がぱあッと上《あが》って、どんどん広がって東京湾のような形になった。半鐘の鳴るのがやんで、ウ、、、ウ、、、ウ、、と蒸気ポンプが出ていった」という発見から、火事を見終わって自宅に戻る途中、会う人ごとに「あたい火事のすぐそばまでいって見て来たわ」と大声でその興奮を得意げに語る結びの一行まで、その場面の情景や雰囲気を生き生きと写生している。鈴木三重吉が『綴方読本』(中央公論社)で、「敏感な、精確な叙写で光って」おり「実感がぴちぴち出て」いると評した通りだ。

が、小学校六年生の作文としていかに秀でていても、それが子供の文章であることは紛れようがない。擬声語・擬態語が描写の核をなし、「そこいらへん」「ぬるまっこい」といった俗っぽい話しことばが自然に地の文に融け込んでいる。事態を自己との直接関係で認識し、それを感覚的に把握するという、子供らしいとらえ方を基礎とし、そういう生なましい観察を制御することなしにそのままことばに載せた文章だ。「水でビタビタになっている中を、人がぐちゃぐちゃ歩きまわって」というあたりは、大人にはもう書けなくなった表現だろう。

後例も感覚的な描写の目立つ文章だが、豊田正子が消火用のホースを「大蛇の腹」に見立てるのに対し、「屋根が火明りでほうっと呼吸するように浮き出して」という川端の比喩はそれほど単純ではない。引用箇所の前にある「高みから大きい星空の下に見下すと、おもちゃの火事のように静かだった」という比喩表現にしても、相対的な関係認識に立つ概念的な把握を基礎とした例だ。

「生れ出ようとする若々しい可能」に驚こうと、「男性の文章より女性の文章を、大人の文章より子供の文章を、つとめて多く読み、より多く愛して来た」と『新文章読本』(あかね書房)で自らを振り返るこの作家の文章でさえ、こうして本物の子供の文章と並べてみると、それが大人の文章であることはすぐわかる。引用の少し前にある「今は二人も火事場へ駈けつける人の群に過ぎなかった」という一行などは外の眼が利いており、子供が書くにはちょっと無理な感じがする。

このように大人には大人の文章があるのだが、同じ大人の文章でも、若い人と年寄とではまた違う。東京上野の自宅を訪ねた折、円地文子が「年齢が違わせてくれますよ、自然に」と語ったように、青年には青年の、中年には中年の、老年には老年の文章があるのだろう。若い時には難解な言いまわし、気取った倒置表現、奇抜な比喩、人目を驚かす翻訳調など、概して表現の気負いを感じさせる派手な文章になりやすい。

一方、どうやら老年の書き方と言えるようなものも存在するらしいとした高木康子「老年の文体について」(『文体論研究』一二号所収)という研究報告もある。正宗白鳥・志賀直哉・野上弥生子・武者小路実篤・谷崎潤一郎・里見弴・内田百閒・佐藤春夫という八作家について、それぞれ二十歳代の時の作品と七、八十歳代の時の作品を取り上げて対比した結果、一般に老年期の文章には次のような表現特性が見られたという。まず、全体として若年期よりも会話の量が減り、文が長くなり、文末は回想的な「た」止めより現在形で終止する割合が増え、漢字の使用率は高くなるが難読の語は少なくなり、品詞の割合としては動詞が減って名詞が多くなるというふうに、要約的な文章に近づく。文学作品が記録報告的な文章の外観を呈し、小説も概して枯淡な随筆風の書き方になる傾向が見られるという。

波多野完治の文章心理学で対照的な文体として位置づけられた志賀と谷崎の文章でさえ、老年期にはかなり似てくるという事実は興味深い。執筆時の年齢という条件が表現面になんらかの影響を与えることは十分に考えられ、円地文子の言うとおり、「五十代には五十代、七十代には七十代の作品がある」のだろう。

風土

どういう地理的・文化的・言語的な環境のもとに生まれ育つかを自由意志で選択するわけにはいかない。性別とか年齢とかと同じく、自分の自由にならない風土の違いがやはり文章表現の性格に影響を及ぼす。その土地その土地の考え方が言語習慣の地方差を生み出し、身に染みついた発想の型が、共通語で表現しようとしている時も潜在して、それと気づかぬ形で顔を出すことがある。

驚くと、大きい意で「小さい」と言い、早い意で「遅い」と言い、高い意で「安い」と言い(三重県北勢町)、あまりの嬉しさに感動をこめて「面白くない」と叫ぶ地域(山形県温海温泉)があるという。逆説的な誇張表現が地域の慣習として固まったのだろう。方言特有の語形やアクセントなどに比べ、こういう表現法の違いは地域差というより個人的な傾向と受け取られやすい。が、反語や間接表現に富む文章、否定を重ね、形容を連ねる文章、前置きが長く、幾度もくり返し、消え入るように終わる文章などのすべてを表現の個人的な特徴と考えるのは少し単純過ぎる。

個性的な文章の書き手として頭に浮かぶ作家の出身地に着目すると、特定の地域に集中するという説もある。最も目立つのは泉鏡花・徳田秋声・室生犀星・中野重治の金沢、次いで森田草平・小島信夫、それに飛驒の瀧井孝作を含めた岐阜だと言うのである。華麗な形容を軸に神秘的で幻想風の作品世界を織り込みつつ唯美的な表現の豊饒ぶりを示した鏡花と、自然主義の冷静で克明な描写、客観的な筆致を身上とする秋声といった、むしろ対照的な作家も含まれており、そこに一定の文章像を思い浮かべるのは至難であるが、表現の性格を一切問わず、一読して文意がさっとわかる文章ではないという一点に絞るなら、あるいは共通の何かがあるのかもしれない。

小田原下曽我の自宅を訪ねた折、座敷の縁側で「廻りくどい話をして結論を最後に持ってくる、金沢の連中は大体そうですね」と語った尾崎一雄の観察も、その意味で、笑い捨てるわけにはいかない。金沢出身の松枝夫人が「お天気見て何のかんのと言ってるから、つまりどうなんだ、出かけるのか止すのか」とつい声を大きくするこの作家は、「関東人は大体そうでしょう」と言ってのけた。

井上ひさしの文章には洪水のような列挙が見られる。オノマトペの働きを、内容を具体化し感覚に訴える点にあると説く際にも、「歩く」という動詞を補強する語例の候補リストを「すたこら」「てくてく」「ぶらぶら」程度にとどめず、「たよたよ」「へろへろ」「わらわら」など四三例も並べたてる。漱石の『坊っちゃん』の末尾にある「だから清の墓は小日向の養源寺にある」という一文中にある「だから」を絶讃して「日本文学史を通してもっとも美しくもっとも効果的な接続言」とし、「百万巻の御経に充分拮抗し得ている」と言い切る『自家製 文章読本』(新潮社)の誇張表現が、同じ山形県人である丸谷才一の「威張りくさっていて、愚劣で、趣味が悪い」とか「恥しらずで滑稽、醜怪で笑止千万」と畳みかけ、明治憲法を「このチューインガム条項は、何のことはない亡国の文章の見本にほかならない。「文章は経国の大業、不朽の盛事」という古来の教えに背くこと、これよりはなはだしきはないと言うべきだろう。その亡国の文章が名文だなんてホイホイ騒ぐのはただ近頃の無学で下等でアンポンタン」と決めつける『文章読本』(中央公論社)の筆勢を連想させるのは、おそらく偶然に過ぎまい。

しかし、「おれ見た様な無鉄砲なものをつらまえて、生徒の模範になれの、一校の師表と仰がれなくては行かんの、学問以外に個人の徳化を及ぼさなくては教育者になれないの、と無暗《むやみ》に法外な注文をする。そんなえらい人が月給四十円で遥々こんな田舎へくるもんか」という『坊っちゃん』の地の文を覆うせっかちな威勢のよさと、彼の心が、「「人生に対する抽象的煩悶」で燃えていなかったならば、恐らく彼は山の神を怖れる要もなかったであろう。正宗白鳥氏なら、見事に山の神の横面をはり倒したかも知れないのだ。ドストエフスキイ、貴様が癲癇《てんかん》で泡を噴いているざまはなんだ。ああ、実に人生の真相、鏡に掛けて見るが如くであるか」と、『作家の顔』で欧風の啖呵を切る小林秀雄のきっぷのいい論調、そして、『蚊帳』の中で「みんな寝静まった真夜中に、闇の底がほんのり明るんで、また暗くなる。その時蚊帳の釣ってあるのが見えるのは、眠れぬ誰かが寐床《ねどこ》で一服したのである。やがて、吐月峰《はいふき》をたたく音がして、静けさが戻ってくる。あるいは、団扇を使う気配とか、蚊の鳴き声が闇の中にするかも知れない」と書いた永井龍男のエッセイに徹るあかぬけた文章センス……そういう広い意味での都会的な感覚のようなものを東京の風土と結びつけて考えることなら、まったく的外れとも言えないような気がする。

一方、「もしそれがまちがいであるなら、(誰がはっきりそれがまちがいであるといえるでしょう。)それはたしかに恕《ゆる》すべきまちがいです」(『蔵の中』)と、表から言ったり裏から言ったりする宇野浩二の蔓衍《まんえん》体や、「母の遺身《かたみ》の長じゅばん帯半襟腰ひもを、ゴザ一枚ひろげただけの古着商に売りなんとか半月食いつなぎ、つづいてスフの中学制服ゲートル靴が失せ、さすがズボンまではとためらううち」(『火垂るの墓』)というぐあいに、あやしげな七・五調の文体、助詞を省略し、句点が少なくて、だらだらと長いセンテンスの続く野坂昭如の文章に、理屈よりも調子で展開する上方風のしゃべくりを連想する者もある。両作家とも関西生まれではないが、阪神地方の空気をたっぷり吸って成人した。もしもそこになんらかのつながりがあるとすれば、成育地の環境が文章の性格にある傾向の生じやすい下地を造り上げた例ということになる。

職業

文章の書き手を中心に考察を進めると、その個人がどういう環境に生まれ育ち、そしてどう生きていくかということが、ものの考え方のある部分を形成し、ひいては表現の性格の一面を規定するものと推測される。そういう外的な条件の一つに、その人間の従事する職業という要素がある。

光輝ある三千年の歴史を有する帝国の運命盛衰は繋《かか》りて吾一人にある。親愛する七千万同胞の栄辱興亡は預りて吾一身にある。余は此の森厳なる責任感と崇高なる真面目とを以て勇往する。余は進取、積極、放胆、活発、偉大の精神意気を以て驀進《ばくしん》する。世態人情の趨向は余に此の決意を一層鞏固《きょうこ》ならしめたり。

当時の陸軍次官宇垣一成が大正一三年の元旦、自らの日記に書き付けた年頭の決意であるという。なんという気迫であろう。武田泰淳は自信に満ちあふれたこの文章を『政治家の文章』(岩波新書)の巻頭に掲げ、「おそらく、鷗外も漱石も荷風も龍之介も、このような文章は書けなかったであろう」と述べた。この種の自信が持てなかったから文学者になったのであり、こんな堂々たる文章は「どのようなことがあっても書けない、書きたくない、書いてはならぬという自覚と信念があったればこそ、彼らは、全く別種の文章を書きつづけることができたのである」と言うのだ。「光輝ある三千年の歴史を有する帝国」という決まり文句にこだわらず、その「光輝」や「帝国」に「森厳なる責任感と崇高なる真面目」を何のためらいもなく結びつける「偉大の精神意気」が、個人の私的な日記にもみなぎっていることに注目したい。公人も私人もない、建前も本音もない、これが一人のエリート軍人のまるごとの姿だった。

文章は、それを書く人間の、自己や社会、そして人生に対する態度を、時には残酷なほど鮮明に映し出す。どのような職を選んでも、それになじむにつれて次第に職業の方が人間に働きかけ、当人も気づかぬうちにその発想や行為に影響を与える。この問題に関して堀川直義の興味深い調査がある。Ⅱの3(一七二ページ)で紹介するが、同一素材を扱った文章にも、書き手の職業の違いが反映するという。

性格

文章の性格を規定する書き手側の条件として性別・年齢・生育地・職業といった外枠を考えてきたが、内的な面で個人の性格類型がかかわることは言うまでもない。

早く波多野完治は『文章学』(文学社)で子供の文章を知能型と感情型とに二大別し、気質と表現との関連を論じた。前者はひたすら対象を観察し、そこから生ずる情調の面にはふれずに客観的かつ詳細に描写する書き方であり、後者は逆に、対象自体を記述するよりも、それから受ける感じの方を中心として主観的に描いていく書き方である。

家庭で一緒に教育を受けている一歳半違いの姉妹に同じ日に同じ素材を与えて文章を書かせる実験の結果、対照的な言語作品が得られたというビネーの説明を引いて、波多野は二つの基本的な心理様式に注目する。同じマロニエの葉を見せられても、知能型の姉は外部観察に徹して「葉の所々に錆び色のボツボツがあります。小葉の一つは穴があいています」と述べ、感情型の妹は「葉は黄色くなっていますが、まだ堅く真直ぐにしています」ととらえた対象に「この様にして死んで行くこの可哀そうな葉にもまだいくらか力がのこっているのでしょう」と感情を移入し、自分の詩的な世界を創るのだという。一般に、知能型の文章を綴る子供は観察力に秀で、空間的に正確な把握をおこなう能力を持ち、散文的で学者的であるのに対し、感情型の文章を書くのは反応が敏感でちゃめな子供に多く、時間の観念が強く詩的で音楽的な傾向があるというのである。

性格と表現との関係はもちろん子供の場合に限らない。小林英夫は『言語と文体』(三省堂)で『夜明け前』の文章に見られる表現の形態的特徴を作者島崎藤村の性格と対応させる解釈を示した。その筆癖として次の一三種を指摘している。「どうして半蔵がこんなことを言い出したかというに、本陣庄屋問屋の仕事は将来に彼を待ち受けていたからで」のように文を「からで」と結ぶ文末表現、「吉左衛門と半蔵とを見つけた。小屋掛けをした普請場の木の香の中に」といったいわゆる副文止め、「二人の兄弟は二里ばかりの谷間をへだてて分れ住んだ。兄は妻籠に。弟は馬籠に」という配分法、「新作の軍歌が薩摩《さつま》隼人《はやと》の群によって歌われることを想像して見るがいい。慨然として敵に向うかのような馬の嘶きに混って、この人達の揚げる蛮声が山国の空に響き渡ることを想像して見るがいい」といった反復法、「今をさかりの芋の葉だ。茄子の花だ。胡瓜の蔓だ」という点描法、「降った雪の溶けずに凍る馬籠峠の上」という名詞止め、「そこへ地震だ」のような主辞省略文、ほとんど各ページを埋める「縄附きのまま引き立てられるところであったと笑わせる」といった史的現在、「十日かかって行け、と言って見せるのはそこへ来て一緒になった平助だ」といった「言って見せる」類と、同じ例に現れた「P(ナニナニするの)はS(ダレソレ)だ」文型、「万事は半蔵が父の計らいに任せた」のような所属詞「が」の用法、「一分銀に改鋳せらるる」といった文語的な言いまわし、「母屋を預り顔に腕組みしている」のような「――顔」の多用というのがそれである。これらから作者の気のよさ、気の弱さ、余情、未練、腰の低さ、主情性、物への関心、静止、散文性、接近、親しみ、内部の暴露、内属性が感じ取れると説く。

芥川龍之介についても、多くの作品から「男の女を猟するのではない、女の男を猟するのである」(『侏儒の言葉』)という格助詞「の」の使用、「いろいろのことを考えていた。この一家の人々の心もちや彼女自身の行く末などを」(『玄鶴山房』)といった副文止め、「それは黄ばんだ松林の向うに海のある風景に違いなかった」(『歯車』)のような「違いない」類の多用などの筆癖を指摘し、その奥にこの作家の主知主義を読み取った。

持って生まれた性格によって、その文章の表現上の特質の一面が、執筆時にすでに決してしまうことは否定できない。

4　ジャンル特性

小説と新聞記事

新聞の文章が例えば小説と違うのは必ずしも表現する素材が違うせいだとは言えない。筑摩書房の雑誌『言語生活』の座談会で、「新聞の場合は、非常に短い文章を書く。川端康成を連れて行って火事の記事を書かせたら、おそらくおれは通さない」と、作家であり評論家でありジャーナリストでもある日野啓三が発言するのを司会者として確《しか》と聞いた。川端が火災の現場に駆けつけてそのニュースを伝える記者であり、読売新聞社の編集委員の日野がデスクか何かの立場でその記事を載せるかどうかを検討する場面を想定しての話だ。

川端が引き合いに出されたのは、前に取り上げた『雪国』の結尾の部分が、しばしば新聞の社会面をにぎわす火事の描写だったせいだろう。「突然擦半鐘が鳴り出した」という一文に始まり、火事場の繭倉の二階から落ちて失神した葉子を抱えて駒子が必死に踏ん張るあたりまでに、『雪国』では原稿用紙二〇枚近くを費やしている。何よりもまず、分量の多過ぎる点が新聞記事としては落第なのだ。

対象の扱いもまるで違う。「その火の子は天の河のなかにひろがり散って、島村はまた天の河へ掬い上げられてゆくようだった。煙が天の河を流れるのと逆に天の河がさあっと流れ下りて来た。屋根を外れたポンプの水先が揺れて、水煙となって薄白いのも、天の河の光が映るかのようだった」という叙述に向かって流れ込むこの作品の火事場面は、新聞記事からいかにも懸け離れている。

文章構成も似ていない。新聞は逆三角形になるのが最も有効だと言われる。編集方針として全国紙では政治・外交・国際・経済に関する記事が前の方に位置する。最重要記事は新聞の顔とも言うべき第一面に掲げる。同じ面でも重要な記事ほど右上すなわち前に掲載するのが普通だろう。大きな記事では見出し・リード・本文となり、やはり頭の重い構成になっている。このような紙面のあり方は読者にとっても便利だ。忙しい者は第一面に目を通せばその日の重大ニュースがわかる。五秒で見出しに目を走らせれば何が起こったかは見当がつくし、一分あればリードを読んで概要を知ることができ、時間の余裕があれば本文も読むというふうに多様な対応が可能だ。

ここでの論点は、その本文自体が逆三角形の文章構成になっていることである。いつ、どこで、誰が、何を、なぜ、どのように、といういわゆる5W1Hに関する重要事項、特に前の4Wを最初に述べ、次いで、その経過、背景、影響、見通しといった関連事項を加え、最後に補足的なことを添えるのが新聞記事の典型的な文章構成なのだ。読者がどこで投げ出してもそれなりにわかる。それが新聞記事の基本的なジャンル特性であると解すべきだろう。

『雪国』の文章構成はこれとは似ても似つかぬものだ。火事の場面の最初の一文「突然擦半鐘が鳴り出した」が事件の核心を伝えるわけではないし、「物狂わしい駒子に」「近づこうとして、葉子を駒子から抱き取ろうとする男達に押されてよろめいた」

島村が「踏みこたえて目を上げた途端、さあと音を立てて天の河が」その島村の「なかへ流れ落ちるようであった」という一編のフィナーレを補足的な部分と考えるわけにはいかない。小説は読者が通読することを前提として書かれるのである。

新聞記事として通用しない点はほかにもまだいろいろある。「火事、火事よ！」「火事だ」といった会話文が文脈と文末形式に依拠して読者にその発言主体を推測させる形で投げ出されている点もその一つだ。「なにか二声三声叫んで」といった火災の本筋とは関係の薄い情報量極小の表現も新聞文章とは異質だ。「炎の舌が」「軒を舐《な》め廻っているようだ」といった擬人的な比喩表現も、「ほうっと呼吸する」「ぽんぽん投げおろした」「どっと火の子を噴き上げて」といった擬声語・擬態語の多用も、事実の伝達を主眼とする報道文には感覚的に過ぎよう。同じ火事の描写であっても、『雪国』では事件の記録として書いたわけではない。天の河の雄大な自然を背景として、むしろ人間の営みを象徴的に描き出したのだろう。

作品や作家の個別的な問題ではない。新聞記事として見れば大抵の小説は落第であり、小説として見れば大抵の新聞記事は落第である。どちらがいいというものではない。ただ違った文章なのだ。

かつて両国の花火大会の模様を伝える新聞記事の文章を分析し、小説と比べてみたことがある。それによると、新聞では紙面の制約があって字数を抑えるため、「会場周辺は大変な混雑」「橋の上で「オーッ」と軽いどよめき」(朝日)「熱気の残る夜空に華麗な花を描いて大会はスタート」「水上にも約三百隻の観覧船」(毎日)「興奮の夜の幕開け」「都内のたたずまいが一変」(読売)といった体言止めの文が頻出する。

また、文章を練る時間的余裕が乏しいため、「ひと目見ようと」「川面に、夕やみが迫る」(朝日)「涼を求めてくり出した見物客」「待ちに待った」(毎日)「立すいの余地もなく」「月もくっきり」(読売)といった紋切り型の出来合い表現が氾濫する。その類型性だけで、純文学の文章としては通用しないことがすぐわかる。

シュルシュルシュル……。午後七時半、ゆっくりオレンジの火柱がヤミをのぼる。百二十メートル上空、それがパッと、いくつもの花を咲かせた。いろとりどりの、その華麗な花の重なりに、瞬間「ウオー」と、岸辺からどよめきがわき起こる。

続けて「キューン」という、金属音に似た音がしたかと思うと、上空からしだれ柳のような七色の火花が降る。「バリバリバリバリ」さく裂音は、耳をつんざくほどに近く、雑踏警備のスピーカー音とともに、隅田川はすさまじい音響に包まれた。

読売新聞の社会面を飾る、この花火のように華麗な文章にしても例外ではない。その文学臭が「花を咲かせた」「いろとりどりの」「しだれ柳のような」「七色の火花」「耳をつんざくほど」といった数かずの慣用的な言いまわしを綴り合わせて成り立っていることに気づく。

ほんのりと、一面に夕映えた空へ、一点二点、昼の花火がせん光を突きさし、それから、爆音が人々の鼓膜を打つ。

うすく、オレンジがかった夕空に、紫や黄の火薬の煙が、ゆるやかな線を描くと、パステルでいたずら書きをしたような、不思議な美しさが、しばらく空に残った……。(中略)

数番の仕掛花火が、終わりを告げたばかりらしく、濃い一面の白煙が、ほのかに余燼《よじん》に映えつつ、川上へもうもうと吹き上げられていた。対岸のビルの灯も、川を渡る総武線の灯も、その中に見えがくれした。

ほっと一息入れて川筋を見下ろしていると、乱れ乱れたざわめきをこえて、時おりカン高い一人一人の遠い叫びも、はっきり、ひびいてくるのだった。

いち早く香菜江が、両国橋をへだてた向こうの空に、音なく開く花火をみとめた時だった。身近に、虚空を切り、風を打つ気配ともども、香菜江の頭上は、金のあざみ、銀のあざみに、さあッとおおわれた。

両国橋をはさんでの、最後の競り合いが、再び始まっていたのだ。金のあざみ、銀のあざみ、柳の雪が燃え、散る菊にダリヤを重ねる。五彩の花々は、絶え間なく空を染め、絶え間なく空に吸い込まれた。

香菜江は、息をのんだ。爆音も耳になく、ただ、異様に鳴りはずむ、おのれの胸に苦しんだ。ながい瞬間であった。

めまいのように、ぺたりと、もうせんに腰をおとした香菜江を、爆音のこだまが、一時におそった。手のひらで顔をおおうと、眼の中にも花火があった。

同じく新聞に掲載された文章だが、これが本物の文学作品、永井龍男『風ふたたび』の一節である。枯淡というよりは絢爛、この作家の意外な一面がのぞく。「ほのかに余燼に映えつつ」といった言いまわしや、「絶え間なく空を染め、絶え間なく空に吸い込まれた」という対句風の響きには、ある種の美文臭さえ感じられる。

が、これは観察と発見をもとに描き切った文章なのだ。夕映えた空に昼の花火が閃光を突き刺すととらえ、オレンジがかった夕空にゆるやかに広がる紫や黄の淡い煙からパステルのいたずら書きを連想するのは新鮮だ。大きな花火の燃えつきた直後に濃白の煙が流れ、その奥に対岸のビルの灯や川を渡る電車の灯が見え隠れするのを見て取る目と、仕掛け花火が終わってほっと一息入れた川筋のざわめき、そこを時折行き交う甲高い叫びが意外に遠くから響いて来るのを聞き取る耳がある。

「身近に、虚空を切り、風を打つ気配」をとらえる研ぎ澄まされた感覚から、「金のあざみ、銀のあざみ」以下のすさまじいクライマックスへ。花火が空いっぱいに開く一瞬の静止感を髣髴とさせる名詞の投げ出し。花火が次つぎに打ち上げられるタイミングとリズムに対応するかのように弾む文調。

息をのむ。爆音は聞こえない。花火の像から響きに至る長い心理的な時間が強調された途端、遅れて一挙に襲う爆音のこだま。引用末尾の一文「手のひらで顔をおおうと、眼の中にも花火があった」が、空を焦がす花火の迫力を、それに打たれた人間ともども描き出すまで、創造された表現が躍るのである。

一方、新聞の文章は手っ取り早く手短に書かれる。文章が透明になり読者がじかに報道内容と接するように書くのが新聞本来の在り方だとすれば、慣用的な表現の類型性は必ずしもマイナス要素とは言えない。言語形式が情報と直結し、事柄の輪郭が早く的確に伝わるなら、新聞記事の基本的な使命は果たされるからである。

紙面

新聞の文章は掲載面によって異なった姿を呈する。連載小説や投書、学芸欄・文化欄に載る署名入りの文章、ルポルタージュなどが違うのはもちろん、普通の記事でも政治欄・経済欄・家庭欄・スポーツ欄・地方欄といった紙面の性格が反映して、文章に色合いを添えている。扱う題材が違うせいばかりではない。担当記者の個人差というより、面の意識から来る執筆姿勢の差が出るのだろう。

同じ資料で具体的に比べてみたい。昭和五三年の隅田川花火大会は両国の川開きの一七年ぶりの復活とあって、人びとの関心を集めた。社会面に大々的に報じたのは当然だが、高い報道価値を認めた各新聞は第一面にも大きく掲げた。両面とも手っ取り早く手短に書かれた新聞記事らしい文章という共通点はあるが、同じ対象を扱いながら、第一面は改まった文章、社会面はうちとけた文章という違いが、朝日・毎日・読売の三大全国紙のいずれにも歴然と現れている。

大会は七月二九日夕七時半にスタート。三紙とも翌三〇日づけの朝刊に広く紙面を割いて掲載した。どの新聞も同じ比重をかけ、第一面の左上と社会面の右半分にともに写真入りで載せている。両面の性格の違いはまず、写真の差にくっきりと映っている。第一面の写真は、どの新聞の場合も花火大会という表現対象の全貌を鳥瞰したパノラマ写真であり、社会面の写真は各紙思い思いの視角から対象の一側面を切り取って大写しにしたもので、一面は総論、社会面は各論という関係になる。

写真のこの関係が文章の方にもきれいに対応するのは興味深い。第一面の記事は対象の全体像を正面から概観した文章であり、社会面のそれは、見物客の感想、怪我人の報告と、各紙それぞれの光景を追って述べた文章だ。

朝日の一面は、「熱帯夜いろどる一万五千発」という大見出しの下に二行に割った「隅田川花火17年ぶり復活」という見出しを添え、さらに記事の末尾に「過密80万人、押すな押すな」という見出しを加える念の入れ方だ。これだけで、酷暑の連夜という状況的な背景、打ち上げられた花火の量、何年ぶりの再開か、何人の人出があったかという四つの情報が伝わる。ところが、社会面の見出しとなると、「人波や　ビルの谷間の　花火かな」と五、七、五に仕立てて表現を楽しんでいるようなくつろいだ感じになるのだ。

見出しのこのような姿勢の違いは当然、本文にも影を落としている。朝日の一面の文章はこう始まる。

全国で五百はあるといわれる花火大会の中で、最も古い歴史がある東京・両国の花火が二十九日、「隅田川花火」と名を変え十七年ぶりに復活した。

このわずか一文の中に、①日本中に花火大会が五〇〇以上ある　②この大会はその中で一番歴史が長い　③東京の両国で行われた　④二九日の出来事である　⑤「隅田川花火」と名称を変更した　⑥一七年ぶりの復活である　という数多くの情報がぎっしり詰まっている。

必要情報を簡潔に伝えねばならぬ新聞記事のうちでも特に第一面の概説部分ともなれば、どの新聞もおおむねこのような性格の文章になりやすく、互いによく似ている。例えば、警備態勢にふれた箇所では、朝日が「この夜、警視庁は全警察官の四分の一に当たる一万一千人を動員して警備」、毎日が「警視庁は雑踏警備のため、一万一千人の警察官を動員したほか、ヘリコプター、水上艇も出動させ、成田警備なみの厳戒態勢」、読売が「警視、消防庁では史上最高という計一万二千七百人を動員、陸、空、水上から警備と救護に当たった」というふうに、内容も大同小異、調子もほぼ同質と言っていい。三紙とも、花火大会の日時、打ち上げ場所、玉の数、警備に当たった警官の数、見物客の数、それに一七年ぶりの復活といった情報がすべて盛り込んであり、いずれもそれが記者の個性の目立たない文章で書かれている。

社会面になると、本文の方もぐっとやわらかくなる。第一面で情報をぎっしり詰め込んだ非個性的な文章を展開させた朝日でも、社会面の方は「続々と人々は集まった」というやや気取った一文で文章を起こし、「この東京にも確かな自然が、川が、祭りが、よみがえった」という弾む表現を織り込んで展開する。毎日の社会面の記事も「ほんのいっとき、下町の夏が隅田川に帰ってきた」というしっとりとした一文から入る。扱う題材が自由になるのに伴い、文章の方も自由になる。あるいは声高なオノマトペと華麗な比喩を利かせた表現、あるいは文学気取りの取り澄ました表現、あるいは浴衣掛けの軽いタッチの表現という思い思いのくだけ方で書かれる。

記事の種類や紙面の位置に応じた、多少とも異なるいくつかの書き方が存在することはほとんど確実である。

紙風

新聞の文章に共通する性格を見届け、掲載面による差異も共通して見られることを確認したが、新聞ごとの個性のようなものも観察できる。第一面の記事は一般に、対象を正面にすえて概括した文章になりやすいため、各新聞の特徴が目立ちにくいが、それでも各紙の肌合いの違いのようなものが感じられるのだ。

朝日一面の見出しが多くの情報を盛り込む肌理の細かさを示したのに対し、毎日は同じ一面で「ドーンと復活　江戸の華」という大見出しを掲げ、「隅田川花火に80万の人出」と補足するにとどまる。表面上の情報量は朝日の半分にも満たない。が、

「江戸の華」ととらえることで人びとの懐旧の情を誘うこの情緒の見出しには潜在的な情報を読み取ることもできる。「ドーン」という擬声語は打ち上げ花火の大音響を轟かせつつ、その響きに威勢のよさ、豪華さを共鳴させることを通して、大量の花火が夜空を彩るさまを読者に思い描かせる効果を挙げる。

この差は本文にも及ぶ。朝日が書き出しの一文に六つもの情報を詰め込んだのに対し、毎日は見出しの「江戸の華」を取り込み、「東京の夜空に、色とりどりの二万七千の〝江戸の華〟が咲いた」と文章を起こし、読売も「帰ってきた光の絵巻」という見出しに因んで、「江戸の風物詩が帰ってきた」という一文で本文を始める。

こういう傾向は無論、冒頭の一文だけではない。「仕掛け花火はなく、打ち上げも消防法の関係で直径が十センチに満たない三寸玉どまり。せめて玉の数でカバーしようと、午後七時半から一時間の間に両会場あわせて一万五千発を打ち上げた。このため「夜空に花が咲く」というよりも、小さな花火が連続して上がり、明るくてあわただしい花火大会となった」とか、「余りの混雑で橋を渡れず、花火を満足に見ることができない人も多かった」とかという醒めた批評を挟むのは朝日。

毎日は「江戸情緒たっぷりの光と水の絵巻に炎暑を忘れた」と高いトーンで概括し、「午後七時半すぎ、打ち上げ台船からスターマインが連続発射され、熱気の残る夜空に華麗な花を描いて大会はスタート。約一時間、次々と打ち上げられる一万五千発のスターマインが絶え間なく大川の川面を染めた」と型どおり弾むような美文調で謳い上げる。読売は「この夜の隅田川は、川風も涼しく、月もくっきり。打ち上げ開始から一時間、息もつかせぬ〝光と音の祭り〟」というふうに、事実としての状況概括を感覚的に仕立てた中間的な表現の性格を示している。ちなみに、「涼しい」とあるのは読売のここだけで、他は「熱帯夜」で通している。

いわば規定演技の第一面に対し、自由演技に近い社会面では、文章表現上の差はもっと広がる。一面で謳わない朝日も社会面に俳句めいた見出しを掲げたのはすでに述べたとおりだが、毎日の社会面も期せずして俳句じみた見出しを立てている。しかし、五・七・五という同じ形式ながら、毎日が「隅田川　花火花火の　熱帯夜」と熱っぽく謳い上げるのに比べ、「人波や　ビルの谷間の　花火かな」という朝日のそれは、花火の美しさ、伝統的な行事の豪華さへの感動を詠み込むというより、むしろ花火が見えにくいことに重点を移し、花火のありかを探し求める橋上の大群衆だけを画面におさめた逆説的な写真とともに、現実を直視して皮肉っぽくつぶやくのである。

クールな朝日、ホットな毎日といった対比的な性格が恒常的に存在すると言えば、もちろん言い過ぎだろう。が、報道文章というものが決して一色ではないことは確かであり、紙風と言ってもいいような各紙のイメージが紙面を淡く彩っているように思われる。しかも、ここで言及したのは全国紙という共通基盤に立つ新聞の間に見られた微妙な差に過ぎない。

一口に新聞と言っても多様な広がりがある。新聞文章という共通のジャンル特性を持ち、その上に、全国紙・地方紙・娯楽紙あるいは政治や宗教関係の新聞といった新聞の種類なり、朝日と毎日といった新聞ごとの個性なり、第一面と社会面といった紙面の違いなり、社説・コラム・レポート、あるいは編集委員の署名入り論説、各界の名士への依頼原稿、さらには小説や広告といった原稿の種別なりの、各レベルでのジャンル特性が加わって、現実の新聞文章の多様性が生じている。

同時代という枠を取り外せば、新聞文章の多様性はさらに広がる。明治初期の新聞では、言語表現一般の急速な変貌にとまどう過渡期の困惑を象徴するかのように、今日では想像もつかないほどの多様な分布状況を示す。磯貝英夫は「明治初頭の各種文体」(『広島大学文学部紀要』二五巻一号)で、幕末から明治初頭にかけての新聞に十数種の文章様式のあることを観察し、それらが表現の対象や場に応じてかなり意識的に使い分けられていたと推定する。

朝廷に関する話題など最も緊張した表現意識の時には純正漢文、論理を軸とする評論や正確さを旨とする記述には漢文訓読様式、簡潔な報道を狙う際には書信形式、文学的情感が高まる時には擬古和文調の勝った伝統的な物語体、俗を意識して世間話を面白おかしく語る場合には戯作文体、戦争や事変を報道するには戦記物語風もしくは読本《よみほん》風の調子というふうに、簡単に新聞の文章として一括するわけにはいかない多層性が認められるというのである。

5 アプローチの方法

小説の種類

自由に見える小説も一つのジャンル特性を持つことは、新聞記事なり宗教哲学の論文なり漫才の台本なりを頭に浮かべてみれば、容易にうなずけるだろう。新聞の場合と同様、小説の場合もそのジャンル特性を底に共有しつつ、もう少し浅い層で、その種類なり流派なりの性格が働いて、また別種の類型性を実現させているにちがいない。恋愛小説と推理小説との間には文章の感触の点で大きな隔たりがある。青春小説、ユーモア小説、冒険小説、官能小説、社会小説、歴史小説なども、それぞれ独特の雰囲気がある。肌ざわりの違いを生み出すのは言語表現の差にほかならず、小説の種類ごとになんらかの文章特性が抽出できるはずである。

純文学といわゆる大衆文学とを比べても、例えば後者の方が概して紋切り型の慣用表現が目立つといった違いが見られるかもしれない。広い意味でのジャンル特性とも見られようが、文学活動にあっては文章表現の在りよう自体が芸術上の一つの主張であることも多く、普通の意味でのジャンル特性とは少し違った性格を含んでいる。

コラムにコラムの文章作法があるように、短編小説には長編小説とは別の書き方があるだろう。こういう量的な条件にしても、作家は自己の文学的欲求の質に応じて、ある長さを選ぶはずであり、その選択はすでに文学的アプローチの第一歩だと考えることもできるだろう。

私小説には私小説らしい表現の特徴があると言われる。一人称小説、自伝的小説、心境小説、さらには第三の新人や内向の世代の作家たちをもそこに取り込むなら、かなり多様な外観を呈するが、葛西善蔵を中心とする破滅型の典型的な私小説に限れば、いくつかの共通した特徴が見出されるという。根岸正純は、「私小説の文体」(『岐阜大学教養部研究報告』三号)で、悲惨な出来事が発生する以前の冒頭と本質的に変容しないシチュエーションのまま作品が結末を迎えることを指摘した。

とすれば、書き出しは作品全体を貫く心的な態度の逸早《いちはや》い現れという性格を帯び、表現もかなり限定される。葛西善蔵の作品における冒頭表現は次の二種類に分かれるという。一つは「弟の茂が、思いがけなく、秋田から出て来た」(『兄と弟』)のように、事件をさりげなく要約するなど、事実をありのままに報告した感じを与えるもので、そこに現実を傍観する態度がのぞく。冒頭に要約を示したために、これに続く具体的な描写がさりげなく見え、要約から描写への転調が自然な感じで受け取られる。

もう一つは「彼はまったく泣き出したいような、また自分と苦笑したいような気持で、いっぱいであった」(『火傷』)のように、主観的な心情の表白を含み、自己否定の姿勢を設定する書き出しで、以下に展開する現実的イメージが所詮はそういう姿勢の反照でしかないことを予示する方向で働き、やはりシチュエーションの不変性を鮮明に映し出す機能を果たしているという。

使用語彙の面に私小説共通の特色が見られるという野田登「私小説の文体」(『立正大学国語国文』四号)の報告もある。葛西善蔵・嘉村礒多・北条民雄の作品には共通して「憂鬱」「暗い」「情けない」「自殺」「死」といった語が頻出し、色彩語でも、小説一般に多い「赤」より、マイナス・イメージを象徴する「黒」が多く、その裏返しとして「白」が願望と結びつくのだという。

流派

作家という人間の生き方そのものであった文学の在り方にも、それらしい文学形態上の共通性が認められるとすれば、そういう生き方を文学や芸術がらみの運動として示した〝流派〟にもそれらしい文章特性があるはずだ。

泉鏡花『歌行燈』・島崎藤村『家』・森鷗外『青年』・夏目漱石『門』・長塚節『土』・徳田秋声『足迹』・正宗白鳥『微光』などの発表された明治四三年に、武者小路実篤がすでに「自分は悲しく思った。余りだと思った。はがゆく思った。どうかしたいように思う。自分は涙ぐんだ」という調子の『お目出たき人』を執筆していたことは驚くに値する。自らは「如何に彼は、放埒《ほうらつ》の生活の中に、復讐の挙を全然忘却した駘蕩《たいとう》たる瞬間を、味《あじわ》った事であろう」（『或日の大石内蔵助』）という格調の高さを崩さない芥川龍之介が「文壇の天窓を開け放って、爽な空気を入れた」（『あの頃の自分の事』）と評したのも、世辞や皮肉というより、呆れるほど率直な書き方に清新な印象を覚え、羨望をこめて実感をつぶやいたのだろう。

この作品が単行本として世に出たのは翌年の二月で、その前の月には「青年の前で若奥様と呼ばれたのと、改札の叱咤とは、針の様に鋭い田鶴子の感情の平衡を狂わした」といった欧文脈の目立つ過激な表現レベルの有島武郎の『或る女のグリンプス』

が、翌三月には「夏の初めに買って来た時、真黒かった錦鯉で背中の方からまばらにはげて黄色くなりかけたのや、大概は赤くなって只腹の所だけが、僅かに黒く残ってるのなど」と澄明な観察眼のとらえたリアリスティックな筆致の志賀直哉『濁った頭』が、いずれも『白樺』誌上に発表された。こうして白樺派を代表する作家の同時期の作品を並べても三者三様の感がある。

「思いがけない泪が、顴骨《けんこつ》の飛び出したきん助の頰を伝って流れ落ちていた……。」から「夕立めいた、激しい降りになって来た……。」への移行に色濃くあらわれる里見弴の〈間〉の生きた文章もそれらとは違う。また、「限りもなくいや高き価値を追う欣求《ごんぐ》の心に充ち、小乗的にも大乗的にも、本願を成就せずには苟も死にきれぬ」(『竹沢先生と云う人』)といった長与善郎の、端正というよりは求道的な文章もまた違う。

同じ流派に属する作家たちも、個々に見ればこのように違った面が見えてくる。しかし、文学運動の流派は人生や社会に対する態度、芸術上の嗜好に共通のなにかを持った者たちの集まりであったはずだ。『白樺』以前に拠った雑誌は違っても、「和して同ぜず」を標榜する点で共通する。個性尊重に徹し、強烈な主観を貫く反自然主義の立場を取った点も共通する。「自分にとって自分がかく感じると云うことは、自分は或るものによってかく感じるようにつくられたりと云うことだ」(『白樺』一九一一年四月)という武者小路のことばがこの派の共通理解となっていたにちがいない。

「或るもの」とは人間を超越した自然、宇宙の意思である。「善し」と感じたものが絶対的な善であるという単純明快な倫理感は、好悪がそのまま善悪の判断となる自我中心の文学を生み出した。自由奔放なエゴティストたちは、対象を自分側から描き、憚ることなく自己を投影させ、文章に強烈な主観を率直に打ち出した。

純粋に表現の文学運動であった新感覚派はもっとわかりやすい。大正一三年一〇月、在来の写実中心の文学を脱する各人各様の夢を乗せて、同人雑誌『文芸時代』が創刊された。作為のあらわな大胆きわまる技巧が嘲罵にも近い痛烈な非難を浴びたが、当時の大物ジャーナリスト千葉亀雄が翌月の『世紀』誌上の文芸時評に「新感覚派の誕生」というジャーナリスティックなタイトルを掲げたエッセイを載せて、これらの新進作家たちの活動を擁護した。

が、川端康成・片岡鉄平・横光利一・中河与一・今東光・佐佐木茂索と名を連ねた作家たちを見渡すと、菊池寛ゆかりの〝文藝春秋〟系といった感じが強く、途中参加の岸田国士・稲垣足穂・永井龍男・林房雄・小林秀雄らを加えると、文体の共通性よりは多様性の方が目を引く。千葉の評言が横光の『頭ならびに腹』一編に向けて発せられたと思えるほど、『文芸時代』創刊号に載ったこの問題作は文壇を驚かす破壊的な表現に満ちていた。

真昼である。特別急行列車は満員のまま全速力で馳けていた。沿線の小駅は石のように黙殺された。

新感覚派というとすぐ浮かんでくる有名な冒頭だ。「鑑賞日本現代文学」14『横光利一』(角川書店)で、栗坪良樹は「〈真昼〉という明るく開かれた空間が俯瞰的に描写され、それに〈満員のまま〉という混雑緊密化した車内の閉鎖された空間が対照的に描写されている。さらに、都市的な機械文明の象徴である〈特別急行列車〉と、田舎的な〈沿線の小駅〉とが対照され、スピード感と対照の妙が特色をなす」と、その表現効果を分析する。

千葉論文が「文壇が動いて居る。もしくは動いて居ない」という刺激的な一行で始まることに注目すれば、横光作品を「今日まで現れたところの、どんなわが感覚芸術家よりも、ずっと新しい語彙と詩とリズムの感覚に生きて居る」と快く受け入れたことには個人的な好みも働いたように思われる。

また、「私人生活批評の小ぜり合いや、排他精神に、折角の精力を注いで居る」文壇の安易な活動、沈滞した空気を慨嘆するあまり、新進作家を「特殊な視界の絶巓《ぜってん》に立って」「隠れた人生の大全面を透射し、展望し、具象的に表現しようとする」と大仰に歓迎した性急さも感じられる。事実、『文芸時代』の創刊号に新感覚の主張などなかったことは当人たちの回顧談からもうかがうことができる。

しかし、既成リアリズムに対する破壊の欲求を共有したに過ぎないその若い世代の作家たちも、ひとたび「新感覚派」として世に出ると、今度はその旗印を翻して突き進み、理論上も実践上も〝新感覚〟に徹底してこだわるようになる。「感覚末梢に生命的な燃焼を味う以外、統一された生の緊張を味うことが出来なかった」この派の驍《ぎょう》将《しょう》横光利一は「国語との不逞極る血戦時代」への突入を余儀なくされ、方法の総決算としてこう書いた。

いかなる作品が私の心を喜ばせてくれるのであろうかと云うことになるのだが、目下の所美しい作品以外に多くはない。大いなる精神、そんなものは、この地上には有り得ない。ただ有るものは、芸術の象徴性だけに限られる。技巧だ。ここでのみ精神は不可思議な光りを発して来る。　――『天才と象徴』

そしてこの後、技巧の拙劣なところに高貴な芸術的人格は働きえない、拙劣な作品に涙するのは自身の下劣さを物語ると展開するだけに、このくだりはとかく、技巧だけが文学のすべてなのだという意味に解されやすく、新感覚派に対する絶好の攻撃目標とされてきた。が、この文脈における「象徴」から「技巧」への飛躍に注目したい。

この二つのキーワードの意味を伸縮させることにより、これは突飛な文芸論とも普遍的な芸術論ともなりうるからだ。「書き出しに良い句が来なければ、その作は大抵の場合失敗していると見てもそう大きな間違いではない。何ぜなら最初の一行のとき、もう忽ちその作の形式が決定されるのだからである」(「書き出しについて」)という極論じみた言い方も、額面どおりに受け取るのは危険だろう。ここの文意よりもその表現形式の方が、この作家の文章観を、ひいてはこの流派の性格を語るのかもしれない。

横光といえば川端、新感覚派という名を口にする時、まず浮かんでくるこの両作家を同一視するのは無論大きな誤りだ。川端が『十六歳の日記』『伊豆の踊子』『禽獣』といった戦前の佳編を残し、戦後も、『雪国』を完結させ、『千羽鶴』『山の音』を頂点とする円熟期から、『みずうみ』『眠れる美女』という前衛的なタッチによる妖しい老境を迎えるまで、長く執筆活動を続けたのに対し、横光は『蠅』『日輪』『機械』『紋章』『旅愁』と著名な作品をたどってみても、多くは実験作、問題作、あるいは文学史上の意義を持つ作品であるに過ぎず、かつての〝小説の神様〟も、時と個を超えて生きる完成された名品をほとんど残すことなく世を去った。「毀誉褒貶《きよほうへん》の嵐に立ち続け、「国破れて砕けた」この作家の孤影は深い。

作家生涯の開きを別にしても、両者はトータルとして差異の方が目立つ。瀬沼茂樹が、『現代語の成立』(明治書院)所収の論文「小説の文章」で、横光の『機械』は抽象的な符牒としての言語をもって複雑な心理のメカニズムを組み立てた無機的な膠着的文体であり、川端の『水晶幻想』では知的構成よりもイメージの転移が主導的な役割を果たす、いわば破調の美を創出したと概括するように、まったく別種の文章を書いたと言ってもいい。

「横光文学の文章特性」(『宮城学院女子大学研究論文集』四一～三号)と題した森下金二郎の統計的な言語調査の結果も、両作家の文章がむしろ対照的な性格を帯びていることを示している。第一に、横光は会話が少なく、文が長いのに対し、川端は逆に会話が多く、文が短い。第二に、使用語彙を品詞別に見ると、横光は形容詞が少なく副詞が多いのに対し、川端は逆に形容詞が多く副詞が少ない。第三に、横光は文末表現が比較的単調なのに対し、川端のそれは変化に富む。第四に、横光は主語を明示した文が多いのに対し、川端は逆に主語が表面に現れない文が多い。第五に、横光がいろいろな面で作品ごとに変化の多い数値を見せるのに対し、川端は比較的安定した結果を示す。

新感覚派の両雄は多くの調査項目でこのように異なった傾向を呈する。それでは、この作家集団には文章表現上の共通感覚が存在しないのだろうか。その問題を考える上で、横光が藤沢桓夫の「冬の都会は、午前二時の、暗闇だ。悶絶した隧道だ。雪雪雪雪雪雪雪雪雪の交錯舞踏を縫い、自働車は機械の匂いを撒きながら、ひたすら、驀進した」といった『首』冒頭の表現を、「近代文学に類例のないほど新鮮な筆力」と絶讃した事実は重要だ。横光の次の一節などは、それと一直線につながるだろう。

　疾走。衝突。殺戮。転倒。投擲。氾濫。
　全市街の立体は崩壊へ。――
　平面へ、――
　水平へ、――
　没落へ、――
　そうして、SQの河口は、再び裸体のデルタの水平層を輝ける空間に現した。

『静かなる羅列』のほんの一部を引くだけで充分だ。これと並べて、片岡鉄平の「私は聴いて居る、悪魔の哄笑を。いや、バンドの音だ、コルネットだ、太鼓だ」といった『綱の上の少女』の一節、あるいは「機関銃がひらめかす赤い舌」という体言止めで改行し、「空は蜂のように群れ飛ぶ飛行機。追う。逃げる。落ちる。落ちる。青空に、ながく煙を引いて落ちる。死だ」と続く『生ける人形』の一節を引けば、故意に散文性を殺《そ》ぎ落とした荒々しい爪痕を等しく感じないわけにはいかない。

切り込みは鈍角になるが、「枝豆の鞘《さや》から青い季節のボタンをはずしてゆく事に、怪しい水気で区別されている無数の象眼を玉葱から切りだしてゆく事に、またなく自然への讃美の心をそそられた」という中河与一『刺繡せられた野菜』の一節や、「時は午後の三時頃。ホテルの白猫が夢を見ているような時分──」として行を改め、「春だ」という超短の一文を、一つの段落の資格で配する今東光『痩せた花嫁』の筆致にも表現の質的な類似が感じ取れよう。川端だけが例外であるはずはなかった。『浅草紅団』の「ドイツ狼犬」は「電車の響きのさやけさが、午前五時だ」と、やや舌足らずの一文を記して行を改め、こう続く。

言問橋《こととといばし》を染めた桃色の朝日の中には、昨晩の尿のあとがだんだら模様だ。しかし隅田公園は大地に描いた設計図のように、装飾が少く、清潔なＨだ。

「黒髪の色の人間らしさが──全く高貴な悲しみの滴りのように、なんという鮮かな人間らしさだ」という『温泉宿』の一節を例にしてもいい。カテゴリー間を乱舞するイメージを追って、ことばも飛び跳ねるように危うくつながっていく。その極限に近い例を挙げておこう。

音のない音。音のない雪のように海の底へ落ちる白い死骸の雨。人間の心のなかに降り注ぐ死の本能の音。海のなかの感光板の感覚。銀の板のようにきらめきながら、この鏡が海の底へ沈んでゆく。

『水晶幻想』の一節——化粧机に向かって紅を使いながら、夫人は鏡の中に少女を見ると、彼女の幻想はとめどなく溢れ、非連続に閃き、揺れながら展開する。意識の流れの手法を実験的に導入したこういう箇所を、例えば横光の『静かなる羅列』と対比してみると、静的と動的という印象の差、軟質と硬質という感触の違いに、対照的とも言える大きな隔たりがあることはすぐわかる。が、そういう外観の差異を超えて両者に共通する何かがあることも否定できない。言語技術だけが文学のすべてだとした壮絶な表現闘争の傷痕がいたましいほど鮮明に見えているからである。

斬新に感じられるところから先に古びてゆく。その意味で「昭和文学史の前期は悲惨な腐蝕の歴史」となるのだが、大正末から昭和初頭にかけて〝新感覚〟として括れてしまった新進作家たちに、表現意識の過剰なむなしい書き方があったことは確かだろう。それが、好むと好まざるとにかかわらず、彼らがいつか帯びていた流派の性格というものであった。

作家のスタイル

作家の文体とか、そのスタイルとかを論ずる時、ある一個人が無意識に書き綴った文章に流露した単なる筆癖を問題にしているわけではない。一般に作家が文学作品を執筆する際、生身の自己がそのまま作品化されることは本質的にありえない。三人称扱いで登場する作中人物の場合はもちろん、一人称の形で現れる主人公や、物語の進行を司る語り手や狂言まわしでさえ、背後からそれを見張っている別の眼が必ず存在する。

思わず私は立ちすくんだ。幾十条もの白い波頭が、身をよじらせながら絶壁に打ちよせてくるその速さが、私が毎日みつづけている青い色のついた夢の中の得体の知れぬものの速さに似ていたのであった。立ちすくんだ私を、ちぎれとんだ古綿のような雨雲が殴りつけていた。もし、あの死のうと思い立った旅で私が自殺することが出来ていたとしたら、その瞬間であった筈だ。だが、私は怒濤の中に身を投げるかわりに、ぬれそぼった身体を力なく後すざりした。

——田宮虎彦『足摺岬』

足摺岬のその日の天候が実際にこのとおりであったかを問うことは意味がない。赤坂のホテル・ニュージャパンでインタビューした折、その足摺岬は遠い遥かな所という観念で作品の場所として選んだ土地だから、現地を丹念に描写する必要はなかったと作者は語った。両親が高知の近くで生まれた関係で祖父母の家で過ごしたこともあり、土佐的な気象をかなり知っていたので、足摺岬の嵐のようすも見当がついたそうだ。それに、そもそも、あの「私」小説は「私小説」ではなかった。私小説という形式が読者に与えるイメージを利用してこの作品を書いたと、この作家は当時を振り返るのである。作中の一人称は、その作品を執筆した社会的・生理的な一個人を指示するものではない。それがこの作品の特殊事情ではなく、文学作品の基本であり、普遍的な在り方なのだ。

『吾輩は猫である』を例にするとわかりやすい。「吾輩」という一人称で始まるこの作品が夏目漱石と名乗る猫の手で書かれたと信じる素朴な読者は誰もいない。大事なのは、『坊っちゃん』の主人公が「おれ」と言うのも、基本的にそれと同じだということである。どの作品にも、なんらかの意味で、書き手の在り方が反映する。と同時に、そこに投影する作者の姿は多かれ少なかれ作品化された〝私〟である。文学という行為が基本的に抱えている本質上の〝虚構〟という問題に注意したい。

通常「虚構」と呼ばれるのは、作中の出来事がいわゆる絵空事であるかどうかという観点からである。例えば、太宰治『富嶽百景』の中にある「井伏氏は、濃い霧の底、岩に腰をおろし、ゆっくり煙草を吸いながら、放屁なされた」という一文を取り上げ、井伏鱒二当人の弁というやはり文学的な事実を根拠に、三ツ峠頂上におけるこの放屁事件そのものが現実に起こったものでなく、太宰の創作であると判断し、それを表現効果を狙った文学的虚構と位置づけるのが通例だろう。

随筆『亡友』で井伏は「読み物としては風情ありげなことかもしれないが、事実無根である」と書いている。ところが太宰に抗議を申し込んだところ、「たしかに、なさいましたね。いや、一つだけでなくて、二つなさいました。微かになさいました」とあくまで自説を主張するので、「否定しながらも、ときには実際に放屁したと思うようにさえなった」とも井伏は書く。

しかし、随筆といっても安心はできないと言われる井伏文学の場合はもちろん、随筆には虚構がないという一般論はおそらく成り立たない。そこに描かれる事柄が現実とは無関係な空想の産物だとか、史実の一部を改変したとか、事実の細部を想像で補っているとかという意味での虚構のほか、世間の常識との間にギャップがあるとか、執筆時における自己の意識から逸脱しているとかというレベルでの虚構も含まれよう。が、もっと基本的に、そういういわば意図的に選択した虚構とは別種の虚構が、文学作品の本質にかかわりつつ普遍的に存在していることを強調しておきたいのである。

太宰の場合で言えば、あの並外れたナルシシズムの露呈が、事実の純粋に客観的な記述であったとはとうてい思えない。たとえナルシシストの一面を象徴する個々の出来事がすべて実際に起こったことを素材にして書かれたにもせよ、結果としてそこにあるものは表現であって事実そのものではない。並の人間なら蔽《おお》い隠すかぼかすかする素材を、逆にことさら目立たせ、あれほど剝き出しに迫る作品は、現実そのものの全貌と、その濃淡や陰翳にかなりの隔たりを見せているにちがいない。仮にどの細部もすべて事実に即して描いたとしても、何かを取捨し、どこかを強調して成立した文章は、全体像としてもとの姿とは似ていない。作者の個性が現実を解きほぐし、組み直す。文学的虚構として太宰は暴露する自己を前面に推し出した。

作品の文章をつむぎ出す叙述の眼の背後に、その動きを見張っているもう一つの眼がある。表現の奥に光る眼も作者という人間に発することは間違いないが、それは決して生身の個人の裸眼ではない。創作動機と作品意図という、作品ごとに屈折率の異なる二枚のレンズを通して対象を望むからだ。〈叙述視点〉の背後で作中の視点を操作・調節する〈創作視点〉の支配を仮定し、かつ作者の生活上の個人的な眼と区別するのはそのためである。

一寸読者に断って置きたいが、元来人間が何ぞというと猫々と、事もなげに軽侮の口調を以て吾輩を評価する癖があるは甚だよくない。人間の糟《かす》から牛と馬が出来て、牛と馬の糞から猫が製造された如く考えるのは、自分の無智に心付かんで高慢な顔をする教師抔《など》には有勝《ありがち》の事でもあろうが、はたから見て余り見ともない者じゃない。

――『吾輩は猫である』

この作品の成功は奇抜な視点の設定に負うところが大きい。「吾輩」という意表をつく一人称で威張った口を叩くのが、日頃人間が小馬鹿にしている身近な猫だということで、ユーモアの生ずる枠組みが出来上がる。全能の神の位置に立つ批評は権威を帯び、高圧的に響く。傍観者の位置からは内面が見通せず、また、観察者自身が対象から外れる。作者を含めた人類の生態を観察するには、猫というこの視点が絶好の位置を占める。辛辣な文明批評や痛烈な人間批判を浴びた読者が、すくみあがったり、いきりたったりすることなく、苦笑するだけでいられるのは、この視点構造のせいなのだ。

「一寸読者に断って置きたいが」と話しかけるのは叙述視点としての猫だが、作中の猫がこんなふうに読者に向かって直接弁じ立てるのを黙認し、むしろけしかける創作視点が奥で働いている。無論それは、鏡子夫人と啀《いが》み合い、〝探偵さん〟の幻影に腹を立て、東京帝国大学教授としての招聘も、文学博士の学位授与の推薦も固辞し、胃病と神経衰弱に悩み、良寛の書を愛し、則天去私の境地を思い描いた夏目金之助の眼と無関係とは言えない。

『坊っちゃん』も同様だ。「一つ天麩羅四杯也」とか「団子二皿七銭」とか「湯の中で泳ぐべからず」とかといった黒板の落書きに癇癪《かんしゃく》を起こし、「いけ好かない連中だ。バッタだろうが雪踏だろうが、非はおれにある事じゃない」と勝手な熱を吹くのは、せっかちで威勢のいい神経病みの一人称だ。叙述視点の単純明快な活躍を、束の間の救済か絶望的な憧憬かを垣間見ながら放任してみせる創作視点の姿が文章から透けて見える。

両作品の創作視点はいずれ一つの人間像に行き着くだろう。だが、それは夏目金之助であるよりは漱石であると見た方が正確だ。ある時は勧善懲悪と義理人情を勇ましく説き散らす主人公を造形し、ある時は尊大な明治のエリートに仕立てた猫を視点として道義感と自我意識を吐き棄てる、その作品における作家の眼だからである。

忠臣孝子義士節婦の笑う可《べ》く泣く可く驚く可く歎ず可き物語が、朗々たる音吐を以て演出せられて、処女のように純潔無垢な将軍の空想を刺戟して、将軍に唾《だ》壺《こ》を撃破する底の感激を起さしめたのである。

――森　鷗外『余興』

ここには漢文訓読体の堂々たる文調がある。

深夜の沈黙は私を厳粛にする。私の前には机を隔ててお前たちの母上が坐っているようにさえ思う。その母上の愛は遺書にあるようにお前たちを護らずにはいないだろう。よく眠れ。不可思議な時というものの作用にお前たちを打任してよく眠れ。

——有島武郎『小さき者へ』

抽象的な無生物主語を駆使し、あるいは擬人的な構文を利かせた、欧文脈の波打つ表現がある。

まさに春の日の暮れかかろうとする、最も名残の惜しまれる黄昏《たそがれ》の一時を選んで、半日の行楽にやや草臥れた足を曳きずりながら、此の神苑の花の下をさまよう。そして、池の汀《みぎわ》、橋の袂《たもと》、路の曲り角、廻廊の軒先、等にある殆ど一つ一つの桜樹の前に立ち止って歎息し、限りなき愛着の情を遣るのであるが、蘆屋の家に帰ってからも、又あくる年の春が来るまで、その一年じゅう、いつでも眼をつぶればそれらの木々の花の色、枝の姿を、眼瞼《まぶた》の裡《うち》に描き得るのであった。

——谷崎潤一郎『細雪』

和文調のゆったりとしたリズムでしっとりと描き取る。

古　典

古典の作者の幸福なる所以は兎《と》に角彼等の死んでいることである。

又

我々の——或は諸君の幸福なる所以《ゆえん》も兎に角彼等の死んでいることである。

——芥川龍之介『侏儒の言葉』

寸分の隙もなく神経の張り詰めた表現——人間の取り澄ました仮面を剝ぎ取る辣腕に皮肉な才気が走る。

……日の短い頂上である、ガタリと急に、わずかな間に、日かげも褪せ空のいろも艶をうしなった。——で、いつになくかれのおちついてゆッくり柚湯につかり、さばさばした、生返った……同時にややぐッたりした恰好で外へ出たとき、いつかもうあたりは、灯影の、濃く、しめやかに、眼立《めだ》しく感じられる程度に……そのくせまだ空はさえざえとあかるく……たそがれていた。

——久保田万太郎『春泥』

文中を流れることばの係りと受けの微妙なずれ、呼吸を伝える読点の位置、それに、リーダーとダッシュを利かせて展開する息苦しいまでの〝間〟の情緒がある。

信一は、松子が土気色《つちけいろ》の面《かお》で崖道を登った、半年程前の唯の一遍限《ぎり》の出来事を憶出し、其実感が頭に沁むだ。疲れていた故広い道につけば宜かった、其悔が又頭に応えた。松子の病の段々に悪い現在、原因は性急に崖道をとった、此崖道にもあると思えた。彼は考えから心持は参った。

——瀧井孝作『無限抱擁』

ここには、実感をきわめて不細工に、しかし精魂込めて描き取った、稚拙で真っ直ぐな文章がある。

「あらゆる史料は生きていた人物の蛻《もぬけ》の殻に過ぎぬ。一切の蛻の殻を信用しない事も、蛻の殻を集めれば人物が出来上ると信ずる事も同じ様に容易である」(『ドストエフスキイの生活』)と容赦なくニュアンスを切り捨て、「劣悪を指嗾《しそう》しない如何なる崇高な言葉もなく、崇高を指嗾しない如何なる劣悪な言葉もない」(『様々なる意匠』)とシンメトリックな文構造で整然と決めつけ、「夢殿の救世《ぐせ》観音を見ていると、その作者というような事は全く浮んで来ない。それは作者というものから、それが完全に遊離した存在となっているからで、これは又格別な事である。文芸の上で若し私にそんな仕事でも出来ることがあったら私は勿論それに自分の名などを冠せようとは思わないだろう」という志賀直哉の感慨を、「私小説理論の究極が、これ程美しい言葉で要約された事は嘗《かつ》て無かった」(『私小説論』)と、論理より感動で断定するあの小林秀雄の激越な論調も、他のどれとも似ていない。

「野島はこの小説を読んで、泣いた、感謝した、怒った、わめいた、そしてやっとよみあげた」(『友情』)と叩きつけ、「僕はもう処女ではない。獅子だ。傷ついた、孤独な獅子だ。そして吠える。君よ、仕事の上で決闘しよう」と吠え立てる武者小路実篤のあの桁外れに奔放な文章も、それとはまた、激しさの質が違う。

「静けさが冷たい滴となって落ちそうな杉林」(『雪国』)とか「冷たくて温いように艶な志野の肌」(『千羽鶴』)とか、レベルやカテゴリーを踏み荒らす語と語との摩擦がスパークを発する、あの川端康成の抽象を志向する感覚的な表現も、やはり異色の存在と見るべきだろう。

「前提」「命題」「必然性」「絶対的要請」といった抽象名詞と、「しかし」「したがって」「要するに」といった接続詞で綴られる大岡昇平『俘虜記』の論理的な文章も、そこに展開する主題と映発して硬質の抒情が流れる時、それと類似の小説文体を思い浮かべるのは至難である。


往来が狭いし、たえず人通りがあってそのたびに見とがめられているような急いた気がするし、しょうがない、切餅のみかげ石二枚分うちへひっこんでいる玄関へ立った。すぐそこが部屋らしい。云いあいでもないらしいが、ざわざわきんきん、調子を張ったいろんな声が筒抜けてくる。待ってもとめどなかった。いきなりなかを見ない用心のために身を斜によけておいて、一尺ばかり格子を引いた。と、うちじゅうがぴたっとみごとに鎮まった。どぶのみじんこ、と聯想が来た。もっとも自分もいっしょにみじんこにされてすくんでいると、

「どちら？」と、案外奥のほうからあどけなく舌ったるく云いかけられた。目

見えの女中だと紹介者の名を云って答え、ちらちら窺《うかが》うと、ま、きたないのなんの、これが芸者屋の玄関か！

「え？　お勝手口？　いいのよ、そこからでいいからおはいんなさいな。」同じその声が糖衣を脱いだ地声になっていた。

——幸田　文『流れる』

「ざわざわきんきん」「ちらちら窺う」といった擬声語・擬態語、「どぶのみじんこ」という象徴化した比喩、「あどけなく舌ったるく」と感覚的にとらえた物言いから、「糖衣を脱いだ」と比喩的な形容を利かせた地声へのみごとな転換、一瞬の緊張を的確に写し出す接続詞「と」、動作主を文脈に埋め込み、「ま、きたないのなんの」という調子で弾む地の文——これはまさにピンピンした感覚の鳴るシャキッとした描写だ。

ここに張り詰める勝負の気合いが、『文学論と文体論』(明治書院)所収の論文「近代文体と対峙する古典的話体文」で磯貝英夫の言うように、「瞬間にきまる生活のかたちに全神経を集中する」ところから発すること、そしてそれが、父幸田露伴に厳しく鍛えられた律格正しい立ち居振る舞い、「格物致知」の生活思想につながることを読み取るべきだろう。戸の開閉一つにも人間の深さが知れるとなれば、もはや女のたしなみといった情趣では済まなくなる。一瞬のうちに互いに検分を済ませるこの出合いは、対象の本質を一挙に透視する意力の真剣勝負であった。その意味でも、同じく東京下町の話しことばのリズムが躍る里見弴や久保田万太郎らの文章と、間合いがまったく似ていない。

作家のスタイルと呼ぶべきものは、生身の人間に具わった先天的・後天的な性格と、創作態度という意図的な要素とが、相乗作用をなして実現する動態であると考えられる。それは結局、おのずからな流露と狙いすました表現という二面が微妙に絡んだ、いわば方法としての作家そのものだと言っていい。

6　個人の広がり

立　場

文章はそれを書く人間の違いに応じてさまざまな姿を見せる、というところまで考察を進めた。が、人によって違うどころか、同じ人でもいろいろな文章を書く。おのずから違った感じに仕上がる場合もあり、文章の種類や作品の意図に応じて意識的に書き分ける場合もある。

森鷗外は作家だが、森林太郎は医者だった。陸軍軍医森林太郎の文章は鷗外文学のそれとは違う。表現内容の違いから起こる必然的な差と見なして簡単に片づけるわけにはいかない。表現対象の相違とは別に、文学者として書くか、科学者や官吏として書くかという立場の認識が、言語表現に対する神経の働きを微妙に変化させる。

「森鷗外の文語文体」(『中京大学文学部紀要』一二巻二号)と題する岡本勲の調査によると、同じく文語体で書いた文章の間に、助動詞の意味・用法上の違いも認められるという。『日清役自紀』『衛生新篇』といった軍事・医学関係の論文では、語の多義性によって文意が曖昧になるのを防ぐため、助動詞「ム(ン)」の場合は、「恐ラクハ」「蓋《けだし》」「将《まさ》ニ」のような副詞を併用し、あるいは「ントス」「ンガ為」といった固定形式で用いるなどして意味の限定に努めており、助動詞「ベシ」はもっぱら当然の意に用いて、推量の意は「ム」に譲り、可能の意は「能《よ》ク……コト能《あた》フ」「コトヲ得《う》」といった言いまわしで表すなど、明晰な文意の伝達を心がけた工夫の跡が見られるが、『即興詩人』のような文学作品ではこういう厳密な対応は認めがたいというのである。意味と形式との結びつきにゆとりのある表現的性格が小説にふさわしい奥行と文学的な豊かさをもたらすという一面もあるのだろう。

読者意識と表現態度

文章を読む相手をどう意識するかに応じて、働きかけの姿勢に差が生じ、それが言語表現の面に反映する。

「有島武郎の手紙文の文体」(『宮城学院女子大学研究論文集』五〇〜五一号)と題する遠藤好英の調査によれば、有島武郎の手紙には七種の型が認められるという。第一は「益々御自愛祈上候」といった候文体で統一するもので、目上の者に居ずまいを正し、改まった文面で臨む場合に用いられる。第二は候文体を中心としながら、「有之候や」「御座候ひき」のように助詞・助動詞の文語文末が混入したり、候文と文語文が交互に現れたり、部分的にまとまって文語文が入ったりする型で、年下の家族にくつろいだ雰囲気で書く場合に用いられる。第三は「手紙をくれるのを楽しみに待って居ると、御伝言願上候」のように候文体と口語文体とが併存する型で、想定する相手や述べる態度が部分的に変化した場合に用いられる。

第四は「兄よ僕を鞭撻《べんたつ》せよ」といった文語文を混入した候文に「Baby は如何。僕の処は母ッ子になって甘えて困る」といった口語文の追伸が付くような型で、改まったなかに親愛感を込める場合に用いられる。第五は口語文体の中に「運河には柳茂れり」といった文語文が混入する型で、同輩か目下に気楽に、しかし格調高く書く場合に用いられる。第六は「城山趾に登り折柄《おりから》突発せし市中の火事を遠望して興奮す。半月天心にあり」といった文語文体で貫く型で、同輩に簡潔に、やや仰々しく書く場合に用いられる。第七は「大変遠い処に行つてしまひましたね」という口語文で通す型で、同輩や目下に形式張らずに話しかける調子で書く場合に用いられる。

コミュニケーションは相手があって成立する。同じ個人が認める同じ手紙という文章にも多様な表現形態が見られるのは、思い浮かべる相手の顔が違うからだろう。無論、手紙には限らない。ジャンルの違いとして処理できる小説と童話との関係も、そういう読者層の問題としてとらえ直すことができる。

どぶ川のはしのところで、大きくいきをすいこみました。どぶくさいくうきでしたが、かまいません。いよいよ、まさやは一どもあるいたことのないみちを、あきよもまだとおったことのないみちを、あるきはじめるのですから。

——古田足日『大きい1年生と小さな2年生』

童話の文章は全体として話しことば的な表現になる。子供たちは記号としての文字連続から情報を読み取ろうとするよりも、幼い日に語ってくれた母の声を聴き取ろうとするからだろう。「よっぽどうれしいらしく、お客は、そんなことをなんども話しました」(あまんきみこ『車のいろは空のいろ』)という箇所を「大いなる喜悦を覚えたと推察され、乗客はその種の言辞を幾度も口にした」とでも変更しようものなら、童話の夢はたちどころに消えてしまうにちがいない。

語りかける調子が続くと、文末が「ました」の連続で単調になりやすく、それを避けるために工夫する結果、実際には童話の方がむしろ多彩になる傾向があるともいう。引用部分でも「すいこみました」という過去形文末の後、「かまいません」と現在形で止め、その次を「ですから」と結んでいる。バラエティーを際立たせようとして、このように倒置表現をとる例も多くなる。

読者対象として子供を想定すれば、概念的な説明を避け、感覚的に伝達しようとするのは自然だろう。オノマトペの活用はその一つのあらわれと考えられる。単に多用されるだけではない。用法に工夫を凝らし、創作的な語形を試みた例も、小説の場合より多いようだ。「かた足　ながぐつ、かた足　はだしだったら、ブクタラ　ブクタラ、あるきにくい」(秋浜悟『ながぐつのぼうけん』)とか「ことりのピーツィ、ピーツィなくこえ」(堀尾青史『ぶたのブリアン大かつやく』)などはほんの一例だ。「おめえら、カッパぶちにいかんほうがいいぞよ。あそこには、ほんまに、カッパがおるでなあ」(椋鳩十『カッパぶち』)といった方言がよく用いられるのも、場面を生き生きと伝えようとするためだろう。

いたちの穴はあたたかい。行ってもいいが、でも、せまい。せまくて、かえりはかえれまい。ここで、もうすこし我まんして、待っていましょう、待ちましょう、およびのおこえがかかるまで。

――浜田広介『さむい子守唄』

文章のリズムも童話の一つの特徴だろう。明瞭な七五調で流れるなかに「せまい。せまくて」「かえりはかえれまい」「待っていましょう、待ちましょう」という反復を利かせ、「行ってもいいが」のイ、「およびのおこえ」のオの韻を響かせた極端な例だ。中川李枝子の『たんたのたんけん』のように韻をふんだ題名もある。童話が韻律を志向する語りの性格が強いことは確かだろう。

『南京の基督』で「蒼白い頬の底には、鮮な血の色を仄めかせて、鼻の先に迫った彼の顔へ、恍惚としたうす眼を注いでいた」と書く芥川龍之介も、『杜子春』では「力なく地上に倒れた儘《まま》、悲しそうに彼の顔へ、じっと眼をやっているのを見ました」という調子になる。同じ作家が同じ大正九年の同じ七月に発表した作品だが、前者は『中央公論』に、後者は『赤い鳥』に掲載したもので、読者に応じて書き分けていたことがうかがえる。

島崎藤村の『桜の実の熟する時』と『幼きものに』、有島武郎の『宣言一つ』と『一房の葡萄』の関係も同じだろう。いつの時代にもある。『谿間《たにま》にて』で「次第に荒涼とした雰囲気が私を圧しだした。谿は人間を迎えるどころか、毅然として拒否する荒々しい風貌をおびてきた」と書いた北杜夫はやはり、『船乗りクプクプの冒険』では「みんなはアッケにとられて目をパチクリさせた」と書く。

読者対象が問題になるのは、大人と子供だけではない。青年と中高年、男性と女性、さらには社会的階層、教育の分野や程度、職種、あるいは個人の性格や趣味や境遇など、まさに多種多様な要素が絡んでいる。同じく成人相手の小説であっても、そのような読者側の諸条件を作者がどう意識するかによって、違った文章になる。遠藤周作の『海と毒薬』や『沈黙』といわゆる狐狸庵ものとの差は、北杜夫の『幽霊』や『楡家の人びと』といわゆるマンボウものとの差に近く、純文学を好む層と軽い読み物を楽しみたい層との違い、もしくは同一読者の気分の違いに合わせて書き分けた結果として生じた表現性と言える。

谷譲次の名でいわゆる〝めりけん・じゃっぷ〟ものを書き、牧逸馬の名で推理小説や家庭小説を書き、林不忘の名で『丹下左膳』などの伝奇時代小説を書いた長谷川海太郎のケースは、その象徴的で徹底した姿であった。

常に背水の陣を布いて書いてきたはずの永井龍男でさえ、訪問時に、掲載誌による意識の違いを問うと、「大衆雑誌の時はなるたけ楽に読めるようにと絶えず考え」たと振り返る。名品の骨格をなす省略的手法、俳句的な展開は、「文芸雑誌に載せた作品の方がずっと多いと思いますね、この雑誌なら遠慮なく飛ばしたってわかってくれるという気持です」と言うのである。
佐伯は、飽かずに眺めた。
嬰児が吊り手を取ることに、賭けているような気持だった。
何度目かに、大きく抱き直される瞬間だった。
両手を挙げたまま、嬰児が宙に浮ぶように見えた。
大きな瞳が、何らの不安なく、大胆に白い吊り手を見つめていた。
「ああ、天使のようだ」
と、その時佐伯は連想した。
電車は駅に入って停った。
——『一個』

短い一文段落の頻出するこの作品は文芸誌『新潮』に載った。もし娯楽性の強い『小説新潮』に発表されるのであれば、もう少し行間が埋められていたはずだ。それはもちろん、谷崎潤一郎と武者小路実篤とでは読者を意識する度合に大きな差があろうが、大抵の作家には多かれ少なかれこういった配慮の跡が見られるだろう。

執筆時期

一作家の足どりをたどってみると、欧文脈の勝ったきざな文章を書いた時期、ことさら古風な和語を散りばめた衒いぎみの文章を書いた時期、逆に抽象的な漢語を多用する乾いた感じの文章に傾いた時期、あるいは、ひたすら簡潔でそっけない文章を淡々と綴った時期……というふうに、その執筆時期によってかなり違った感じの文章を書いていたことに気づく場合がある。執筆時の年代や年齢という要素を完全に分離することはできないが、執筆時期という作家の内側の問題と考えた方がすっきりと通る。

其頃は方角もよく分らんし、地理抔《など》は固《もと》より知らん。丸で御殿場の兎が急に日本橋の真中に抛り出された様な心持ちであった。表へ出れば人の波にさらわれるかと思い、家に帰れば汽車が自分の部屋に衝突しはせぬかと疑い、朝夕安き心はなかった。

——夏目漱石『倫敦塔』

この前に「一度で得た記憶を二返目に打壊わすのは惜《おし》い、三たび目に拭い去るのは尤も残念だ」とある。「一度」「二返目」「三たび目」となるのは同じ語の反復を避けたからだ。「打壊す」と「拭い去る」、「惜い」と「残念だ」との関係もそういう美意識に立つ選択だろう。引用部分にも比喩あり誇張あり対句あり、修辞を駆使して滑稽感を生み出した技巧的な文章だ。

それから十年後の大正四年に『硝子戸の中《うち》』を書く。その頃には、「家の定紋が井桁に菊なので、夫《それ》にちなんだ菊に井戸を使って、喜久井町」とし、「自宅の前から南へ行く時に是非共登らなければならない長い坂に、自分の姓の夏目という名を付け」て、「それを誇りにした」父の虚栄心を、「厭な心持は疾《と》くに消え去って、只微笑したくなる丈《だけ》」という心境に達した、四九歳の漱石はその作品を淡々とこう結んだ。

先刻《さっき》迄庭で護謨《ゴム》風船を揚げて騒いでいた小供達は、みんな連れ立って活動写真へ行ってしまった。家も心もひっそりとしたうちに、私は硝子戸を開け放って、静かな春の光に包まれながら、恍惚《うっとり》と此稿を書き終るのである。そうした後で、私は一寸肱《ひじ》を曲げて、此縁側に一眠り眠る積《つもり》である。

両作品の文章には、一〇年とは思えない大きな隔たりが感じられる。『倫敦塔』が『幻影の盾』や『薤露行《カイロ》』などとともに幻想の散文詩と評されることはあるが、『硝子戸の中』との間にジャンルの区別があるとは言えない。それでは、時代性の反映であろうか。わずか一〇年の時の経過が時代の好尚をがらりと変えてしまうのは、明治維新や太平洋戦争を挟むような場合に限られる。漱石が創作に本腰を入れ始めた明治三八年頃には、落合直文・大和田建樹・塩井雨江・武島羽衣・大町桂月ら国文学者を中心に流麗な筆致を競う美文体の盛行もすでに勢いが衰えかけていたはずであり、以後大正の初めまでの間に文章に対する意識改革があったとも思えない。

両作品の表現感覚の差が、例えば『吾輩は猫である』と『明暗』とを比べた時の印象の違いと共通する面が認められるとすれば、それは偶然生じた差異でも、作品の個性として片づくものでもない。文章の質感の上で、次第に落ち着きを見せ、深まりを増す方向への成長がうかがえる点を重視すると、むしろ年齢差と考える方が自然だろう。三九歳と四九歳、不惑から知命に向かって人間として枯れてゆくことと、その文章の性格の違いとが対応するからだ。

しかし、二十代の気取りと六十代の沈潜といった一般性のある対応とは違って、三十代の終わりと凝った文章との結びつきにはさほど普遍性があるとは思えない。純粋な年齢差の反映と見るよりは、作家生涯における執筆時期という流れととらえるべきではなかろうか。初期の浪漫的あるいは遊戯的な現実逃避の傾向、中期の三部作を中心とするロマネスク的な傾向、後期の現実的かつ心理的な傾向という対立も、本格的な創作生活がわずか一〇年程度に過ぎない漱石の場合、それぞれの執筆年齢とのつながりは本質的に薄いだろう。年齢とは切り離して、執筆時期というものを、文章の性格を規定する条件として立てる必要がある。『硝子戸の中』の文章を考える時、それが『こころ』の五か月後、『道草』の五か月前に執筆された小品集であり、「死への決意から振り返られ、いとおしまれた人生の風景」が書き留められていることを忘れてならないのも、そういう意味でのことである。

執筆時期という要因の働きを側面から示す統計資料を紹介しよう。それは一九一四年から一九五五年までに書かれた川端康成の小説一〇七編の文章について、一つの文の平均の長さを調査したものだ。それによると、全体の平均が一文当たり三二・七字で、『十六歳の日記』二一・八字、『死者の書』二二・一字という極端に短いものから、『浅草祭』四八・八字、『二十歳』五一・四字というむしろ長いものまで、かなりの隔りが見られる。長編の平均が三二・三字、中編の平均が三三・八字、短編の平均が三二・七字とほとんど差がないので、作品の長さは関係しないと見ていい。それでは、文の長さは作品ごとにばらばらなのだろうか。年代順に並べて推移をたどると、目立った変化ではないが、一つの流れがあるように見える。

大正期	一九一四〜二六年	三一・八字
昭和初頭	一九二七〜三〇年	二九・七字
『雪国』起筆まで	一九三一〜三五年	三七・一字
太平洋戦争まで	一九三六〜四一年	三四・三字
終戦直後	一九四五〜四七年	三二・七字
『山の音』の頃	一九四九〜五一年	二八・五字

『東京の人』　一九五二〜五五年　三一・六字

「私は食事をすませて、病人の蒲団を捲り、溲瓶《しびん》で受ける。十分経っても出ぬ。どんなに腹の力がなくなっているかが知れる。この待つ間に、私は不平を言う。厭味を言う。自然に出るのだ。すると祖父は平あやまりに詫びられる。そして日々にやつれて行く、蒼白い死の影が宿る顔を見ると、私は自分が恥しくなる」といった『十六歳の日記』や、「はしけはひどく揺れた。踊子はやはり唇をきっと閉じたまま一方を見つめていた」から「頭が澄んだ水になってしまっていて、それがぽろぽろ零れ、その後には何も残らないような甘い快さだった」と結ぶ『伊豆の踊子』に代表される第一期は、この作家の才能が自然に現れた文章と見ていい。

第二期は新感覚派の自覚が「その竹林の痩せていることが、山峡の感情的な化粧であった」(『春景色』)のような舌足らずの表現や、「そして朝木新八の話——」(『死体紹介人』)というように名詞などで文を結ぶ、いわゆる体言止めなど、独特の表現を生んだ結果、文が平均として短くなったと考えられよう。『水晶幻想』から『禽獣』に至る第三期は、その反動として長文の心理描写などが取り込まれ、この作家としてはおそらく意識的に息の長い句読で文を綴った時期であったと考えられる。

ここから次第に文が短くなり、『名人』を頂点とする第四期から、『再会』などの第五期を通り、『千羽鶴』『山の音』の第六期の高みへと研かれていくのと呼応する。「これを買って帰った日、信吾は茜色の可憐な唇に、危く接吻しかかって、天の邪恋というようなときめきを感じたものだ」とか、「菊子は顔が小さいので、あごのさきもほとんど面にかくれていたが、その見えるか見えないかのあごから咽へ、涙が流れて伝わった」とかという比較的長い文に短めの文をないまぜ、時折「慈童の菊子はうなずいた」「雨になっていた」といった極度の短文を散らす運筆で、円熟期の一つの到達点をなす文章は書かれた。

第七期に入ると、それより四字ほど長めのところで平均文長は安定する。この期以後、『みずうみ』『眠れる美女』のような前衛的手法の意欲作を除き、『東京の人』『古都』などのやや大衆的な作品群が目立つとすれば、文辞の彫琢《ちょうたく》が減って筆速が上がった結果とも解せようか。

執筆時期による差の傍証として、『千羽鶴』と『波千鳥』の関係に言及する。前者は一九四九年から五一年にかけて発表され、平均文長二八・三字なのに対し、その二年後から後編として書き継がれた後者の平均文長は三一・七字で、いずれもそれぞれの時期の平均文長にきわめて近い。

新感覚派の一方の旗手であった横光利一は、数かずの文章実験で知られるだけに、執筆時期による波が川端とは比較にならぬ激しさで現れる。前掲の森下金二郎の統計調査に従って、作品の平均文長を執筆年代順にたどると、極端に長い『機械』九一・〇字を挟んで、それ以前の三編『御身』『日輪』『上海』が三〇字前後なのに対し、それ以後の三編『寝園』『紋章』『旅愁』が揃って五〇字台にも及び、時期ごとの差がきわめて大である。

文の長さはあくまで結果であり、それは当然、文章の表現上の性格が変化したことを示す。横光の場合も、『紋章』以降、体言型の性格が弱まって用言型の要素が強まり、修飾の多い文章から、『機械』以降で逆に非修飾型の色彩を濃くするなど、いくつかの点で著しい変身が認められる。

こういった文章特性の変貌が、表現意識のほとばしる新感覚派の両作家に限らず見られることは重要だ。例えば、作風が安定していたように思える徳田秋声でさえ、後期の作品ほど、文が長くなり、「その」「或る」のような連体詞の使用率が増し、逆にオノマトペが減るなど、やはり執筆時期による差異が顕著に観察される(『宮城学院女子大学研究論文集』二五号所収の森下金二郎「秋声文学の文体研究一」参照)のである。

連続体としての作家のスタイルが執筆時期に沿って描くカーブとは別に、個々の作品が持つ独特の表現的性格というものも当然存在する。漱石の例がそれを雄弁に物語る。

人間も返事がうるさくなる位無精になると、どことなく趣があるが、こんな人に限って女に好かれた試しがない。現在連れ添う細君ですら、あまり珍重して居らん様だから、其他は推して知るべしと云っても大した間違はなかろう。

――『吾輩は猫である』

只帰りがけに生徒の一人が一寸此問題を解釈しておくれんかな、もし、と出来そうもない幾何の問題を持って逼《せま》ったには冷汗を流した。仕方がないから何だか分らない、此の次教えてやると急いで引き揚げたら、生徒がわあと囃《はや》した。其中に出来ん出来んと云う声が聞える。箆棒《べらぼう》め、先生だって、出来ないのは当り前だ。出来ないのを出来ないと云うのに不思議があるもんか。そんなものが出来る位なら(月給)四十円でこんな田舎へくるもんかと控所へ帰って来た。

――『坊っちゃん』

暮れんとする春の色の、嬋媛《せんえん》として、しばらくは冥邈《めいばく》の戸口をまぼろしに彩どる中に、眼も醒むる程の帯地は金襴か。あざやかなる織物は往きつ、戻りつ蒼然たる夕べのなかにつつまれて、幽闃《ゆうげき》のあなた、遼遠のかしこへ一分毎に消えて去る。燦めき渡る春の星の、暁近くに、紫深き空の底に陥いる趣である。

——『草枕』

この三編がほとんど同時期に同じジャンルの文章として書かれたという事実は人を驚かす。『吾輩は猫である』における間接表現・否定表現を利かした尊大な皮肉と苦笑、『坊っちゃん』に見る江戸っ子が啖呵を切るようにせっかちで真っ直ぐな文章、『草枕』の恍惚たるロマンの詩的散文——確かに驚くべき作品ごとの個性なのだ。

これは無論、漱石の特殊事情というわけではない。谷崎潤一郎などは、全体として漱石以上に作品ごとのスタイルを変えた作家である。歌舞伎風の作品と言われる『お艶殺し』があり、日本の探偵小説の先駆けと見られる『途上』がある。「夫はその時分大概帰りが六時頃でしたけど、その日ィはいくらか心配して早《はよ》帰るか知らん思てましたのんに、やっぱり此ないだじゅうからの事件が引き続いてると見えて、そいから一時間ぐらい立ってもまだ帰ってけえしません」といった大阪弁の女性のひとり語りから成る『卍《まんじ》』、「さればは天正じふねんの夏、ほんのう寺においてひごふにおはてなされましたのも、あけちがぎやくしんばかりではなく、おほくのひとのつもるうらみでござりませう」と、「非業」「逆臣」といった漢語まで平仮名にする徹底ぶりで、眼の不自由な者が訥々と語る調子を髣髴とさせる『盲目物語』、「春琴の佐助を遇すること大凡《おおよ》そ此の類であつた」で句点を打たずに、すぐ「分けても」と続け、「意地の悪い当り方をした」で読点さえ介さずに「そんな場合に」と流れ下るなど、句読点を極度に減らして文の切れめをぼかし、さらには段落の頭も一字下げにせず、節や章はおろか一編の末尾に句読点さえ置かないことで、大きなうねりをもたらす『春琴抄』などと並べてみると、どの作品にもそれぞれの方法が通っていることに気づく。

作品ごとの異質性がすべて文体の本質にかかわるわけではないが、ジャンル意識の差、執筆時期の違い、それに作家のスタイルが働きながら、そこに個別の創作意図が絡んで、作品の姿と呼ぶべき表現のかたちが一編ごとに成立する。それが濃く、あるいは淡く、文章面に揺れ動く影である。

作中の振幅

最後に、作品の文章の形態的特徴が一編を通じて終始安定しているものなのかどうかという問題を取り上げる。前にふれた川端康成の作品の文長調査から『千羽鶴』を例にして考えてみたい。各章の文長平均字数は次のようになる。

千羽鶴　三一・四　　森の夕日　二五・三

絵志野　二七・四　　母の口紅　二四・六
二重星　二四・四

冒頭の章だけが三〇字台で、次の章からはすべて二〇字台半ばという短さで安定している。『雪国』が『夕景色の鏡』と題する短編を書き継いだものであったように、この作品『千羽鶴』も、冒頭の章「千羽鶴」が同題の短編として発表され、続く各章もそれぞれ短編として別々の雑誌に掲載されたのをまとめた中編だ。『千羽鶴』も『山の音』もこのように長く書きつぐつもりはなかった。一回の短編で終るはずであった。余情が残ったのを汲み続けたというだけだ」と作者自らが語るとおりである。このような成立事情を重視するなら、最初に一短編を起こすにあたって表現を探り、練り上げた冒頭の章が、ただ「余情が残ったのを汲み続けた」に過ぎぬ二章以下の文章といくらか表現の性格を異にすることはいかにもありそうなことだ。

亡父の遺愛品が菊治の父からちか子の手に渡り、この席にこうして出ていることを、太田夫人はどんな気持で見ているのだろうか。

菊治はちか子の無神経に驚いた。

無神経と言えば、太田夫人もずいぶん無神経だと思えぬことはない。

中年の女の過去がもやつく前で、清潔に茶を立てる令嬢を、菊治は美しく感じ

た。（中略）

若葉の影が令嬢のうしろの障子にうつって、花やかな振袖の肩や袂に、やわらかい反射があるように思える。髪も光っているようだ。

茶室としては無論明る過ぎるのだが、それが令嬢の若さを輝かせた。娘らしい赤い袱紗も、甘い感じではなく、みずみずしい感じだった。令嬢の手が赤い花を咲かせているようだった。

令嬢のまわりに白く小さい千羽鶴が立ち舞っていそうに思えた。

章「千羽鶴」から引いたこの例の文長は平均三一・四字で、この章全体の平均値と一致する。前半では「無神経」という語の集中的な使用、「過去がもやつく前」という比喩的な表現と抽象体の空間化、「清潔に」という語の象徴的な用法と「茶を立てる」との異例の結びつきが目につき、後半では若葉と振袖との取り合わせ、障子に映った若葉の影がその振袖の肩や袂にやわらかく反射するという微妙な変化をとらえる繊細な感覚、茶室の明るさが「令嬢の若さを輝かせ」るという比喩がらみの欧文脈、袱紗を持つ所作を「令嬢の手が赤い花を咲かせているようだ」と見立てる直喩表現、そして、その「令嬢のまわりに白く小さい千羽鶴が立ち舞っていそうに思」う幻想を加え、第一節の末尾にある「桃色のちりめんに白の千羽鶴の風呂敷を持った令嬢は美しかった」という一文を喚び起こし、象徴の深化を図る手法が目を引く。短編で終わったかもしれない『千羽鶴』、すなわち冒頭の章「千羽鶴」の地の文は、こういう夕ッチで描かれる。その姿が平均文長に映っているのだろう。

池上の本門寺の森の夕日だった。

赤い夕日はちょうど森の梢をかすめて流れるように見えた。

森は夕焼空に黒く浮き出ていた。

梢を流れる夕日も、つかれた目にしみて、菊治は瞳をふさいだ。

目のなかに残る夕焼空を、稲村令嬢の風呂敷の白い千羽鶴が飛んでいるかのように、その時ふと思ったものだ。

――「森の夕日」

菊治はしばらく坐ったまま、花を見ていた。

白と薄赤との花の色が、志野の肌の色とひとつに霞むようだった。

うちにひとりで泣き伏している文子の姿が、頭に浮んで来た。

――「絵志野」

暑いので菊治は茶室の障子をあけておいた。

文子が坐ったうしろの窓には、もみじが青かった。もみじの葉の濃くかさなった影が、文子の髪に落ちていた。

――「母の口紅」

星はなかった。菊治が捨てた破片を見ていた、そのつかのまに、明けの明星は雲にかくれた。

菊治はなにか奪われたように、しばらく東の空をながめていた。

――「二重星」

二番目以降の各章から数文ずつ引用したこの部分の平均文長が二五・四字で、これらの章全体の平均値にぴたりと重なる。「花の色が、志野の肌の色とひとつに霞む」といったやわらかい感覚的な描写もあるが、心なしか、冒頭の章に比べると、いくらか表現の気負いが薄れ、どこかなぞった感じもあるようだ。短編『千羽鶴』の余情を汲んで書き継いだ続稿、連作短編としての各章をまったく同じ筆勢で貫いたと考える方が不自然なのかもしれない。いずれにせよ、作品の文章が全編を通じて同じ調子を維持するとは限らないことを示す一例とは言えよう。

それでは、一つの章の中は常に安定しているのだろうか。同じ資料を使って章の中の揺れを探ってみよう。冒頭の章「千羽鶴」の各節の平均文長字数はこうなる。

第一節	三六・五	第二節	三〇・四	第三節	二九・九
第四節	二九・四	第五節	二七・八		

この節別調査の結果が章別調査の結果と相似形をなす点が注目される。作品『千羽

鶴』において冒頭の章「千羽鶴」だけがやや長く、以下の章がそれより短いところで安定していたように、章「千羽鶴」の内部も、冒頭の一節だけがやや長く、二節以降はそれより短いところでかなり安定した数値を示している。偶然かもしれない。が、「円覚寺の境内で茶会にゆく二人の令嬢を見て、ただそれだけのことで、不用意に書き出した」と当時を振り返る作者の声が気になる。

作品『千羽鶴』の構想が予め立っていなかったように、作者のことばを信ずるならば、短編『千羽鶴』の構想さえ予め立ってはいなかったと考える方が自然だろう。閃きによってふと成立する稲妻の文体が、冒頭の章の冒頭の節に、それらしい姿を現したとしても不思議はない。

このデータは、一つの作品中の各章がすべて同じ調子で書かれるとは限らず、一章中の各節がすべて等価な表現的性格を有するとは決まっていないことを思わせる。

ともあれ、作品のどこに、どういう資格で組み込まれるかという点も、文章表現の在り方を規定する一つの条件となりうる可能性は大きい。作品の文体は、そういう多少とも異質な各部の表現上の性格を飲み込んだ重層的な構造として存在しているのであろう。

Ⅱ

文体研究の展望

——文体観と方法論のパノラマ——

1　文体概念の変遷

第Ⅰ部では、文体論に入る準備として、まず、文章表現にさまざまな性格の違いがあることを確認した後、そういう文体差の生ずる各種の条件について広く見渡した。この第Ⅱ部では、文章・文体に関するこれまでの研究を概観し、著者自身の文体論を展開する状況を探りたい。

「文体」と〈文体〉

文学作品はことばで書かれる。文体論というものは、文学作品を意識的にことばの面から批評することである。これは犬が西むきゃ尾は東というのと同じ程度にわかりきった話であるが、それからさきはいっこうにわかりきっていない。

——江藤　淳『作家は行動する』

文学作品の「スタイル」をダイナミックにとらえようと試みた評論はこう始まる。文体批評に一つの方向を示したこの書物が出てから、すでに長い年月が経過した。が、「それからさきはいっこうにわかりきっていない」という印象は、率直に言って、今

小松菜《こまつな》　白菜《はくさい》

ともに冬の野菜の代表格で、アブラナ科の葉菜。漬物に適することも共通している。『広辞苑』によれば、「小松菜」の名は、東京の小松川付近で多くとれたからという。在来種のカブから出たとされ、江戸時代にはすでに栽培されていた。「白菜」は中国北部の原産で、日本へは明治初期に導入された。漬菜（つけな）としても、こちらの方が新顔。

でもまだほとんど拭い去られていない。

「わからなさ」には二つの側面がある。一つは考察すべき〈文体〉というものをとらえる研究方法の問題だ。どういう分析手段が有効か、結果をどう解釈し、どのように展開し記述するのが妥当か、そういう方法論自体が確立していないのである。もう一つは、研究対象たる〈文体〉の概念が確定していないことだ。方法と対象という二つはどちらが大事だということはない。が、どちらが先決かとなれば、当然〈文体〉の概念規定が優先されるべきだろう。ハゼが「沙魚」か「櫨」か、サワラが「鰆」か「椹」かが不明のまま、分析法の優劣を論じても始まらないからだ。そんなことは「犬が西むきゃ尾は東」というよりも「わかりきった話」であるはずなのに、現実には、研究対象が曖昧なまま多様な方法論が試みられ、分析手段の有効性が論議されないまま多彩な研究成果が発表されてきたように思える。

江藤淳の文体観がユニークだとしても、それだけが特殊なわけではない。後にふれる波多野完治・山本忠雄・小林英夫・佐々木達・渡辺実・安本美典・樺島忠夫らの研究がすべて同一の〈文体〉像を脳裏に刻んで進められたと考えるなら、いささか楽観的に過ぎるだろう。あるいは文章の構造を、あるいはその構造と受容者との関係を、あるいは表現者の性格を、あるいはその行動の質を、あるいは意識的な言語操作を、あるいは逆に、流露した筆癖を、時には作家の獲得した高度の表現様式としてのスタイルを、学者たちは同じ「文体」という語で呼んできた。あるいは作者と読者とのダイナミックな出合いを、あるいはまた、作者の存在性を発見する読者の行為を、「文体」という名で思い描く論者もあったかもしれない。

もしも「漱石の文体」と銘打つ論文だけが文体論として扱われ、漱石の「スタイル」とか「文章」とか「手法」とか「書き方」とか、あるいは『坊っちゃん』の「表現」とか「叙述」とか「描写」とかと題する論文がそこから漏れてしまうような安易な分野意識があるとすれば、学界の文体感覚の乱雑さを露呈するにとどまり、〈文体〉の研究は一歩も進まない。漱石文学の「方法」とか「レトリック」とかと題するあたりまで含めて、どんなタイトルで論じられようが、要するに、〈文体〉そのものを論じていれば文体論であり、そうでなければ文体論ではないのである。

類型と個性

近代的な用法としての「文体」は、英語の style という語の意味に対応して始まったと考えられるが、さかのぼれば、銅板などに文字を彫りつける尖筆《せんぴつ》を指すラテン語 stilus が語源だという。鉄筆の使い方に個人の癖が出るところから書風の意が加わり、その拡大用法として文章の個性という今日的な意味が生まれたと考えるよりも、用具であるそのスティルスの形に応じて必然的に生ずる文字記載上の特徴の意から文章の型の意に広がり、類型の意味を残したまま、個性尊重のロマン主義時代を迎えたと見る方が自然だろう。

「スタイル」(style)という用語の意味の類型から個性への移行は、二つの意味の交替としてすっきりと運んだわけではない。類型の意に個性の意がかぶさる形で、両方の意味が現代でも共存していると考える方が実態をよくとらえている。そもそも文章表現の性格を論ずるレベルでは、個性と類型というもの自体が絶対的な対立概念とはなっていないのだ。

実感を素朴に表出し、雄渾な調べを響かせる『万葉集』の性格は、他の歌集と異質だという意味で個性的である一方、それを構成している個々の作品や作者個人の側からは、その最大公約数的な存在であり、後世の賀茂真淵や良寛らを含め「ますらをぶり」として『古今集』の「たをやめぶり」に対立させる時には、万葉調というまさに類型を問題にしているのである。歌人と個々の歌との関係もその相似形だろう。

個人というものが尊重される一時代の到来を待って成立した西欧における新しい意味での「スタイル」も、截然《せつぜん》と分かちがたいいくつかの意味を帯びる。J・M・マリーはその著『小説と詩の文体』(両角克夫訳でダヴィッド社から)で三つの相の文体を指摘した。一つは「あの文体を見誤ることは決してない」と言う時の「著者を判別する基本となる表現上の個人的特異性」を指し、次は「考えは面白いが、彼は表現方法を学ばなくてはならぬ。今のところ、彼には文体がない」と言う時の「一連の観念を明確に表現する力」を指し、もう一つは「大言壮語、野性、茶番以上のものが一つある。即ち彼は文体をもっている」と言う時の「普遍的な意味を個人的な独自な表現の中に完全に顕現させる」絶対的な文体を指す。専門的な学術用語としての意味のほか、このように少なくとも三つの異なった意味が、「文体」という語の同時代における用法として共存していることを示している。

文は人なり

文体の問題を考える時に人びとの頭にまず浮かんでくるのは「文は人なり」という箴言だろう。フランスの博物学者ビュッフォンが一七五三年に学士院会員に就任した際の記念講演の中で Le style est l'homme même. すなわち、スティル(文体)はその人そのものであると述べたのに端を発しているという。このことばを広めた高山樗牛は「文は是《ここ》に至りて畢竟《ひっきょう》人也、命也、人生也」の前に「文字は符号のみ、そを註解するものは作者自らの生活ならざるべからず」と述べ、また、日蓮の文章を「文に非ずして精神也」とし、「人は文字を見ずして血涙の痕を見、章句を読まずして獅子吼《ししく》の響を聞く。斯《か》くても文章の極意は達せらるれ、人は何が故に巧ならんと力むるぞ。げに文は人なりけり」と説く。文章には書き手の性格が出るという意味よりも、文章にとって肝要なのは表現技術ではなく精神なのだというところに力点があった。いい文章を書くためには、まず、いい人間にならなければならない、という倫理的な意味が強調されて、このことばは広まって行く。

本家のビュッフォン自身の真意は別のところにあったらしい。『文体雑記』(三省堂)所収の「ビュッフォンの文章講演」にある小林英夫訳を手がかりにして、文脈を考えてみたい。聴衆を動かすのに必要なのは熱烈な調子や身振りや朗々たる語音ではなく、事柄・思想・道理によって精神に話しかけることだと述べた後に、「文章とは人が己れの思想の中に設ける秩序および運びの謂《い》い」という有名な定義が出る。そして、ことばの調子などは枝葉に過ぎず、文章の本質は思想を措いて他にはないと説く文脈に沿って、あの問題の一句が、知識や事実や発見などは人間の外にあるので、他人に盗まれたり、もっと見事に仕上げられたりするが、文は人そのものであり、優れた著作は末代に残る、という意味合いで登場する。

十七世紀末葉から当時にかけて、美辞麗句を並べたてる文章が流行していたため、ビュッフォンの入会演説は、そういう華美な文章をもてはやす風潮に対する反発を基調としていたとも言われる。時あたかもモンテスキューやヴォルテールを中心とする啓蒙主義の盛期でもあり、その基盤とする合理主義にあっては個性的感覚が問題となる余地はなかった。そういう時代背景を考えても、文章には表現主体の性格が現れるという今日的な意味との間にはかなりの隔たりのあったことは否定できない。

古くはプラトンが「この性格にしてこのスタイルあり」と言い、セネカが「談話は魂の表情である」と言ったと伝えられるが、この種のアフォリズムにしばらく耳を傾けながら、この小林英夫や、『心理と方法』(白日書院)の生島遼一ほかの先行研究を汲んで、西欧におけるスタイル観の広がりを追ってみたい。

スタイル観の広がり

フランスの数学者であり、また、啓蒙主義の哲学者として百科全書の編纂《へんさん》に重要な役割を演じたダランベールは、文体は談話の独特な性質であって、書き手や話し手の天性・資質を示すと言い、同じくフランスのロマン主義文学の創始者と目されるシャトーブリアンも、文体には無数の種類があるが、それは天性・資質によるもので、学んで覚えられるものではないと述べたという。このあたりの「文体」は天与の才分を指すと見られる。

このように、「文体」の観念は、一方で思想の表現の仕方と結びついて言語と思考との関係としてとらえられ、他方では一作家・一ジャンル・一時代に固有の表現の仕方という形で言語と人間との関係としてとらえられる。スタンダールが、思想が効果的に伝わるように適切な形を加える、それがスタイルなのだと解する時には、前者寄りの概念を想定していたと思われ、シラーが、偶然性を排除した必然的な純粋表現の中にこそ大なるスタイルがあるとし、ドイツ唯物論のフォイエルバッハが、非本質的なものの芟除《さんじょ》としてスタイルをとらえる時には、後者よりの文体観に立っていたと考えられる。

フランスの文芸批評家グールモンも、模倣によって文体を修得することは不可能だと考える点では後者の立場に近く、作家の生理的な面を強調し、知的能力を含む感受性の特殊化された表現としてスタイルを理解しようとする点に特色があるという。

作家とスタイルという問題で一つの極をなすのは、なんといってもフローベールだろう。どんなイデーも、どんなヴィジョンも、それを適切に表すことばは常に一つしかないと信じ、その唯一の表現を求めて作者は苦吟する。二日がかりで一文をこねまわし、一語の置き換えに不眠を起こすという病的なまでの潔癖さは有名だ。主題そのものに美醜はなく、作品は物象を観る絶対の方法としての「文体」によってのみ光を放つという確信に立てば、妥協は許されなかったにちがいない。文体は結局、その人間のものの見方だということになろう。しかし、文章に自然ににじみ出る個性というところに重点があるのではなく、修練を重ねて次第に獲得する見方という一種の到達点として「文体」をとらえていたふしがある。誰かがいつの日か創る美しいスティル（フランス語 style）、詩のようなリズムがありながら科学のことばのように精確で、ふくらみを持ちつつ短剣《スティレ》のように観念に食い入るスティルというふうに、理想の文体を思い描くこと自体がその文体観の性格を物語るからだ。

　アランは「スティル」の概念を言語面に限定せず、生活や文化の様式の中に包括する形で〈文体〉の問題を考えようとした。建築や衣服に型があるように、人間の態度や会話にもそれぞれ真似のできない姿が現れる。校正時に手を入れて何倍かに増えるバルザックと一切修正しないスタンダールとは書き方が違うのだと閃いたアランは、前者は不満の力によって自己に還るスティルであり、後者は無関心の力によって真っ直ぐ前へ伸びるスティルなのだと説く。「スティルとは文中の詩である」と言う時にアランの頭にあった「詩」は、リズムやハーモニーのような音声的な意味でのことばの響きとは違う。プルーストの文章について、句末の華美な気取った形をスティルとは無縁だとするように、文章中で表現が歌うことをアランはむしろ警戒する。人間の気持ちの在りようが表情や身振りとなっておのずと現れるように、執筆時の心の動きが、概念化されず文章に直接にじみ出すことがある。散文中の詩とは、ことばに脈打つそういう精神の躍動であろうか。

近代象徴詩に一つの頂点をきわめたヴァレリーは、文体を標準からの逸脱と解した。なんらかの基準を想定し、それからのずれととらえる文体観は、以後多様な形で受け継がれ、言語学的あるいは統計学的な文体論を支配する。

バイイは表現事実の情意的特性の研究として、言語形態の表現価値一般を考察の対象とする、いわゆるラング(心的体系としての〝言語〟)の文体論を推進した。シュピッツァーはそこで排除されたパロール(具体的な場面で個人が実現した〝言〟)に属する特定作品の言語美学的研究として、直観的方法でとらえた作品言語の特徴的事実を出発点に、いわば共感の批評を展開した。前者は言語と思考との関連を一般化してとらえようとした、ギローの言う「表現の文体論」であり、言語学の一部をなす記述的文体論であるのに対し、後者は個人的な偏向を突破口として表現と作者とのかかわりを追う「発生的文体論」に位置する。このように、むしろ対照的な存在である別種の文体論が、文体を「逸脱」ととらえるという一点で交わるという事実は興味深い。

そして、ギローは質的な「逸脱」を量的な「偏差」に置き換え、それを客観的に計測する強力な武器として統計学をいわゆる科学的文体論の正面にすえる。小説よりも詩に多く出るという統計的な事実によって、ある語は詩的であるという文体的価値を獲得するのだ、という単純明快な論理のもとに、そこでは使用頻度が最大の関心事となった。

一方、ヤコブソンは言語に内在する詩的機能を取り上げ、テクスト中の語の価値や機能はその範列(パラダイム)上の価値と連辞(コピュラ)上の価値との相関関係で決まるとし、リファテールは読者側の印象としての文体効果を予測不可能性の量との対応においてとらえ、ミクロ文脈とマクロ文脈という概念を導入して、同一要素の異なった効果を説明する。

逸脱か総体か

質的な逸脱にせよ、量的な偏差にせよ、文体を〝ずれ〟ととらえる考え方は、普通でない部分、一風変わった点を際立たせるのでわかりやすいが、しかし問題もある。一つは、何からの〝ずれ〟かという点だ。標準からの〝ずれ〟と見ると、今度は「標準的な文章」とは何かという新たな難問が生ずる。あらゆる面で平均的な文章、無色透明、無味無臭の表現などというものは、はたして実在するのか。表現性ゼロの純粋な文章をめぐって、この〝基準〟の問題は「逸脱文体論」の研究者たちを悩まし続けてきた。使用言語の性格も書き手のあらゆる属性もジャンル特性も、流派の別も初期と晩年との差も時代性も、執筆態度や読者意識の違いも、その他諸々の条件をすべて捨象した「標準的な文章」といったものを想定するのは難しい。

百歩譲って、何らかの基準を思い設けることが可能だとしても、それからの〝ずれ〟としてとらえられる文体は、普通でない特殊なもの、一風変わったものでしかない。作品が読者に働きかけ、その心を動かすのは、そういう風変わりな書き方のせいなのだろうか。もしもエキセントリックな在り方だけが文体となるのだとしたら、文学の文体が人の心を打つことなど思いもよらない。なるほど鷗外臭というものがあり、小林秀雄調なるものもある。しかし、エピゴーネンたちの文章や興味本位のパロディーが読む者を感動に導きえない事実で知られるように、「する事を得ない」といった独特の言いまわしだけが鷗外の小説の名声を支え、「に過ぎぬ」と切って捨てる文末表現だけが小林秀雄の批評を価値づけているわけでは決してない。鷗外らしさ、小林秀雄らしさを、単に逸脱・偏差として片づける文体論は、すぐれた文学のすぐれている所以《ゆえん》について、ほとんど何も語らずに終わるだろう。

言語的な計量調査が文体論にとって役立たないなどと言うつもりはさらさらない。文体が言語上の何らかの差異を意識するところから始まる限り、統計的な調査結果は文体にたどり着く突破口を与え、また、推論に説得力を増す傍証ともなりえよう。しかし、作品が読者の心にしみてゆくのは、決して逸脱部分だけではない。逸脱の科学としての量的文体論は、書くべき何かが一定であるという前提のもとで、いきなり、どう書くかという問題として論を出発させたように思える。作品の力としての〈文体〉は、何を書くかをも含む言語の総体に支えられているのだ。文体という質的な問題は、最終的にはやはり質的に論ずるのが正道だろう。

2　文章研究の歩み

古典期の文体的関心

次に、日本における文章研究の跡をたどりながら、そこに見られる文体概念の変遷を追って、近代的文体論の成立に至る流れを概観することにしたい。

古くは、『古事記』の序や、変体漢文、宣命書きのような記載方法に、広い意味での文体的関心が認められる。また、七七二年の撰とされる藤原浜成の『歌経標式』は、中国の詩学を和歌に応用した最初の歌論書であるが、修辞や文体に関する最古の文献としては、空海の『文鏡秘府論』を挙げるのが常識だろう。これは八二〇年以前に成立した最初の詩学書で、博雅・清典・綺艶・宏壮・要約・功至という六種類の文体を立てた点が注目されるが、隋唐の文献からの引用もしくは抄録であったと言われる。

文体の類別としては、九一三年頃に成立したとされる『古今和歌集』の仮名序が名高い。が、これも、真名序に「和歌有六義」として「風賦比興雅頌」とあるのが、詩経大序中の「故詩有六義。一曰《いわく》風。二曰賦。三曰比。四曰興。五曰雅。六曰頌。」を移行しただけだとすれば、仮名序の対応箇所で「そもそも、うたのさまむつなり」とし、順に「そへうた」「かぞへうた」「なずらへうた」「たとへうた」「ただごとうた」「いはひうた」と並べるのも、それを訓じた以上を出ないと見るべきだろう。紀貫之の言う「さま」が必ずしも言語表現の形態的な特徴をとらえた「体」概念ではなく、作品の内容・素材・目的といったあたりをも包括する漠然とした類別であったことは否定できない。

平安時代の半ばから鎌倉時代にかけて、藤原公任『新撰髄脳』、藤原俊成『古来風躰抄』、藤原定家『毎月抄』のような歌論書や、鴨長明の『無名抄』といった随筆風の歌学書がいくつか著された。そこに出てくる和歌十体とか九品《くほん》和歌とかという類型概念は、純粋に形態的とも言えないが、必ずしも素材的とは言えない分類基準である。が、柿本人麻呂体、紀貫之風といった個人中心の類別というより、いくつかの理想的な表現類型を設け、それぞれの例歌として人麻呂なり貫之なりの作を採るという態度であって、個性という問題とは区別すべきだろう。

和文に関する分類意識は大きく遅れ、江戸中期まで下って、国学者伴蒿蹊の手に成る『国文《くにつふみ》世々の跡』を以て嚆矢とするのが通例である。この書は、和文を書く際の拠りどころとして上古・中古・近古という三種の「文躰」を並列させたものであり、日本文章史の先駆と目されている。以後、本居宣長の『玉霰』、村田春海の『作文通弊』、藤井高尚の『消息文例』、橘守部の『文章撰格』など、主として国学者の手に成る雅文作法書の類が続いて、やがて明治時代を迎える。

明治初期にまとめられた榊原芳野の『文芸類纂』では「文章分体図」を収載しているが、これは日本の散文を古文と漢文に二大別し、各の中を祝詞・消息文・物語文・漫筆文や六国史・日記記録文など、目的や内容に応じた文章類型に分かち、相互の位置づけを示したもので、文章史の流れを系統づけた一つの到達点とされる。

西欧レトリックの移入と消長

その頃から一方で西洋修辞学の移入が始まり、一八七七年に尾崎行雄訳の『公会演説法』、七九年に菊池大麓訳の『修辞及華文』、八二年に黒岩大訳の『雄弁美辞法』という欧米のレトリック理論を翻訳紹介する書物が相次いで刊行された。中でも『修辞及華文』は有名な坪内逍遥『小説神髄』にも影響を与えたという。八五年から六年にかけて発表されたその『小説神髄』では、小説法則総論の中に「文体論」という項を設けて、文章を雅文体(優柔閑雅、婉曲富麗の倭文)・俗文体(通俗の言語をもってそのまま文にしたもの)・雅俗折衷文体の三種に類別し、折衷文体をさらに稗史《よみほん》体(雅言の割合が地の文で七、八割、会話で五、六割の折衷体)と艸冊子《くさぞうし》体(俗言多く漢語の少ない折衷体)とに分ける、という分類を示した。

八六年には矢野文雄『日本文体文字新論』と題する一本も出たが、そこでは、「(口ノ為メニ生シタル)常語体」と「(目ノ為メニ存セシ)文語体」という区別や漢文体・漢文変体・雑文体・両文体・仮名体という名称から察せられるように、話しことばと書きことばの別、あるいは使用する文字に関する「文体」の観念が見られるという段階にとどまっている。

八九年には、日本人の著述に成る最初の修辞学書として、高田早苗の『美辞学』が刊行された。西洋修辞学が大幅に参照されてはいるが、単なる翻訳・紹介にとどまらず、美学的な観点で組織し、論語や杜甫や『源氏物語』や『徒然草』など和漢の古典から文例を添えている。その前編第十三章「文体を論ず」の中で、「余は文体を大別して凡《おおよそ》十一種と為す」として、乾燥体・素朴体・淡泊体・文雅体・華麗体・単純体・過巧体・簡約体・蔓衍体・雄健体・軟弱体を列挙する。ここでの「文体」概念は、文章における装飾的要素としての修飾部分の性格とその部分の多寡、叙述内容から見た言語量の多少、それに、書き方の印象などに基づく表現の類別を意味する。

以後、九三年に大和田建樹『修辞学』、九八年に武島又次郎『修辞学』、一九〇一年に佐々政一『修辞法』と、西欧レトリックの抄訳あるいは編集といった感じの本が次々に刊行される。そのうち、例えば佐々政一編として出ている書では、第三編「文躰各論」に記述の文、説話の文、説明の文、議論の文という区分けが見られるが、そこでの「文躰」の概念が、ジャンルとしての文章の種類というものに近いことは明らかだ。

明治期の修辞学の頂点をきわめた書として世評の高いのは、島村瀧太郎(抱月)の『新美辞学』および五十嵐力の『新文章講話』である。一九〇二年に早稲田大学出版部から上梓された前者は、言語表現を美学的に基礎づけし、体系的整理を試みた最初の本格的な修辞学書と言っていい。同書では、第二編の修辞論の第三章として「文体論」と題する項を設け、主観的文体、外形より見たる文体、人物著書より見たる文体、時処より見たる文体、客観的文体、思想に基づける文体、言語に基づける文体というふうに多面的な考察を展開している。そのうち、具体的な型を扱った「外形より見たる文体」の箇所では、簡潔体と蔓衍体、剛健体と優柔体、乾燥体と華麗体に論究しているが、これは高田早苗前掲書の一部に対応する。

後者の『新文章講話』は、『新美辞学』が出た三年後の一九〇五年に同じ早稲田大学出版部から刊行された『文章講話』の増補決定版である。そこでは五一章にもわたって詞姿(文彩すなわち修辞)論を詳述した後、「文体」をそれらの「各詞姿を取捨し配合して統一ある文章を組織するもの」としてその任を定め、「文体は文章の容姿である、風、匂い、容体、風格である」と、やや抽象的、感覚的な概念規定を施した上で、国文体・漢文体・洋文体という一国の文章の風格、王朝体・室町体・元禄体といった時代別の風格、書簡体・物語体・俳文体・議論体といった種類別の風格、雅文体・俗文体・言文一致体・擬古体・和漢折衷体といった通用語に対する遠近や外来の影響の多少によって生ずる風格、実用文体・科学文体・華文体といった思想や材料の違いから来る風格、散文体・韻文体あるいは七五調体といった文字配列の方法の差に基づく風格というふうに、その諸相を具体化していく。

続いて、西欧レトリックの紹介として取り上げる、用語の多寡やその選択の差異から生ずる文体は、高田や島村にも見られた観点だが、内容と言語との量的な関係から簡潔体と蔓衍《まんえん》体、勢力の有無やその性質から剛健体と優柔体、修飾の多少から乾燥体・平明体・清楚体・高雅体・華麗体に分類するなど、肌理細かく組織化して示す。

もう一つ、文章家自身の手振りとしての文体を掲げているのが、個人的な特色を示唆して注目されるものの、紫式部体・近松体・西鶴体という扱いからも、個性よりは類型に主眼を置いた分類として位置づけるべきだろう。

このような修辞学の高潮も明治末にはようやく引きかける。大正に入ると、渡辺吉治『現代修辞法要』といった書が散発的に現れる程度で、明治期の田山花袋『美文作法』や幸田露伴『普通文章論』の系統に属する文章作法書に主流が移る。大町芳衛の『日本文章史』以下幾種類かの文章史も書かれたが、取り立てて論ずるほどの斬新な文体観は見られない。

昭和初期に近代的文体論が興るそれ以前で他に注目すべき文献としては、明治末期に出た夏目漱石の『文学論』を挙げるべきだろう。同書の特色の一つは、文学的内容の形式を、Fすなわち焦点的印象または観念と、fすなわち、そのFに付着する情緒的意味との結合ととらえた点にある。これは後の時枝誠記の詞辞論や吉本隆明の指示表出と自己表出という考え方にも通う点があり、言語表現が常に抱えている指示的意味あるいは対象的意味と、感情的意味や文体的意味という二面性を、より深いレベルで、より大きなスケールで論じたとも言える。

もう一つの意義は、連想心理学を援用して文学的手法を表現技術論として基礎づけた点にある。「通俗の修辞学は徒に専断的の分類に力を用ゐ、其根本の主意を等閑視する」傾向があるとし、「文芸上の真を発揮する幾多の手段」を観念の連想という見地から組み直そうとしたもので、投出語法、投入語法、自己と隔離せる連想、滑稽的連想、調和法、対置法、写実法、間隔論にわたる精細な考察がある。

大正後期に出た土居光知『文学序説』は、日本詩歌の基本的な調子を音数律から論じた新しい研究を含んでいるが、詩型論から個性的文体論への進展は見られない。

以上の略史からも察せられるように、このあたりまでの文体観は類型面に終始し、個別的な特色に対する配慮はほとんど見られない。岡崎義恵『日本文芸の様式』中の言を援用するならば、「時所其他の制約を受けて成立する歴史的・個体的なものがもつ様式」としての〝風〟よりも、「論理的根拠の上に立って、普遍的・永久的に妥当なものと認められる文芸形象の様相」としての〝体〟の方に中心が置かれていたと言うことができよう。

近代的文体論の成立

昭和に入って小林英夫訳のバイイ『生活表現の言語学』(岡書院)が出たあたりから、欧米の文体論の紹介が始まる。そして、昭和一〇年に文体の科学を標榜する近代的な文章研究が一挙に花開くのだが、その前年、そういう胎動の聞こえるなかで、今でも文章作法の古典として読まれているあの谷崎潤一郎の『文章読本』(中央公論社)が世に出た。

第三章「文章の要素」の「文体について」の中で、現在行われている唯一の様式である口語体を、「デアル」の講義体、「デアリマス」の兵語体、「デゴザイマス」の口上体、それに、終助詞つきの「ダ」および「デス・マス」の会話体という四種に分類している。ここでは、「文体とは、文章の形態、もしくは姿」とするだけで、個性的な在り方は考慮されていない。

その点、「調子について」の節の方がむしろ注目される。そこでは流麗な和文調である源氏物語派と簡潔な漢文調である非源氏物語派とを日本文の二大主流として立て、ほかに冷静派・飄逸派・ゴツゴツ派の三つを傍流として挙げる。文章の書き方をことばの流れと見て、その流露感を論ずれば「調子」となり、一つの状態と見れば「文体」となると解しているが、文体の分類が言語の形態的特徴を取り上げたにとどまるのに対し、この調子の分類では書き手という人間の在り方に目が向いている。

それでは、谷崎の考えた「調子」とは何か。それは文章の音楽的要素だという。書く人の体質や生理的状態がおのずから行文に流露したもので、その人の精神の流動、血管のリズムだというのである。折しも波多野完治の文章心理学の揺籃期にあたり、分裂質・粘液質という気質と体格、文章の性格との関連が指摘される動きのなかで、特に体質に注目して書かれた点は興味深い。

しかし、それを純粋に個性としてとらえていたかは疑問だ。冷静派の例を漱石・鷗外という作家の形でではなく、『倫敦塔』とか『高瀬舟』とかといった作品に限定した形で取り上げ、飄逸派の例もある時期の武者小路実篤というふうに部分的に示す点、ゴツゴツ派について、流麗な調子をことさらに避け、故意に読みづらいように書くというふうに、その意図的な面を強調する点から見ると、個人的な特色や性格というよりは、やはり文章の類型を問題にしていたと推察されるからである。

翌一九三五年には、五十嵐力『修辞学綱要』(啓文社)・山上ゝ泉『修辞学新講』(白帝社)・鈴木三重吉『綴方読本』(中央公論社)・丸山林平『現代文章概論』(第一書房)を初

めとする修辞学・作文・文章関係の好著が相次いで刊行され、相馬御風・林芙美子・尾崎士郎・萩原朔太郎・窪田空穂・横光利一・佐藤春夫・武者小路実篤・川端康成・小林秀雄ら実作者と波多野完治・久松潛一らの学者を動員し、錚々《そうそう》たる顔ぶれの執筆陣をそろえた『日本文章講座』全八巻(厚生閣)が完結したほか、土居光知『英文学の感覚』(岩波書店)・金原省吾『解釈の研究』(啓文社)・城戸幡太郎『国語表現学』(賢文館)・岡崎義恵『日本文芸学』(岩波書店)といった画期的な学術書が世に出た。フォスラーの『言語美学』(小山書店)が小林英夫訳で登場し、その小林英夫の『言語学方法論考』(三省堂)がセシエやシュピッツァーの文体論の翻訳・紹介を載せて公刊されたのも同じ昭和一〇年のことである。

この年のこういう趨勢のもとに、新しい文体の科学を標榜する波多野完治『文章心理学——日本語の表現価値』(三省堂)が世に出た。言語分析の統計的手法により谷崎潤一郎と志賀直哉の対照的な性格を明らかにした「文章と性格」の一章は、個別的な文体研究の実践の指針となり、以後の文体論界に大きな影響を与える。同書の中で著者は、マリーの言説に依拠しつつ、個人の気持ちをその人でなければできないような形で表現したものが「スタイル」だという文体観を示した。ここで、「スタイル」は必然的に思想とつながっているとした点は、とかく表層だけの問題ととらえる誤った傾向を是正する意味を持つ。また、「個人」という部分を「ある国民、ある階級、ある社会集団」というところまで広げうる幅を持たせた点は、文体の問題を文学の分野に閉じ込めることなく、戦後になって自ら実践する、新聞のスタイルといったジャンル特性研究をも、文体論の中に取り込む地盤をすえた意味で注目される。その新聞文章を扱った『現代文章心理学』(新潮社)によって波多野の用語を整理すると、「文体」は書かれたものとしての「文章」における特殊相を指し、「スタイル」の方は演説のように語られたものをも含むとするのが著者の考えである。

一九三七年に出た吉武好孝『文体論序説』(不老閣書房)は国の内外における主要な文章論の紹介とその発達史を中心とした内容の書であるが、巻頭に「文体とは何か」という章を掲げ、「或る一つの特有な思想を表現し他人に伝えようとする時にその個人が選び用うる言葉の一定の形式」を「スタイル」と呼ぶ著者自身の見解を明らかにしている。「文体乃至《ないし》はスタイルと呼ぼうとするもの」という書き方から、その「スタイル」は「文体」と同義と解せる。この定義の背景に、「特有な思想」というものが言語を離れて予め存在しているという前提があることは疑えない。言語は思想を盛る単なる器ではない、むしろ思想こそ言語の一形式なのだ、と考える立場からは疑問が残るだろう。

翌一九三八年に『文体論研究』(三省堂)を公刊し、従来の文体研究を批評を交えて紹介した山本忠雄は、その二年後には『文体論——方法と問題』(賢文館)を世に問う。これは、バイイやフォスラーらに依拠する自らの方法論を英国および日本の近代文学に適用して、表現特性と人格の問題を探った個人文体論実践の書であった。

著者は同書の中で「言を価値の単位と考え、これを表現する個人に即して解釈する場合に文体という」と定義する。「言」はソシュールの用語「パロール」を指す。これが言語学的文体論の性格を持つことも、個別的異質性を見ようとする研究態度も、この一文にはっきりと読み取れる。が、文体論の研究対象であるはずの「文体」が、直接ふれる言語資料としての「言」と、「即」という関係でとらえられているのは問題になろう。

そして、一九四三年に小林英夫の言語美学が『文体論の建設』(育英書院)と題する著書としてようやく体系化される。著者はまず、「文体とは、文章の様式である」と一応の定義を下して考察を続け、最終的に「文体とは、一定の美的理想に適合せる一定の言的構造を具備せる文章である」という定義を導く。美的理想が予め実在しそれが一定の文章様式を決定するという前提に立つと考えるなら、言語表現行為は創造ではなく再現を目ざすという奇妙なことになってしまう。また、作者の意識的事実であるはずの「様式」と、文字による言語表現自体としての「文章」とが、ともに「文体」と「である」という形で結びつくことには矛盾もある。

さらに、一定の文章構造すなわち文体という言語レベルの文体観にとどまる限り、文体と人間の性格を結びつける著者の実践との間に飛躍が生ずる。もう一つ、「美的理想に適合せる」とするこの文体観が文学作品、それも、すぐれた文学作品だけに対象を限定するこの著者の文体論を支えると同時に、一方でその研究を閉鎖的にしたことに注目したい。

開拓期ゆえに避け得なかった幾多の問題点を抱えながら、確実に人間をとらえ、その個性へと向かう近代的文体論は、ともかくも、ここにその学問的な基盤を築いた。戦後、ひときわ花形的な存在であったいわゆる科学的文体論における語学的分析と数量処理の試みも、その中枢はほとんどがこれら開拓期の研究の延長上に位置するか、そこからの発展であると言っていい。

3　文体論の広がり

波多野完治・山本忠雄・小林英夫という三本柱に始まった日本の近代的文体論は、

その後いろいろな方向に進み、多様な文体論の現実をもたらした。ここで、調査・分析の手段という方法論の違いに焦点を当て、主要な先駆的な業績の広がりを概観しておきたい。

文章心理学

文体論といえば、ひところ、数表とそこから大胆に結論を導く水際立った手並みがすぐ浮かんできたほど、波多野完治の文章心理学の影響力はすさまじいものであった。日本で文体論という学問が世に知られたのは、実に文章心理学の誕生によってであると言っても嘘ではない。近代文体論の回顧と展望もそこから始めるのが常識だろう。その意味で、波多野完治『文章心理学』はこの方面に関心のある教養人必読の書であったが、同題の書に五種類あることに注意したい。

第一はもちろん、昭和一〇年に「日本語の表現価値」という副題をつけて三省堂から出版された画期的な第一版である。第二はその二年後の一九三七年に出たその改訂版、第三は一九四九年に新潮社から発行されたいわゆる戦後版であり、第四は全面的に書き改めて注や後記を加え、「新稿版」と銘打って大日本図書から『文章心理学大系』の一冊として刊行された決定稿、そして第五は小学館から『波多野完治全集』の第一巻として出された最新の全集版である。

それぞれに含まれる内容は若干違うが、そのどれにも収録され、本書の中心をなすのは、谷崎潤一郎と志賀直哉の文章の対照的な性格を剔出した実践だとして異論はなかろう。この学問が一躍脚光を浴び、その影響力を長く保持し得たのは、ある種の表現手段の偏重が作者の性格と関係する事実を立証したあの実践の成功によるからである。

新稿版の後記によれば、この研究は、Vernon Lee の Handling of Words を読んで触発され、その方法論を日本の作家に適用した試みであるという。以下に、文体分析の古典として名高いこの研究の概要を述べる。

深田久彌が、谷崎潤一郎の文章は優れた修辞技巧によってみごとに表現された絢爛たる練達の文であり、志賀直哉の文章は無造作に書いたように見えながらどこか勘の利いたところがあり、天性の感覚から溢れ出た名文であると評した一文を契機として、波多野完治の文章心理学の実践は始まる。志賀の方が格が上だとする深田の批評だが、波多野はそういう価値評価の問題にはかかわらない。読んで正反対の感じを受けるという事実に注目し、そこから研究が出発するのである。

両文章の構造上の相違を明らかにし、次いで、両作家の性格や創作態度とその文章の特徴との関係を明確にし、さらに、読者側の評価の相違をもたらす心理的な基礎を解明する、という文章心理学の課題を設定した上で、具体的には、文章の傾向と作者の性格とのかかわりを中心に調査・考察が進められる。

男山はあたかもその絵にある様なまんまるな月を背景にして、鬱蒼とした木々の繁みがびろうどのやうなつやを含み、まだ何処やらに夕ばえの色が残つて居る中空に、暗く、濃く、黒ずみわたつて居た。

——谷崎潤一郎『蘆刈』

木の繁つた美しい山で、その辺では「沢」と云つてゐる小さな渓流が幾つかあり、青葉を透かした夏の光が水の上に踊つてゐた。深い苔が岩石を被ひ、その上にがくの花が美しく咲き乱れてゐた。

——志賀直哉『山形』

まず、予備調査として、深田の引用したこの各九〇字に満たない短い文章を対象に、文の長さ、句読点によって区切られる長さ(波多野は「句」と呼ぶ)、そこに用いられている語の品詞別の割合、比喩表現、構文上の特徴を調べる。その結果から、志賀に比べて谷崎の方が一般に文が長く、句が多く、名詞に対する動詞の割合が多く、直喩表現が豊富で、構文が複雑だ、という見当をつける。そして、この事実を、谷崎が事件や事物の叙述をあくまで言語を主体として行うのに対し、志賀の書き方はことばで事件や事物を暗示するにとどまる、という両作家の文章というものに課した役割の違いから生ずる結果だと解釈する。

そして、谷崎は自己の緊張体系を社会的な形でロゴス的な表現形式をもって伝えるが、志賀の場合は文章の志向が社会的達意の方へ向かわず物自体の方に直接向かう、と判断する。すなわち、一方は人間あるいは社会への志向、他方は自然や事物への志向、という性格学的な二つの基本方向にあるという仮説を立て、それを実証するために、続いて本格的な調査に入るのである。

本調査では、谷崎の『金と銀』および志賀の『雨蛙』のそれぞれ冒頭の一〇〇〇字分の文章を対象にする。そこでも、予備調査において見られた言語的特徴はほぼそのまま認められるという結果が得られたという。そのほか、谷崎の方が複合動詞や形容詞が多く、志賀の方が文長(センテンスの長さ)の偏差が大きく、また、省略表現も多い、といった新しい事実も明らかになる。そして、予備調査の結果に基づいて立てた仮説を、それらの言語調査の数量的処理を基本データとし、それに心理学の知見を導入して検証していく明快な論述は説得力に富み、時に爽涼の気さえ感じさせる。

語学的文体論

波多野完治の試みを心理学的文体論、小林英夫のそれを美学的文体論とすれば、山本忠雄の方法は語学的文体論と呼ぶのが妥当だろう。語学的と名のる文体論は幾種類もあるが、その名称をここでは、この先駆的業績となった方法論を指すのに用いることにする。言語資料に対して文法論はその形式を見、文体論はその機能を見るという立場から、作者が「何を」書いているかという意味構造の理解を超えて、作者が「如何に」感じ、「如何に」表現しようとしているか、その衝動・意図という情意的な機能を把握するまでの深い反復精読を通して、充実した意味統一に自身を深化させる本質直観こそ、文体論の唯一の方法だと主張する。例えば、「もう承知出来なかつた」「振返ると、金太郎顔を真赤にして追ひ駆けて来る」「何しろ、善太は五年生である」といった『風の中の子供』の生きた表現の価値を認識し、「もう」「て来る」「何しろ」といった言語選択に作者坪田譲治の哀感、子供の世界への憧憬、人間愛を洞察するのである。

著者の専門の関係で、文体分析の実践例としては当然英文学畑が多くなるが、ここでは、前掲『文体論——方法と問題』から、芥川龍之介と里見弴という日本の作家どうしの文体を比較した例を紹介しよう。芥川が知的な体系で割り切れるのに反し、里見弴にはねばり強い情的な要素がある。表現の上でその特色をつきとめないと、本質的な文体をとらえることはできない。そこで、芥川の『玄鶴山房』と里見の『本音』

を取り上げ、具体例を引いて表現を分析し、それぞれの特色を対比的に記述すると、次のようになるという。

『玄鶴山房』の文章は、「小ぢんまりと出来上つた、奥床しい門構への家」や見越しの松、塀越しに見える庭木、人通りのない横町など、一定の視点から見られる全景の組織が整然と並んでいる点、「赤らんだ藪柑子」「髪の毛の長い画学生」「かすかに青い一すぢの煙」など、視覚的な表現のやや観念的なイメージが見られる点、「尤もこの界隈には」「が、……どの家よりも」「或は……為だつた」というふうに論理的な脈絡に敏感な点、たばこの吸い殻を「彼等のどちらかが捨てて行つた」と修飾する繊細さ、「……も多少は」「殊に近頃は」「のみならず」というように、前後との関係や周囲の事情との辻褄《つじつま》を油断なく述べ尽くす用意周到さ、文が短くて段落がはっきりしている点から、肌理が細かく見通しの明るい組織立った文体であると判断し、その作者である芥川龍之介を、線の細い、洗練され切った、病的に神経の鋭い、小心な知性人と結論する。

徹夜の仕事のあと、あまり空腹だと寝つかれないので、軽くパンくらゐ食う。それが終るか終らないに、予科で、八時初りの多い欽造の朝飯、暫くして森山、寝坊な昌一がその次、三時半頃に、主人たちの朝飯、五人家内の風呂、六時には森山と兄弟二人の晩飯、少しおくれると、腹がすいたで大騒、それをひとたてすまして、大抵一人や二人は客のある、晩酌で、たつぷり二時間もかかる晋蔵たちの晩飯、客の帰るのが、十二時前といふことはめつたになく、その揚句が、蕎麦が食ひたい、何？　もう間に合はない？　ぢア、パンかお雑炊でも、と無遠慮に寝夜食を請求する客もある、その間に、女中たちの三度の食事や入浴も挟まるのだから、その総てに気をくばらなければならないおこうの忙しさといふものは、いい加減な料理屋、待合の女将の遠く及ぶところでなかつた。

要するに、おこうの忙しさは料理屋の女将の比ではないということだが、それを一定の視点から観念的に整理して述べるのではなく、場面を直写するため、地の文の中に会話が入り込んだり、おこうの気ぜわしい気持ちがそのまま織り込まれたりして、読者の感覚に絡みつくような粘着性がある。

そのほか、「二十台の初め、年上の友達の影響で、己に寛《ゆる》うしない習癖を得たのはいいが」というふうに、誰のことか明確にせずに進んでいく書き出し、「いつか嗜虐《しぎゃく》性を帯びて来ると、無意味に自分で自分をいじめつけ、もつて生れた性分が、一々嫌悪の種となり」と過去の事実を述べた直後、「なんのかのと工夫を加へずには措けない」と現在の状態の直接描写へと流れ込む点、「健康の回復につれて、嗜虐的な傾向が薄れて行つたあとでも、己には工夫、ひとには註文、——何かにつけて、人工的な、さういふねばねばしたものは残つてゐた」というように、直観したものを述べてから後でまとめる展開、片仮名やルビ、「シャキシャキ」のようなオノマトペを活用し、「甘ッたれ、我儘、お洒落、お茶ッぴい」といった生のままの語を羅列し、句読点の位置に工夫をこらして、口頭の言語活動を生々しく再現しようとする点などが、生理的なリズムで感得すべき里見弴の表現上の特徴をなしていることを指摘し、それが、芥川の観念的な美と対照的な、情的でねばっこい文体を支えていると結論する。

言語美学

ここに取り上げるのは前掲『文体論の建設』に収められた文体分析実演の概要だが、著者自らがその立場を言語美学上の理想主義的目的論的構造主義と規定しているので、一応その方法論を言語美学という名称で呼ぶことにする。同書の扉に「波多野完治兄にささぐ」と明記し、「はしがき」にも、『文章心理学』が強い刺激となり、また、そこに示された原理が指南車となった旨述べているように、大きな影響を受けたことは確かだろう。が、それは具体的な分析の観点や処理の面でのことであり、文体観や研究の手続きには基本的な性格の違いがある。

著者は「前置き」で、ある作家のある作品がある特定の文体効果を発揮するのは、その作家の用いた言語がある特定の形状をとっているからであり、後者によって前者を理由づけるのが自己の文体論の仕事だ、と直線的に言ってのける。「文体」の定義から明らかなように、ここでは文学作品のそれも傑作だけに対象が絞られる。「文体論の原理」に説かれる枠組みは、作家の性格が独自の世界観を生み、その世界観が独特の文芸理想を生み、それが当の作品理想を生み、その作品理想が特定の文章構造を要求し、その構造が読者にある印象をもたらすという系譜を仮定して、直接の対象である文体映像をその上位原因からの必然の結果として証明するために、この系列をさかのぼるのが文体論だという図式である。

その実践例として、同時代の対蹠《たいせき》的な二作家の同時期に発表した作品ということから芥川龍之介の『秋』と室生犀星の『愛猫抄』を選び、第一手順として両作品の文体印象を記述する。『秋』の与える感じは「縮緬のやうにきめが細かで、光沢があつて、あたりが軟らかで、しかし粘りがなくて、冷いところがあり、味つた後口があつさりしてゐる」という。一方の『愛猫抄』は「小闇に鱗ばかり時折ギラリギラリと薄光る水族館を覗くときに感じられるやうな、薄暗くて、じめじめして、纏綿《てんめん》として肌にまつはりつくものの感じられる世界」だという。

このような印象の違いをもたらす原因を両作品の言語的事実の中に求めるのが、第二手順としての文体論的調査だ。最初に作品の構成を取り上げ、『秋』のそれが屈曲に富み、アクセントの利いた人物の差し引きや山の設け方など、戯曲を思わせる手際の鮮やかな作品構成になっていることを、ソナタ形式になぞらえて説く。すなわち、ヒロイン信子の犠牲的な結婚を扱う第一章は呈示部の第一主題、信子の好きだった俊吉が文壇に進出し、やがて信子の妹照子と結婚することを扱った第二章が同じく第二主題をなし、信子が妹夫妻を訪ね、俊吉に接近する場面を描く第三章は発展部の主題の変異に相当し、信子と照子が嫉妬に燃えて争う第四章は同じく対比の部分に擬せられるとし、人力車の幌の中から俊吉の姿をみとめながら、ためらいつつ声もかけずに別れてしまう最終場面も一曲のフィナーレの役を果たしていると解説する。

それに対して『愛猫抄』の方には筋らしい筋がない。夫婦のような男女が登場し、その寵愛する猫が病気になる。男の恩人が死に、その部屋に白い猫が侵入する。帰宅すると、愛猫が死んでいる。時折、以前の住人らしい女や死んだはずの猫の幻を見る。……といった断片の連鎖でできているのだ。

次に「運び」の対比に入る。『秋』の書き出しが「信子は女子大学にゐた時から、才媛の名声を担つてゐた」と、小説世界を額縁の中に明確に切り取って始まるのと対照的に、『愛猫抄』のそれは「その白い哀れな生きものは、日に日に痩せおとろへてゆくばかりで、乳も卵もちよいと眺めただけで振りかへりもしなかつた」と、作品をいきなり「その」と始め、猫であることさえ明記せずにぼんやりと入っていく。

結びも、『秋』が、俊吉とすれ違った信子が、「薄濁つた空、疎らな屋並、高い木々の黄ばんだ梢」の場末の町で、全身に寂しさを感じながら、しみじみ「秋」を思うところで劇的に幕になるのに対し、『愛猫抄』の方は、あそこに猫がいるかどうか、掘ってみましょうと言い出す女の姿が「硫黄のやうに蒼く烟りがあがつてゐるやうに見えた……」と物語を中断するように結ぶ。

次いで、構文法の調査に進む。文の長さを平均で測ると、『愛猫抄』の方が若干長い程度だが、長短の差が著しいため、比較的均等な『秋』より、文が長いという印象を与える。また、『秋』はすべて、きちんと呼応する直流文で書かれているのに対し、『愛猫抄』の方には「男の部屋はすぐ玄関の明るい三畳のつぎの六畳の」から「北窗《まど》に机をするゑ」とねじれる曲流文や、「電燈がともれた」のように相の交錯が見られる交流文も時折現れる。単に「庭に出た」とするような表面に主体の明示されない主辞内題文の数では、『愛猫抄』が『秋』の三・三倍に達する。接続詞のほか、代名詞や先行文とのつながりを示す特定の副詞、指示詞などを接続関係の語として一括すれば、

『秋』はそれが『愛猫抄』の二倍を超える。

続いて語彙調査に入る。色彩語は『愛猫抄』の方が多く、その分布にも偏りが目立ち、原色が多い。また、『愛猫抄』にはオノマトペが多い。形容法は『秋』の方が慣用的・常識的で、『愛猫抄』には創作的な例も見られる。『愛猫抄』には方言が交じるが、『秋』にはそういう例が見られない。語の指す対象のフォーカスは『秋』の方がハードで、『愛猫抄』は対象をぼかしたソフトフォーカスが目立つ。

品詞別に見ると、まず、名詞を題の詞とし、動詞と形容詞をまとめて説の詞とした場合、『秋』は題の詞に勝り、『愛猫抄』は説の詞に勝っていることが判明する。また、『愛猫抄』に和語の複合動詞が多いこと、『秋』に形容詞類が少なく、それもほとんどが漢語製の形容動詞であるのに対し、『愛猫抄』には本来の形容詞が多いこと、接続詞が『秋』に多く『愛猫抄』に少ないことが認められる。

そして、『秋』は読解のテンポが早く、『愛猫抄』はそれが遅い。

このような言語分析の結果をその上位の文体因子で説明するために、互いの作品の中に現れた相手に関する人物評などを根拠にして、それぞれの文芸理想や世界観を類推する。そして、最後に、芥川の弱気、聡明、緻密、詩人的情熱、都会人的デリカシー、正常人といった性格的特徴、犀星の大胆、主我的、主観的、粗雑、田舎者、無風流漢、偏質者といった性格的特徴を抽出し、前者のアポロ主義、後者のディオニュソス主義という対立概念をもって鮮やかな結論とする。

文章論的文体論

英語学者である佐々木達の文体論を取り上げる。『語学試論集』(研究社)所収の論文「文体論の構想」や「文体論の応用」に、その文体観や分析の観点が示されている。この著者にとっての「文体」とは、題材を取り扱う作者の手法であるという。そして、「手法」とは、題材に対して作者がいかに情意するかという、題材に対する情意の関係の仕方を指す。したがって、そこでの文体研究の対象は、言語の情意的構造としての文体であり、佐々木の文体論は、言語構造の情意的分節の単位としての文が、情意の作用によって集合し文章や談話を構成するにあたって、どんな機能を持つかを論ずる学問だということになる。

具体的な課題としては、まず、「文」(センテンス)の発生とその長短の問題があり、次いで、文と文の関係が閉鎖的か開放的かという問題、文集合内部での換言・敷衍・対照・保留・予述・確認・根拠・背景といった各文の働きの問題、段落の構造とその配列といった問題を考察すべきだとする。

そして、情意の機能する方向と作者の対象を見る観点の位置によって決定される表現態度 attitudes を、文体論の究極の問題として取り上げ、次の五段階を区別する。対象から一つの方向へある距離を隔てた位置にある作者の眼を「観点」と仮定した場合、対象から離れた観点に立ってその対象を観察し、その特徴を表現するのが第一段階で、それを「記述」description と呼ぶ。対象が変化する自然現象や人事現象である場合、観点を移動させながら異なった時間・空間からの部分的観察をくり返し、最後にそれを総合して全体の観察とするのが第二段階で、「叙述」narration と呼ぶ。対象の未知の部分を対象の全体と関係させて既知とするように、観点が対象の部分と部分との区別の線に沿って移動するのが第三段階で、「説明」exposition と呼ぶ。ある対象を根拠としてそれに対する作者の観点を相手に承認させる場合のように、観点が対象に対して上下に移動するのが第四段階で、その態度を「議論」argument と呼ぶ。作者が直接に対象を表現せず、対象の周囲の雰囲気やその場の気分を表現することを通して間接に表現する場合のように、作者が対象の位置に立ってそこから周囲を観察するために、情意の方向が対象への方向と逆になるのが第五段階で、「喚起」evocation と呼ぶ。

ここでは、一九五三年の『國語學』一五輯に掲載された論文「文体論の実践」の方法論を紹介する。佐々木自らが語学的文体論と称するとおり、まさに語学的文体論には違いないが、その試みの分析観点の性格的特徴をより的確に示すために、特に「文章論的」と冠しておきたい。

なお、この実践は前記の論文を理論的基礎に展開しており、表現態度の五段階を、初夏の縁側に金魚の入ったガラス鉢があり、そのそばに隣の猫がうずくまっているという具体的な状況を設定してわかりやすく説明している。「縁側に金魚鉢がある。そのそばに猫がいる」と事実を客観的に表現するにとどめるのが「記述」、「金魚鉢のそばに猫がいる」と事実を述べた後、「この猫は昨日うちの金魚を狙った。やがて鉢に手を出すだろう」と猫の過去と未来の行動について述べるのが「叙述」、「今朝子供が掃除したまま、棚に上げるのを忘れたのだ」とそうなった理由を付け加えるのが「説明」、「鉢を置きっぱなしにしては駄目だ」と価値評価を加えるのが「議論」で、そういったすべてを前提にして単に「太郎！　金魚、金魚！」と叫ぶのが「喚起」で、低次の「記述」から高次の「喚起」まで、表現主体の対象把捉の仕方における水準の差を示すとする。

一八〇一年。——

僕は地主を訪問して帰ってきたばかり——迷惑な隣人といってはこの人だけ。

ここはほんとうに美しい土地だ！　英国中で、こうまで人気を離れた場所を選べようとは意外だ。人間嫌いにとってまったくの天国、それにヒースクリフ氏と僕はこの寂寥さを分つにうってつけの相手だ。大したやつだ！　僕が馬で乗りつけると、その黒い眼をうさんくさそうに眉の下にひっこめ、僕が自分の名を言うと、油断がならぬというふうに、指をチョッキの奥へますます隠すのを見て、僕がどんなに好もしく思ったか、先方は感づかなかったのだ。

十九世紀のイギリス小説、エミリー・ブロンテの『嵐が丘』*Wuthering Heights* の冒頭部分を、論者自身が原文の構造を生かす形で和訳を試みたもので、以下、これに沿って各文の文体論的関係を求めて分析を進める。

まず、「一八〇一年。――」という最初の一行の扱いに作品構成上の作者の意図を探った結果、一八〇一年から二年までの物語だからといって「第一部　一八〇一年」「第二部　一八〇二年」という構成にすると、第一部が三一章までを占め、第二部は残り三章しかなく、大きくバランスを崩す上、作者が同等の関心を持ったように誤解される恐れもあるので、原文では年号に一つの段落の資格を与えるにとどめたものと推定する。

次の段落は六つの文から成る。第一文の内容はダッシュで二つの部分に分かれるが、第二文の詠嘆表現はそのどちらとも直接つながらない。第三文は第二文で「美しい」とした理由を説明しているという意味でそれに従属し、また、風景の美よりも、人気のないところが気に入っている点で、第一文の後半にもつながっている。第四文の「人間嫌いにとってまったくの天国」という前半部分は、第二文の内容を形を変えて反復しているという関係になる。ところが、同じ文の後半では、突然ヒースクリフ氏の性格に話が移り、文中に内容上の顕著な断絶がある。第五文の短い感嘆文もそれに充分つながらず、ために第六文がその説明としてそれに従属する、という構造になっている。

そのほか、地主訪問から帰ったばかりという事実を、以下に展開する内容から遊離しているにもかかわらず、なぜ段落の冒頭に述べたのか、内容だけから見れば、第四文の「人間の天国」のところで一区切りになるはずなのに、なぜ同じ文に、次の区分に属する地主の性格まで取り入れたのか、また、純粋に内容だけから言えば、この段落自体が章の末尾に来るべきなのに、どういう意図で冒頭に位置することになったのか、といった疑問を解決しながら論を進め、さらに、各文における前述の表現態度を解析しつつ、文章構造と作者の意図との相関をえぐり出すあたりは、まるで解剖を見るような迫真性がある。

スケール文体論

国語学の渡辺実が古典文学作品を対象に試みた実践を取り上げる。一九五八年に朝倉書店から出た「国語教育のための国語講座」の第8巻『文学教育』所収の「文体論」と題する論考で、これもまた、語学的文体論の立場を明確に打ち出しているが、文体を記述する際の方法論上の特色にちなんで「スケール文体論」と仮称する。

まず、「文体とは、表現者の性格、表現意図の陰影及び受容者の態度の相関において規定されるところの、個々の具体的な言語表現行為の形式である」と定義し、そのイメージを図解する。原点OからP、Q、Rに向かって互いに直角にのびる三本の軸(立方体の一つの頂点をOとし、そこから三本の辺がのびている、と考えるとわかりやすい)を仮定し、P軸は表現者の性格、Q軸は表現意図の陰影、R軸は受容者の態度を表すものとして、原点から離れるほど、それぞれ強く、濃く、厳しくなると解釈する。

具体的な言語表現行為について、P軸をA、Q軸をB、R軸をCとすれば、その言語作品は三角錐OABCで表せる。その時、各座標軸上の三点を結ぶ三角形ABCをその表現行為の形式、すなわち「文体」と考える。ある種の詩は受容者の態度が極端に寛大となって表現者にのみ忠実となり、ほとんど三角形OABに近くなる。新聞記事は表現者の個性が極端に弱くなって没個性的となり、ほとんど三角形ＯＢＣに近くなる。また、学術論文などは表現意図の陰影が極端に淡くなって純論理的になり、ほとんど三角形ＯＡＣに近くなる。

これをもとに文体論を考えると、ある一作品に認められる個別的表現形式を表現行為の形と考え、それを規定したはずの表現者の性格、表現意図の陰影、受容者の態度の三者の相関の姿を再現して、具体的表現行為の構造へ還元解釈するのが、その任務だということになる。

ここで注目されるのは、語学的文体論の分析対象は、言語美学が出発点とした文体印象といったものではなく、その作品の個別的な表現形式そのものだとした点だろう。「作品の個別的な表現形式」とは何かについて、その形でしか表現できない要素、および、他の作品・作家・時代の文章に共通する要素は除くと規定するなど、厳密な態度で貫く。が、選択の余地のない表現は文体の形成にかかわらないという前提に立てば、ものをどう見るか、何を選び、どの側面を取り上げて、どういう角度から書くか、という文章にとって最も大事なことが文体から排除されるし、また、他との共通要素を全部省く純粋主義を通すと、トータルなものとして読者に訴える文体の全体像を見失う恐れもある。

実践として、『源氏物語』その他との対比によって『伊勢物語』の文体を浮き彫りにする試みが示される。文体を規定する三本の柱を表現者の個性から順に考察する。まず、「むかし、をとこ、うひかうぶりして、平城《なら》の京、春日の里にしるよしして、狩に往《い》にけり。その里に、いとなまめいたる女はらから住みけり」と始まる『伊勢物語』の初段を引き、服装の説明から始まって「いと白うをかしげに、つぶつぶと肥えて、そぞろかなる人の、頭つき額つき物あざやかに、まみ、口つき、いと愛敬《あいぎょう》づき、はなやかなるかたちなり。髪は、いとふさやかにて、長くはあらねど云々」(「空蟬」)と長々と容姿の描写の続く『源氏物語』と対照的に、『伊勢物語』では登場人物の身分・年齢・服装・容姿などについての描写がほとんど見られないという事実を指摘する。「平城の京、春日の里」という出来事の舞台に関する言及や「そのをとこ、しのぶずりの狩衣《かりぎぬ》をなむ著《き》たりける」という服装の描写は、「かすが野の若紫のすり衣しのぶのみだれ限り知られず」という歌に直接のかかわりがあるために置かれたものであり、歌の成立事情を伝える作品であることが確認される。

歌の成立事情を伝える作品では人物の容姿などを詳しく描写しないのが一般的傾向であるとしても、『伊勢物語』の場合はそれが徹底しており、また、『大和物語』や『古今和歌集』の詞書《ことばがき》とは違って人物の姓名を記さずに「男」「女」で済ませたのは、登場人物が写実の対象でなく、恋愛行為者の象徴に過ぎなかったからだとする。そして、いつ、どこで、誰がという要素をすべて捨て去り、「あはじともいはざりける女のさすがなりけるがもとに」「心つきて色好みなるをとこ」のように、象徴的な「男」「女」という名詞を内面的心情を示す修飾語で具体化する構文的形式を愛用するこの作品の表現者は、具体よりは抽象を好み、模写よりは象徴に長け、唯物的であるよりは唯心的な傾向の、かなり強い個性の持ち主だと結論する。

次に、表現意図の陰影について二つの事実に注目する。一つは、些細な役割の人物にまで筆が及び、「文をひろげて見て、返事書く」といったディテールをも省かない『竹取物語』が、出来事の表面的具体相を大事にする書き方であり、一つの出来事の描写から次の出来事の描写へと移る際に、「このあひだに」「かくいひつつ」と、前の出来事の内容全体を指す文脈指示語でつなぐ『土左日記』の書き方が、連続的な現実に忠実であろうとして、それを写すことばの切れ目を埋めようとするのに対し、『伊勢物語』は描写と描写との間に飛躍があると見えるほど、ことばの切れ目をむしろ積極的に利用しようとする書き方だという点である。

もう一つ、「月やあらぬ春や昔の春ならぬわが身ひとつはもとの身にして」の一首を扱った一節を、古今集詞書の対応する箇所と比較し、『伊勢物語』の文が短く切れる傾向のある事実を指摘する。例えば、『古今集』の巻一五で「五条のきさいの宮のにしのたいにすみける人に、ほいにもあらでものいひわたりけるを、む月のとをかあまりになん、ほかへかくれにける」となっているのに対し、『伊勢物語』の方はほぼ同じ内容を、「むかし、東の五条に、大后の宮おはしましける、西の対に住む人有りけり。それをほいにはあらで心ざしふかかりける人、行きとぶらひけるを、む月の十日ばかりのほどに、ほかにかくれにけり」というふうに文を切りながら書き進む。

古今集詞書が歌の成立事情を、歌の成立した所から振り返って、一つの出来事として表現することを目ざし、いわばロングカットとして、かなり複雑な内容でも一文にまとめようとするのに対し、『伊勢物語』は継起する一連の出来事をひとこまずつ独立させ、いわばショートカットに分断して描く書き方なのだとし、男女の恋愛感情が次第に盛り上がり、歌へと結晶するまでのプロセスを表現の陰影として写し出すために、文を短く切ることを選んだのだと結論する。

もう一つの軸である受容者の態度については、男女の感情の起伏・推移が非写実的な『伊勢物語』を支えているにもかかわらず、『源氏物語』が「世の中いとわづらはしく……これよりまさる事もやと思しなりぬ。……いと本意なかるべし。さりとて都を遠ざからむも、故里おぼつかなかるべきを、人わるくぞ思し乱るる……」（「須磨」）

というように、いくつかの文にわたって光源氏の心の中を描くのと対照的に、『伊勢物語』では作中に心理描写がほとんど見られず、「立ちて見、ゐて見、見れど、去年に似るべくもあらず」(四段)というふうに、男の行為を写す形を通して感情を強いタッチで描くことに注目し、客観的記述を要求する受容者を意識して、表現者は眼に見える外面的事実に頼って書く態度を選んだものと解釈する。

そして、表現者の個性がかなり強く、表現意図の陰影がかなり濃く、受容者の態度がかなり厳しいことから生じた『伊勢物語』の文体は、その表現行為の立体的スケールの大きさを示し、それが高い文学的評価につながったという結論に達している。

展開文章論

時枝誠記はすでに一九四一年その著『国語学原論』(岩波書店)において「国語美論」を発表し、言語過程説の立場から言語による美の成立を理論的に考察し、「ウリヤナスビノ　ハナザカリ」といったリズムの問題、情事を漠然と「事の乱れ」と表現する曲線型や、「義貞の勢はあさりをふみつぶし」という川柳のように意想外の観念と結合させる屈折型や、愚鈍の意を「人がいい」と表現する倒錯型の問題、それに、「花の色はうつりにけりな徒にわが身世にふるながめせしまに」(古今集春下　小野小町)

といった懸詞《かけことば》の言語的特質や表現美の問題を扱った。

ここで取り上げるのは、それと同じ原理の下に本格的な文章研究を開始し、一九六〇年に刊行した『文章研究序説』(山田書院)の一部である。ソシュールが概念と聴覚映像との聯合と考える言語構成観に立つのに真っ向から反対し、音声・文字と概念とは継起的過程として結合するのであり、その継起的過程現象そのものが言語なのだとする言語過程観を主張する著者は、人間が表現し理解する過程自体を研究の対象にすえる。

文章の表現形式の特異性は、そのように言語表現が根本的に時間的・継時的・線条的性格を持っていることに規定される。同時的全体として把握される絵画・彫刻・建築などとは違って、言語は音楽や映画と同様に継時的全体としてのみ把握できる。したがって、文章において組み立てという意味でのコンポジションを問題にするのは筋違いであり、冒頭の性格を明らかにし、主題の細叙・敷衍《ふえん》・変形を経て進行する作品の展開をたどることこそ正しい文章研究の課題であるとして、冒頭の分析に入る。

文章の冒頭を機能の面から分類すると、次の五種になるという。第一は「いづれの御時にか、女御更衣あまたさぶらひ給ひけるなかに、いとやむごとなき際にはあらぬが、すぐれて時めき給ふありけり」という『源氏物語』の「桐壺」巻の冒頭のように、時・処・登場人物を提示して作品全体の輪郭、枠の設定をするもの。第二は「男もすなる日記といふものを、女もして見むとてするなり」という『土左日記』の冒頭のように、作者の口上、執筆態度を述べるもの。第三は「月日は百代《はくたい》の過客《かかく》にして行きかふ年も又旅人也舟の上に生涯をうかべ馬の口とらへて老を迎ふるものは、日々旅にして旅をすみかとす」という『奥の細道』の冒頭のように、全体の要旨、筋書き、概要を述べるもの。第四は「行く川の流れは絶えずしてしかももとの水にあらず、よどみに浮ぶうたかたはかつ消えかつ結びて久しくとどまりたるためしなし、世の中にある人と栖と又かくのごとし」という『方丈記』の冒頭のように、作品展開の種子あるいは前提となる事柄を提示するもの。第五は次に掲げる『平家物語』の冒頭のように、作者が主題を表白するものである。

また、「随分遠いね。元来何所《どこ》から登るのだ。／と一人が手巾《ハンケチ》で額を拭きながら立ち留つた」という漱石の『虞美人草』のように、作者を媒介とせずに作中人物と事件とを直接読者に対せしめるタイプを無冒頭の書き出しと呼び、近代小説に多い破格の技法であると位置づけた。

祇園精舎の鐘の声諸行無常の響あり娑羅雙樹《さらそうじゅ》の花の色盛者《じょうしゃ》必衰の理《ことわり》をあらはすおごれる人も久しからず春の夜の夢の如したけき者も遂には亡びぬ風の前の塵に

同じ

遠く異朝をとぶらふに秦の趙高漢の王莽《おうもう》梁の周伊唐の禄山これ等皆旧主先皇の政《まつりごと》にも従はず天下の乱るることを悟らず民間の愁ふることを知らず久しからずして亡じにしものなり

近く本朝をたづぬるに承平の将門《まさかど》天慶の純友《すみとも》康和の義親《よしちか》平治の信頼《のぶより》おごれる心もたけきことも皆とりどりなりしが

間近くは太政大臣清盛入道と申しゝ人の有様伝へ承るこそ心も詞も及ばれね

『平家物語』の序章に相当する部分は以上の五段構成で、冒頭に当たるその第一段は、この物語が諸行無常、盛者必衰の理を述べようとするものであることを表明している。つまり、作者が作品の主題を表白した冒頭である。第二段は、和漢混淆文的な表現で述べた第一段とほとんど同一の内容を和文的な表現にやわらげたものに過ぎず、新しい情報を持ち込まない単なる変形として展開した。これに続く第三段と第四段とは、それまでの二つの段で述べたことを具体化するために、諸行無常、盛者必衰の理を具現する人物の例を挙げたもので、第三段は遠く異朝すなわち外国に、第四段は近く本朝すなわち日本国内に、それぞれその実例を求めて具体的に示している。そして、第五段で、それらを一身に総括して具現する人物として太政大臣清盛入道を持ち出し、物語へと入っていく。以上の分析により、この冒頭部分の一節は、第一段で主題を提示し、第二段以降でその趣旨を敷衍し具象化する展開になっていることが明らかになる。

著者はこの文章展開を数学の展開になぞらえる。すなわち、第一段を$(a+b)^2$とすれば、第二段はそれを展開した$a^2+2ab+b^2$に当たり、第三段および第四段はそれに具体的な数値を代入した$5^2+2\times5\times10+10^2$に相当し、第五段はそれを計算した答え225と見なすことができるとする。冒頭をこのように踏まえることによって、以下に展開する諸説話がこの序章の具体化を示すものであろうという期待感を読者に抱かせるのだという。すべての文章がこのように公式どおりに展開するわけではないし、ことに近代小説のような文学作品は公式化しにくい多様で複雑な構造を持つと思われるが、文章というものを部分の集合としてでなく、展開の相でとらえようとする分析の姿勢は言語作品の本質に適っていると言わなければならない。

文章性格学

一九六五年の五月、六月と、文章分析の数量処理を武器とする文体研究の書が二冊、相前後して登場した。刊行順に取り上げる。安本美典の『文章心理学入門』(誠信書房)

は書名のとおり心理学者による文章研究である。波多野完治の文章心理学とは方法論上の差があるので、それとは区別し、作者のタイプと結びついた文章の類型論を目ざす学問の特徴をとらえて、その方法論を「文章性格学」と呼ぶことにする。

調査対象は近代以降の口語体小説一〇〇編で、筑摩書房の『現代日本文学全集』所収の作家一〇〇名を取り上げ、文学辞典や文学史を参考にして各作家の代表作一編を選んだとある。

調査項目は次の手順で絞り込んで決定したという。まず、それまでの文章心理学や言語美学、統計的文体論などで文章の特徴を示すとして調査され数量化された項目をすべて集め、その三〇個ほどの特性のうち、一方から他方を数学的に導けるなど、実質的に重複するものを省いて、最終的に直喩、声喩、色彩語、文の長さ、会話文の量、句点の数、読点の数、漢字の使用度、名詞の使用度、人格語の使用度、過去形止めの文の数、現在形止めの文の数、それ以外の不定止めの文の数、名詞の長さ、動詞の長さという一五項目を選び出した。

具体的な調査法をまとめておこう。直喩・声喩・色彩語については次の基準で調査する。直喩調査の対象は、「剣のような瞳」「墨絵の如く浮ばせ」のように「ようだ」や「ごとし」のついている例に限り、「うすべに色の貝にも劣らぬ爪の色合い」のような例は除く。声喩は「おいおい声を放って泣く」「ぐるぐると回る」のように同音の反復する例に限り、「ピシッと打つ」のような例は除く。色彩語は「真っ青な遠洋の色」「薔薇色の蕾」のように色を意識した例に限り、「金時計」「赤ん坊」「悲しみの色」のような例は除く。いずれも全数調査ではなく、テキストが三段組みで印刷されているその段を単位とし、任意系統抽出法によって二〇段を選んで、それを調査範囲とした。これは四百字詰め原稿用紙にして約三〇枚の分量に当たる。

文(センテンス)の長さについては、その二〇段の各段の最初の文をサンプルとして選び、その計二〇個の文の平均字数を算出する。会話文の量は、取り交わされた会話の回数ではなく、抽出された文章全体の中に含まれる会話文の数として示す。句点・読点・漢字・名詞・人格語の五項目については、その二〇個の段からそれぞれ初めの五〇字分を選び、計一〇〇〇字を対象として調査を行う。なお、人格語というのは、アメリカの心理学者フレッシュが文章を読みやすくする一つの要素であることを実験的に確かめたもので、安本の調査では人称代名詞・人名・親族名称その他の、人を指すことばの総称としている。

過去形止め、現在形止め、不定止めについては、文の長さの調査対象とした二〇文の文末が「……た」という過去形になっているか、「行く」「美しい」のような現在形になっているか、それ以外の体言止めや副文止めなどになっているかを調べる。名詞・動詞の長さについては、二〇個の段からそれぞれ最初に現れる名詞・動詞を取り上げ、その各二〇個の名詞および動詞の長さを平均拍（モーラ）数で示す。

一〇〇作品のそれぞれについて、調査結果を例えば、夏目漱石『吾輩は猫である』の場合、直喩一六　声喩五　色彩語九　文の長さ三七・六五　会話文三二〇　句点四七　読点二二　漢字三九七　名詞一三九　人格語三三　過去形止め三　現在形止め一〇　不定止め七　名詞の長さ三・三五　動詞の長さ三・一五　のように表す。

次に、これらの数値が、姓と腰まわりと電話番号のように互いにまったく独立した存在なのか、それとも学習時間と成績や、身長と体重のようになんらかの関係を持つのかを調べるために、各項目間の相関係数を算出する。その結果、名詞と漢字、会話文と句点、人格語と名詞、色彩語と直喩、直喩と声喩などにはかなり高い相関があり、声喩と読点、名詞の長さと過去形止め・会話文・句点などとの間にはほとんど相関が認められず、過去形止めと会話文、声喩と人格語、名詞と会話文などの間にはマイナスの相関が認められることを推測させるデータが得られた。

そこで、その相関表をもとに因子分析法を用いて三つの因子を探り出す。一つは名詞・漢字・人格語を中心とし、叙述の題材に関係すると推測されるA因子、次は色彩語・声喩・直喩・名詞の長さを中心とし、文章の修飾に関係すると推測されるB因子、もう一つは会話文・句点を中心とし、文章の会話性に関係すると推測されるC因子だ。

横光利一『日輪』・菊池寛『忠直卿行状記』・瀧井孝作『無限抱擁』などはA因子が大きく、島木健作『生活の探求』・山本有三『波』・岸田国士『落葉日記』などは逆に小さい。これは漢文型と和文型、体言型と用言型、叙事型と抒情型を分ける因子と見られる。また、平林たい子『施療室にて』・前田河広一郎『三等船客』・長塚節『土』などはB因子が大きく、武者小路実篤『幸福者』・瀧井孝作『無限抱擁』・尾崎一雄『暢気眼鏡』などは逆に小さい。これは修飾型と非修飾型、多彩型と単彩型を分ける因子と見られる。そして、国木田独歩『牛肉と馬鈴薯』・内田百閒『贋作　吾輩は猫である』・川端康成『雪国』などはC因子が大きく、高見順『故旧忘れ得べき』・梶井基次郎『のんきな患者』・坂口安吾『白痴』などは逆に小さい。これは会話型と文章型、短文型と長文型を分ける因子であると見られる。

著者は以上三つの因子の強弱によって一〇〇作品を分類する。まず、全体をA因子の弱い用言型と強い体言型に二分し、そのそれぞれをB因子の弱い非修飾型と強い修飾型に分け、それをさらにC因子の弱い文章型と強い会話型に分けると、次の八つの類型が立つ。各因子とも強いのを大文字、弱いのを小文字で表示する。

Ⅰ　a b c　Ⅱ　a b C　Ⅲ　a B c　Ⅳ　a B C
Ⅴ　A b c　Ⅵ　A b C　Ⅶ　A B c　Ⅷ　A B C

永井荷風・谷崎潤一郎・宇野浩二・梶井基次郎・太宰治らから成るⅠ類は、抒情的で浪漫的な味があり、転向作家を含む。里見弴・久保田万太郎・井伏鱒二・尾崎一雄・内田百閒らから成るⅡ類は、戯曲も書く作家やユーモア文学に特色がある。芥川龍之介・佐藤春夫・室生犀星・堀辰雄・有島武郎らから成るⅢ類は、西欧的な教養を持つ唯美的・詩的な作家が多い。泉鏡花・川端康成・鈴木三重吉らから成るⅣ類は、芸術味を帯びた独特な美しさを持つ会話文の目立つ文章に特色がある。

森鷗外・中島敦・大岡昇平・三島由紀夫らから成るⅤ類は、漢文系の簡潔美、透徹した客観描写による知的で論理的な文章が多い。夏目漱石・武者小路実篤・志賀直哉・国木田独歩・島崎藤村・正宗白鳥らから成るⅥ類は、現実に立ち向かい作者の思想を吐露した作品が多く、会話も議論に近い。菊池寛・岡本かの子・坂口安吾・田山花袋・徳田秋声・二葉亭四迷らから成るⅦ類は、描写が即物的で私小説的・記録文学的な傾向があるが、絢爛たる心象映像の描かれる作品も含まれ、全体として人物・事物・観念の氾濫が見られる。最後に、横光利一・広津和郎・林芙美子・小林多喜二らから成るⅧ類は、濃厚な表現や自己主張の強い態度に特徴があり、文学や人生に対するねばり強さを持つ作家が多い。

この研究の収穫として著者は、以上のような組織立った結論を提供するのだが、問題点も少なくない。まず、調査の量や方法が妥当であるかどうかはなお検討の余地があり、結論部でデータ解釈を効果的にするために各類の典型的な文章として挙げる例が調査対象以外から恣意的に選ばれた感もある。また、作品の文体と作家の文体との区別が明確でないなど、一般にデータとその解釈との間に飛躍を感じさせる点も少なくない。同じ流派に属する作家や師弟関係にある作家が同一グループに属する場合が多いとして例を挙げる際に、きわめて近い関係にあった漱石と芥川、志賀直哉と瀧井孝作と尾崎一雄、井伏と太宰、横光と川端など、別々のグループに分かれる例も少なくないという点にも慎重に言及すべきだったろう。

しかし、この研究が早い時期に若い心理学者の手でなされたことは特記すべきであり、文体分析の方法に大きな示唆を与えた功績は充分に認められねばならないだろう。

統計的文体論

次いで、その直後に刊行された樺島忠夫・寿岳章子の共著『文体の科学』(綜芸舎)を取り上げる。これは国語学者の手に成った同じく統計学的アプローチによる文体研究の書である。樺島はすでに『表現論』(綜芸舎)を著し、文章を言語行動として観察し、その成立条件や文構造に関する理論的な考察を行った。この共著はそれを基礎にして文体面に踏み込み、計量国語学的な方法を導入して科学的な分析処理をほどこした試みである。表現における要約的と描写的、冗文的と凝縮的という問題、あるいは説明型と記述型という文章類型の問題を言語的に考察した論述にも特色があるが、ここでは「文体の統計的観察」に用いた方法論に注目したい。

調査対象は近代以降の作家一〇〇人から各一編の短編小説を取り上げた計一〇〇作品で、その各作品からほぼ八〇文ずつ無作為抽出し、名詞の比率、MVR、指示詞の比率、字音語の比率、文の長さ、接続詞を持つ文の比率、引用文の比率、現在形止めの文の比率、色彩語の比率、表情語の比率の一〇項目にわたって調べている。安本の調査項目と重なる部分が少なくないが、若干の説明を要する項目もある。

MVRというのは、修飾関係の語Mと動詞Vとの割合で、具体的には形容詞・形容動詞・副詞・連体詞の語数の和を動詞の数で割って一〇〇を掛けた数字で表す。指示詞の比率は、「これ」「その」「あんな」といったコソア語が全自立語の何パーセントを占めるかを示し、文脈への依存度を測る目安となる。字音語の比率は漢語や「火事」のような和製漢語を含む文節が全文節中の何パーセントを占めるかという数値で表す。文の長さは、波多野完治の文章心理学以来、字数で測るのが一般的だが、ここでは自立語の数すなわち文節数を単位として算出する。引用文の比率は、会話文など、形式的に区別された限りでの引用部分の割合を、字数を単位にして計測している。接続詞に関しては、それを含む文が全体の文数の何パーセントを占めるかという形で求めている。色彩語は一般に出現率が低いので、百分率ではなくパーミル(千分率)で表している。表情語というのは、擬声語・擬態語とほぼ同じだが、「ちょっと」のようにその意識が薄れたものを除き、逆に、発生的にはそうでなくても擬態語の意識で受け取られているものを加えたもので、その割合をやはりパーミルで表している。

次に、文体を標準からの逸脱と見る立場から、その特異性を客観的にとらえるために統計的特性値の大きさを評価する五段階尺度を作り、「極めて小、小、普通、大、極めて大」とする。母集団出現率は、「極めて小」「極めて大」が両端の各一〇パーセント、「小」「大」がその内側の各二〇パーセント、「普通」が真ん中の四〇パーセントの範囲になるように設定すると、各段階の境界は次のようになる。

	極小		小		普通		大		極大
名　詞%		四五		四八		五四		五六	
MVR		三四		四一		五五		六五	

指示詞%	二・一	二・八	五・〇	六・〇
字音語%	一三	一六	二六	三一
文　長	七	九	一四	一八
引用文%	一	八	三〇	七〇
接続詞文%	三	七	二一	二七
現在止%	三	一三	四七	七六
表情語‰	〇・四	三・五	一三・五	二四・五
色彩語‰	—	一・〇	七・五	一七・〇

これを基準にして、「極めて小」または「極めて大」を特異な特性値と考えた場合、特異な特性値を多く持つ作品を文体的に特異な作品とするなら、「極めて大」四、「極めて小」一、「大」二、「小」一で、「普通」がわずかに二となる北原武夫『暗い夜』は特異な作品と言える。逆に吉行淳之介『驟雨』は全項目が「普通」で、いかにも平均的な作品と言えそうだが、実際にはすべてが「普通」となるのは一〇〇作品中ほかに例がなく、むしろきわめて珍しい存在である。現実に多いのは、「普通」が六、「大」「小」合わせて三、「極めて大」か「極めて小」かが一という程度の作品だという。

一方、類似の統計的特性値を示す作品や、逆に対蹠的な統計的特性値を示す作品を発見するのにも役立つ。一〇項目の調査結果を作品ごとに折れ線グラフで表し、そのプロフィールを作品の文体パターンと考えると、例えば、前述の北原武夫『暗い夜』は、指示詞・文長・接続詞文などが高く、名詞・字音語・引用文・色彩語が低い点で、谷崎潤一郎『猫と庄造と二人のおんな』とよく似たパターンを示しており、犬養健『亜刺比亜人エルアフイ』はそれと対蹠的な文体パターンを見せる。

作品の文体のプロフィールがこのような各項目の数値に基づく折れ線の形で描かれると仮定すれば、作家の文体はどのような形でとらえられるべきか。著者は、その作家の各作品の調査結果のうち、最小値と最大値に注目する。両者の距離が小さい場合は、その点について作品による差が少ないことになるので、それを固定点と呼ぶ。例えば、松本清張の場合は文の長さという項目において固定点が現れる。

固定点が「極めて大」または「極めて小」に位置する場合は、他作家と著しく差のある、その作家の特徴をなすので、特異点である固定点を特長点と呼ぶ。例えば、幸田文は表情語の多いことが特長点となっている。

そして、調査項目ごとに各作品の数値の最小と最大をマークし、一〇項目の各最小値を結んだ折れ線と各最大値を結んだ折れ線とで挟まれた幅の一定でない帯状の広がりを、その作家の文体のプロフィールと仮定する。この帯の幅が全体として狭ければそれだけ文体の確立した作家であり、また、それが多くの特長点を持つ場合は個性的で特異な文体の作家であると考えることができるとする。

帯の特徴が似ていれば、その両作家の文体が類似していると考え、同型の文体と呼ぶ。また、ある作品の統計的特性値のパターンが他の作家の文体パターンを示す帯の中に納まる時、それを同型の作品と呼ぶ。一〇項目すべてにわたって他作家の帯にそっくり入る作品となると、ほとんど例がないが、条件を緩めて八項目以上とすれば、張赫宙『権という男』は志賀直哉と、小林多喜二『蟹工船』は松本清張と、田村泰次郎『肉体の門』は幸田文と、それぞれ準同型になるという。

最後に、「峠を下りきると、河岸に出た。河の水は深かつた。九月はまだ初旬であつたが、河の水は冷たかつた」から「何所からともなく川蟬が、水面とすれすれに忙しい羽根使ひで飛んで来る。そして岸の棒杭へとまると凝つと川面を見てゐる」と続く文章例を掲げ、ほとんど違和感を覚えないこの文章は、実は前半が張、後半が志賀の作品から引用したものだと種明かしをして、鮮やかに締め括る。

作家の文体のプロフィールを最小値と最大値の幅で帯状に描くのは、各作品の文体プロフィールを示す折れ線がその幅を満遍なく埋めているとは限らないので、必ずしも実態を忠実に反映しているとは言えず、むしろ折れ線の束で示した方が作品間の差異を濃淡で描き出すことになるのではないか。そういった方法論上の疑問もないわけではないが、文章心理学畑とは違った形で数量処理をほどこす統計的文体論の一つの到達点を示すものであろう。

分析批評

一九三〇年代からしばらくの間、ニュークリティシズムと呼ばれる批評運動の嵐が吹き荒れた。作家の伝記に関する調査や作品の時代背景の考証といった文学の周囲の研究が文学研究の主流を占め、その文献学派の関心が次第に末梢的な面に向けられるようになって、「シェークスピアの洗濯代請求書の発掘」とからかわれる事態を招く。それに対する反動として、作品に素手で立ち向かうのが本来の文学鑑賞であるはずであり、伝記や時代背景を知らなくとも作品の価値はわかる、とする詩人たちを中心としたアマチュア批評の主張が一大勢力を得たのだという。あらゆる参考文献を無視するということになれば、「無人島の批評」と悪評されるのも尤もだが、作品そのものに取り組む姿勢が文学研究の精神を呼び覚ました意義は小さくない。一九六七年に出た川崎寿彦『分析批評入門』(至文堂)は、そのニュークリティシズムの分析技術を日本文学の作品に適用しようと試みた〝無人島の批評〟の実践であるという。

Ｉ・Ａ・リチャーズがケンブリッジ大学の学生に、いい詩と悪い詩を混ぜて数編読ませ、作者名を明かさず、説明もなしに、自由な解釈と鑑賞を試みさせたところ、その結果は百花繚乱、百鬼夜行のありさまだったらしい。同様に、著者は名古屋大学の学生に次の詩を読ませた。

ふるさとは遠きにありて思ふもの
そして悲しくうたふもの
よしや
うらぶれて異土の乞食《かたゐ》となるとても
帰るところにあるまじや
ひとり都のゆふぐれに
ふるさとおもひ涙ぐむ
そのこころもて
遠きみやこにかへらばや
遠きみやこにかへらばや

この詩の意味は、それが詠まれた状況の把握によってそれぞれ異なるので、「どんな人が、どんな場所で、どんな気持ちでうたっているか」という三点をはっきり書くように要求したところ、「どこで」の部分で答えが大きく分かれたという。「故郷」で書いたと考えるか、「東京」のような大都会で書いたと解するかによって、最終二行の「みやこ」の所在も、「かへらばや」の「帰る」方向も違ってくる。そこで「帰る」を、「故郷→東京」とする解釈をAグループ、逆に「東京→故郷」とする解釈をBグループとすると、A・Bともに七名で、回答の大半を占める。ほかに、「心で故郷に帰る」というBグループに近い解釈が一名、「気を取り直して現実に取り組もう」という「東京→東京」とでも記すべきCグループが二名あり、その他、「みやこ」を東京でも故郷でもない「不特定の遠い場所」と解するD型の回答が一名、この種の分類が不能なE型の解釈が二名あったという。

一つの美しい詩が読者の心の中で少なくとも六種類の別々の詩として存在するという事実を、この調査結果は示すだろう。が、これは必ずしも読み手が未熟だったせいばかりではない。近代文学研究の権威吉田精一は、この詩を含む室生犀星の「小景異情」がすべてその故郷金沢を詠んでいることを指摘し、遠くふるさとを思い涙ぐむその心を抱いて再び東京に戻ろうと解した方が詩句の上でも無理がないと述べ、A型の解釈に立つ。それに対し、詩人の萩原朔太郎は「ひとり都の夕暮に、天涯孤独の身を嘆いて、悲しい故郷の空を眺めて居る。ただその心もて、遠き都に帰らばや」と、B型の解釈を示しているという。

著者は実例分析に入り、各回答の性格を批評する。まず、「一度決心して都会に出て来たからにはどうして失敗して帰られようか。ふるさとに帰りたいと思うその気持ちで、都会に帰ってもう一度やり直そう」という解釈を典型とするA型は「男子郷関を出づれば」型、「こんななつかしい故郷を愛する心をもって自分の生まれ故郷に帰りたいと心の底から思う」と解するB型は「望郷」型、「ふるさとから遠く離れている、自分の今住んでいる都へ思いをはせ戻そう。（中略）苛酷で暖かみのない都会という、いま自分の生活している現実社会に再びとりくもう」と解するC型は「社会運動」型、「ふるさとの淡い楽しい思い出を連想して自ずから涙ぐむような心境で、さらに遠い自分の知らないところへ幸福を求めて行こう」と、「みやこ」を理想郷と解したD型は「青い鳥」型、そして、「ふるさと(自分の最後に落ち着くべきところ)は遠いところにおいて、自分の頭の中だけで思うものである。（中略）ふるさとのことを思い涙ぐむのはいい。しかしふるさとが最後の場所であることを考え、（精神的に）遠い都へ帰らねばならない」と解するE型は「永劫回帰」型だというのである。

ここから著者は、なぜこのように多様な解釈が生ずるのかを、作品の言語的な在り方と読者側の条件とのかかわりにおいてとらえようとする。一度故郷に帰ったが、帰るべきところでないから東京へ引き返そう、という意味に取るA型の解釈は、「ばや」をlet usに近い意味に取れば状況的に納得できるが、「そのこころもて」の箇所で心理の屈折が起こる。一方、帰るところではないが帰りたいという意味に取るB型の解釈は、「ばや」をwishに近い意味に取れば心理的に自然で、字句の上でもすっきりしている。作者室生犀星の故郷が金沢であり、それが北陸の都と呼ばれていることを知らないはずの学生たちの多くが「みやこ」を故郷と解したのも、全体として無理のない解釈だからだろう。

しかし、著者はここで、人生が複雑である以上、よい文学は複雑になり、よい詩は読者を一度当惑させるというリチャーズのことばを引き、すっきりした意味、無理のない解釈、自然な心情という要素を判断の基準にすることを警戒する。「そのこころもて」を心理の複雑な屈伸運動と受けとめ、論理的に説明できないところに、一度「帰るところにあるまじ」と言いながら「かへらばや」とくり返さずにいられない作者の心情の揺曳を読み取ろうとする。だが、著者の目的はそういう詩の解釈自体にあるわけではない。

それぞれの解釈が詩の意味の把握にどういう問題があって別々の回答に分かれるの

かを考察するために、再びリチャーズを援用して〈意味〉の重層性を説く。対象を文学に限った場合、言語作品の〈意味〉は次の四段階に分かれるという。第一は「趣意sense」で、その表現によって伝達しようとしている論理的内容を指す。第二は「感情feeling」で、表現者が趣意に対して抱いている好悪や快不快などの気持ちを指す。第三は「調子tone」で、表現者が受容者に対して抱いている態度を指す。そして第四は「意図intention」で、表現者がその行為によって挙げようとしている効果を指す。

この観点で各回答を見直すと、Aグループに多く見られる「男子郷関を出づれば」型は、この詩の作者は望郷の念という趣意に対して屈折した哀切きわまりない気持ちを抱いているのに、それを、一度決心して出て来た以上失敗して帰るわけにはいかないというように立志伝風に読み取っており、感情の把握に欠ける鑑賞だと言える。

文学作品の〈意味〉の把握を妨げる読者側の原因についてリチャーズは、①論理的意味をとらええないこと　②感覚的要素をとらええないこと　③イメジャリーの機能をとらええないこと　④過去の記憶の影響による見当違い　⑤出来合い反応　⑥感傷癖　⑦心理的抑制　⑧思想的偏向　⑨経験によって生ずる批評技術上の先入観念　⑩批評原理上の先入観念　の一〇項目を挙げている。各回答にこれを当てはめると、「帰らばや」を「出てゆくからには」と解したAグループの一人は「ばや」の意味を取り損ねた①の例、立志伝タイプの人生観の持ち主が「ひとり都の」以下の三行を無視して「男子郷関を出づれば」型の解釈に走ったのは典型的な⑤の例であり、Eグループの「永劫回帰」型も別種の〈出来合い反応〉による解釈と見られる。また、Cグループの「社会運動」型はそれに〈思想的偏向〉が加わり、⑤と⑧によって生じた例、Dグループの「青い鳥」型はその〈出来合い反応〉に〈感傷癖〉が絡み、⑤と⑥によって起こった解釈の例だと考えられるとする。

この試みは言語作品の個別的な性格をとらえようとする方向の文体論と直接にはつながらないが、しかし、読者を抜きにして〈文体〉の問題は起こりえないという立場に立つ時、文体分析の基礎に横たわる重要な問題の一角に光を当てた意義は正しく評価されねばならないだろう。

文体比較法

Iの3「表現主体の属性」の「職業」の項(三六ページ)で予告した堀川直義のアンケート調査を紹介し、その結果の分析を通して文体比較の方法を考えてみたい。学会誌『文体論研究』の第一二号に「文体比較法の一つの試み」と題して一九六八年に掲載された講演要旨である。これは、アメリカにおけるリーダビリティー readability 研究で英文の読みやすさを測る尺度が発表されたのに触発され、日本語の文章についても、その読みやすさを客観的に計測する物差しを開発しようと取り組んだ研究の副産物だという。

どういう文章が難しく、どういう文章がわかりやすいかを分析するためには、まず、内容を一定にしなければならない。仮に、志賀直哉の文章が谷崎潤一郎の文章より読みやすいとしても、両者が別々のことを述べている以上、それは内容自体の難易の差から来るのか、純粋に表現上の違いから生ずるのかが判断できない。その意味では、形式と内容が分離できないままに谷崎の文体、志賀の文体と呼んでいることになる。しかし、谷崎と志賀の場合に限らず、まったく同じ内容を持つ文学作品などというものは存在しないから、既存の文章から内容を捨象して表現形式だけを比較するわけにはいかない。

そこで、純粋に文章の表現面における難易を比較するために、堀川は多くの書き手に新たに同じ内容の文章を書きおろしてもらおうと試みる。一定の内容を与える際、それを言語で示したのでは、その原文が回答の各作品に影響を与えることは避けられない。そのため、根本進のパントマイムの四コマ漫画『クリちゃん』の一回分を共通情報として選び、学界・論壇・文壇の名士二〇〇名に送って、その内容を四〇〇字以内の文章にして表すよう依頼する文書を発送したところ、八三名から回答が寄せられたという。アンケートの依頼内容や著名人という相手の条件を考えると、四割二分の回収率はきわめて高いと見るべきだろう。

漫画の題は「なにをつくってくれるのかしら」とある。最初のコマは、台所でクリちゃんが踏み台に載って戸棚から深めの容器に入った材料を取り出そうとしているのを、隣の部屋からお祖母さんとお母さんらしい二人が覗いている場面。次のコマは、踏み台に載ったクリちゃんが俎の上の材料を包丁で切っている場面で、調理台には材料の入った容器と丸い物が二個載っている円い皿と黒い液体の入った壜があり、覗いている二人の表情が少しほころびている。三コマ目は、にこにこして円い卓袱《ちゃぶ》台を囲む二人の前に、出来上がった料理を両手で運ぶクリちゃんの姿が現れた場面。そして、最後のコマは、クリちゃんがその御馳走を持って庭の犬小屋に向かっている場面で、犬が尾を振ってそれを迎えており、座敷の二人はその様子を口を開けて見ている。

この内容を伝えるはずの八三例の文章が集まった。画中の壜をソースと見る者、ケチャップと見る者があり、また、皿の上の物についてはパンかソーセージと見る者が多い中で、伊藤永之助は芋と見、大岡昇平はローストビーフと見るなど、細部は区々《まちまち》で、作中には出ていないポチとかエスとかジョンとかといった犬の名も創作されたりする。このようなバラエティーはある程度予想された多様性だが、大きな点で思いがけないことが起こった。

上の解説は情報をできるだけ客観的に伝達するため、一コマごとの外面的な事実の記述にとどめた。しかし、作品内容の紹介ともなれば、個々のコマの解説では済まないから、各場面の関係をとらえ、一連の動きとして意味づけることになる。その話の筋の理解に読者による違いのあることが判明したのである。無論、わずか四コマの漫

根本 進

画にそれほど多様な解釈が生ずるわけはない。大多数の人は、クリちゃんは初めから犬にやるつもりで御馳走を作っていたのに、お母さんとお祖母さんは自分たちに作ってくれるものと思い込み、あとでその勘違いに気づくというストーリーを読み取る。

ところが、そうではなくて、クリちゃんは最初はお母さんたちに食べさせようと思って御馳走を作り始めたのだが、途中で犬の声を聞いて気が変わり、犬にやってしまう、という筋に理解するグループが現れたのだ。それはそろいもそろって童話作家たちだった。そのことを朝日新聞に書いたところ、それを読んだ小学校の教師が六年生に同じ実験を試み、子供たちの多くが童話作家たちのように解釈することを確かめたという。風に舞う鳥の羽根のように考えがあちこちに飛んでゆく幼児の心理を、童話作家というものはさすがによく摑んでいることがわかる。作者の根本画伯は「解釈は読者次第」と軽く躱《かわ》したそうだが、いずれにしても、文章の表現内容を等しくするというもくろみは外れた。

しかし、童話作家という一つの集団が一定の特徴を示したように、職業の専門分野別に文章の性格が違い、また、このような条件で書く文章にも小説家の個性が現れるということを示す結果は得られた。

文章の難易を主観的に測って職業別に比べると、似たような内容を盛った文章であるにもかかわらず、それぞれに差が見られ、難しい方から人文科学者・自然科学者・評論家・翻訳家・小説家・童話作家の順になるという。これは別々の内容で書く普段の文章から読者が感じている常識的な難易の順と一致する。堀川はそれを職業による文体の違いであると解釈する。

学者の中には、あのたわいもない「クリちゃん」の漫画がかくも難しくなるかと驚くような文章も出てくる。哲学者の田辺元は老齢を理由に辞退したが、かつての哲人文相天野貞祐は「何をするかという好奇心と、一抹の不安をいだいて」とか「驚き怪しむ表情で」とか「尾を振り満身に喜びをみなぎらして、この親愛なる小主人公を歓迎します」とかといった難解な言いまわしや、「戸棚の上段にある食料のはいった鉢」のような長い連体修飾語を駆使した重文・複文を中心に、「御馳走は食卓の前を素通りして、お庭の犬小屋の方へ運ばれます」のような無生物主語の受身表現まで織り込んで展開する。「あにはからんや」という調子で漫画解説をほどこす学者さえあったらしい。

これに対し児童文学関係の人たちは、一般に平易な文章が多かったという。「クリちゃんは、おだいどころへ　いって、とだなの　なかを　さがしはじめました」と書き出し、「あのこ、なにを　つくって　くれるのかしら」「どれどれ、クリちゃんのすいたのおなかがポチもおりょうりいただこうかね」あるいは「よしよし。ポチもおなかがすいたのか」といった会話を挿入しながら、全文を仮名で分かち書きにして、非常にわかりやすく書いた例もある。

大岡昇平が「お膳を出して、待つてゐませう」と書き、上林暁が「まア、まア、あの子は感心だこと」と書くように、小説家の文章にもしばしば会話が現れる。学者や評論家なら「何やら作り始めた」とでも書いて済ませそうなところを、小説家は「おや」とか「まあ」とかという感嘆詞で始まる台詞を挿んで話を進める。それが小説家の身についた文章作法であり、いわば職業の文体である。

職業ごとにそのような共通の傾向を帯びながら、一方で、丹羽文雄は「クリちゃんは熱心にご馳走をつくつてゐます。出来上りました」という簡潔な短文で書き進め、椎名麟三は「二人は、知らない顔をして、お客にでも来たように、きちんと食卓の前に坐りながら、クリちゃんの思いがけない思いつきを、おたがいに楽しく笑い合っては、クリちゃんの御馳走なるものをおとなしく待っていました」といった粘っこい文章で綴るというふうに、各作家の個性もうかがわれる。ほぼ同様の情報を盛った文章にもそれぞれの文体的特徴が現れることが確認できたとしている。

文学的文体論

語学的文体論に多様な方法があったように、文学的文体論といっても一色ではない。語学的な面をほとんど持たない文芸批評に近い文体論から、文学的な色彩の強い語学的文体論との間にあまり距離を感じさせないほど語学的な文学的文体論まで、その在り方はさまざまだ。しかし、両文体論は決して語学性・文学性の程度の差として連続的に広がっているわけではなく、目的や方法の面で質的な相違がある。ここでは、本質的に文学的でありながら語学的な具体性を重視する原子朗の方法論の特徴を重視し、「有島武郎の文体」を取り上げたい。

早く一九六七年に『文体序説』(新読書社)を著し、スタイルは作者のあずかり知らぬ存在性であり、対象というよりも作品享受の行為そのものであり、究極において自分自身である、という注目すべき文体観を樹立した著者は、作品に全身をぶつける創造的な読みとして文体論を実践しようとする。ここで紹介する分析例の初出は一九七二年の『有島武郎研究』のための書き下ろしというが、一九七五年刊行の『文体論考』所収の一編に依拠して述べる。

有島の文体の「執拗で饒舌な細部に拘泥しない肉感的な印象は、むしろ細部に拘泥し、配慮しすぎるくらい神経質に配慮しながら塗りこめてゆく手法によってもたらされる」という意味で、その文体は「文体印象と文章事実の矛盾の上に立っており、その強さと弱さ、大胆さと小心さの爆発的矛盾」ととらえる時にその実体が明らかになるという。そういう前提から、その劇的な文体に近づく一つの試みとして、『或る女のグリンプス』とそれに手を入れて前編とした『或る女』とを資料に、作者の改稿の跡を辿りながら文章批評を展開する。冒頭部分はこうなる。

［旧稿］

新橋を渡る時に発車を報ずる第二鈴が鳴つた。田鶴子は平気で夫《そ》れを聞いたが車夫は宙を飛んだ。而して車がつる屋の角を曲つて、毎時でも人と馬との群るあの共同井戸の辺を駈け抜ける時、霧とまでは云へない九月の朝の煙つた空気で包まれた停車場の階段の上に、たつた一人佇んでゐる青年の姿が見えて、停車場の戸は閉りかかつて居た。

［新稿］

新橋を渡る時、発車を知らせる二番目の鈴が、霧とまではいへない九月の朝の、煙つた空気に包まれて聞こえて来た。葉子は平気でそれを聞いたが、車夫は宙を飛んだ。而して車が、鶴屋といふ町の角の宿屋を曲つて、いつでも人馬の群がるあの共同井戸のあたりを駈けぬける時、停車場の入口の大戸を閉めようとする駅夫と争ひながら、八分がた閉まりかゝつた戸の所に突つ立つてこつちを見戍《みまも》つてゐる青年の姿を見た。

句読点を含めて、旧稿は一五四字、新稿は一九〇字で、二割五分ほど増えた分、それだけ描写が精密になっている。せわしなく緊迫した場面では、細かに写実する新稿の叙述は冗長すぎて、リアリズムの小説の現実時間と文章自体の時間とのずれを感じさせる。が、一方、その違和感こそ作者が改稿において意図したものであり、好んで社会との違和感を作り出し、嗜虐《しぎゃく》的なその快感をばねに生きる勝気な女性として主人公葉子の性格を深めようと腐心して冒頭から改稿に当たったとも考えられる。その意味では、場景描写の在り方を通して冒頭から主題が始まっていることになる、と著者は言う。そう読むことによって、「改札の叱咤」を「改札ががみがみ怒鳴り立てたので」と敷衍していく以下の入念な改稿ぶりも納得できるとするのである。

つまり、場面に即した写実的な手法として見れば旧稿の方が勝り、実験的な芸術小説の象徴的な手法として見れば新稿の方が勝る。旧稿から新稿への改稿の方向が、例えば同じ白樺派の志賀直哉と逆であり、有島の場合は叙述・描写を詳細にする方向でことばを増殖させ、誇張と饒舌の絵の具を塗りこめて厚みを増していくところに特徴があるとする。

それを象徴的に表すのが、「田鶴子は平気で夫れを聞いたが車夫は宙を飛んだ」から「葉子は平気でそれを聞いたが、車夫は宙を飛んだ」に改稿する際の、読点の働きであるという。読点のない旧稿は、文が一息に流れ下り、車夫の描写で止まるため、田鶴子の部分よりもそこが強調されて印象に残る。新稿の場合は読点が切れ目となり、二つの主格の描写がパラレルになる。『或る女』のヒロイン葉子は社会や現実の約束・習慣を無視し、求められれば反発する女であり、発車のベルに動揺するような女ではないことを、作品の冒頭から印象づける必要があるし、一方、ベルの音に驚いて宙を飛ぶ車夫は社会通念を代表する人物として対置させねばならない。

そのため、反常識の意識と常識の意識とがこの一行で拮抗し、相反する二つの主格の描写が一種の対偶表現として対等・同格に並列され、接続助詞「が」によって不可逆的に切りむすぶことになったと著者は説く。対置を明確にするためには、文を切って接続詞でつないだ方が効果的だが、そうすると、句の切れ目に間隙が生じて文の流れを微妙に塞き止め、ばらばらの印象を与えるのだとも言う。

作品の印象は、このような細微な部分の集積・重畳の事実を媒介として、作者の意図と読者の想像力の衝撃によって成立するものであり、「文章をこえて読者に一つの実体として、衝撃力として、作用をおよぼしているかどうか、その存在を、作用の手応えを、検証することが、読者による作品の文体の発見」なのだと言うのである。

後編をわずか二十日余りで書き下ろした有島が、旧稿を書き直しただけの前編に三か月を費やした事実は、「創作をする以上に骨の折れる」仕事という作者自身のことばを裏書きする。この増補推敲の苦心は、葉子に、内面と外界とに二重の劇性をそなえた人物としての骨格を与え、さらにそれを肉づけることに向けられた。冒頭から、世俗・常識との違和感を際立たせて、社会と調和できないヒロインを造形してゆくのだ。しかし、時代や社会、あるいは読者との、このダイナミックな不調和は、有島の意志的な力、欲求のエネルギーに支配されたことばの増殖によって作者の内面との調和を実現しようとした結果、必然的に生じたものと解し、著者はそこに、有島文学の脱自然主義的な、実存的な理想主義を読み取って、その意力を「人間性の深奥から湧き出る創造力としての本能」と規定するのである。

思考構造分析

もう一つ、一九七六年に出た柳父章『文体の論理』(法政大学出版局)から「小林秀雄の逆説」を取り上げる。

私達は、毎日、読んだり、話したりして生活してゐる、つまり、私達が、社会生活に至便な言葉といふ道具を馳駆《ちく》してゐる限り、読むともなく、見るともなく、ただ、うつらうつらと書物を眺めるなどといふやうな事は、ただの放心に過ぎまいが、徂徠が、自分が言葉といふものについて自得するところがあつたのは、この放心によつた、と言ふなら、話は違つて来るだらう。話は逆になるだらう。

小林秀雄の逆説的な表現には、逆説の要となることばが見つかることが多い。それは、世間の常識や論争相手と正反対の意味を与えている語だという。右の例で言えば、「放心」がそれに当たる。この語は二度出る。一度は「ただの放心に過ぎまい」として現れ、次に「この放心によつた」として現れる。すなわち、最初は「うつらうつらと書物を眺めるなどといふやうな事」を極とするマイナスの価値判断で使われ、次に「言葉といふものについて自得するところがあつた」を極とするプラスの価値判断で使われ、両者は正反対の働きをする。逆に言えば、二つの正反対のベクトルの中に、「放心」という同じ語が置かれたことになる。

初めの「放心」は世間一般のごく普通の意味で使われている。後の「放心」も語義としてプラスの評価を持つわけではないが、そこにどんなことばが来ても必然的にプラスの意味を帯びるような文脈の中に置かれている。読者から見れば、そういう文脈に、通常マイナスの意味を持つ語が現れるため、その語の前で否応なく立ち止まることになる。直前に同じその語が普通の意味で一度使われただけに、そのひっかかりが加重され、今度はそこから、正常に使われた最初の「放心」に戻って、その意味を疑ってみるかもしれない。

政治と文学といふ様な大袈裟な問題を取上げましたが、結局、お話は、私には政治といふものは虫が好かないといふ以上を出ないと思ひます。

私たちの生存の必須の条件である政治といふものを、虫が好かぬで片附けるわけには行くまい。だから、片附けようとは思はないが、この虫といふ奇妙な言葉に注意して戴きたい。諸君はその意味はよく御承知の筈だ。ある人の素質とは、その人自身にも決して明瞭な所有物ではない。虫の居所の気にかゝらぬどんな明瞭な自意識も空虚である。文学者とは、この虫の認識育成に骨を折つてゐる人種である。扨て、政治は虫が好かぬといふ事も、私としては大変真面目な話になります。政治に関する理論や教説がどうであれ、政治といふものに対する自分の根本態度は決めねばならない。もしこれが自分の虫との相談づくで決まつたのでなければ、生活態度とは言へますまい。

この中に「虫」という語が七回出る。最初の二つがマイナスの価値、三番目が中立で、次からの四つがプラスの価値に転換する。著者はプラスとマイナスから一例ずつ取り出して分析する。「私には政治といふものは虫が好かないといふ以上を出ないと思ひます」と「政治は虫が好かぬといふ事も、私としては大変真面目な話になります」とがそれだ。前例は「といふ以上を出ない」という言い方から、マイナスの意味で使われていることがわかり、後例は「大変真面目な話」ということでプラスの価値判断とわかる。つまり、相似た二つの文句が正反対の評価で用いられているわけであり、小林秀雄の意図した意識的な矛盾であるという。

ことばの体系的、歴史的な意味と、一つの文脈上の意味との矛盾によって読者を立ち止まらせ、ことばの意味の堅固さと、一時的な不安定とをばねとして、逆方向の意味に働きかける小林秀雄の文章のベクトル構造は、有効なレトリックであり、この批評家の文体の奥にある論理の構造であると著者は説くのである。

その他の文体研究

以上、方法論の違いに注目して、文体研究にかかわる文章分析の実例を一二種類紹介した。このすべてが文体論それ自体ではないまでも、文体の研究に示唆を与え、具体的な文体分析の指針となる文章研究であったことは間違いない。これ以外にも取り上げるべき文献は多い。単行本のレベルに限っても、日本文体論学会編の『文体論入門』『文体論の世界』(ともに三省堂)といった概説書のほか、古典文学関係で森重敏『文体の論理』(風間書房)・西尾光雄『日本文章史の研究』(上古篇・中古篇)(塙書房)・根来司『平安女流文学の文章の研究』(笠間書院)『王朝女流文学のことばと文体』(有精堂)・野村精一『源氏物語文体論序説』(有精堂)・阪倉篤義『文章と表現』(角川書店)・西田直敏『平家物語の文体論的研究』(明治書院)・清水好子『源氏物語の文体と方法』(東京大学出版会)・山口仲美『平安文学の文体の研究』(明治書院)・山口佳紀『古代日本文体史論考』(有精堂)、古典から近代にわたって桑門俊成『国語文体論序説』(誠信書房)『国語文体論の方法』(明治書院)・橘豊『文章体の研究』(角川書店)、近代文学関係では国語学的なアプローチの宮地裕『現代表現考』(共文社)・林四郎『文学探求の言語学』(明治書院)・林巨樹『近代文章研究』(明治書院)・岡本勲『明治諸作家の文体』(笠間書院)、文学研究の一環として磯貝英夫『文学論と文体論』(明治書院)・根岸正純『近代作家の文体』(桜楓社)、文芸批評の実践として江藤淳『作家は行動する』(講談社)・寺田透『ことばと文体』(河出書房新社)などがある。

また、国語学的な表現論として江湖山恒明『国語表現論』(牧書店)『国語表現論の構想』(明治書院)・永尾章曹『国語表現法研究』(三弥井書店)・相原林司『文章表現の基礎的研究』(明治書院)・西田直敏『文章・文体・表現の研究』(和泉書院)、文学的な表現論として吉本隆明『言語にとって美とは何か』(勁草書房)・杉山康彦『散文表現の機構』(三一書房)『ことばの芸術』(大修館)・小森陽一『文体としての物語』(筑摩書房)などがある。英文学畑の大山敏子『シェイクスピアの心象研究』(篠崎書林)・東田千秋『英文学の言語と文体』(三省堂)『文体論』(研究社)・鍋島能弘『文体美学』(篠崎書林)や言語学畑の池上嘉彦『英詩の文法』(研究社)『ことばの詩学』(岩波書店)・牧野成一『くりかえしの文法』(大修館)なども、日本語の文章の文体分析に方法論上の示唆を与えるだろう。

こう見てくると、一口に文体関係の論考と言っても、実に多様な研究があったことに驚く。これらの優れた先行業績がすべて同一の研究対象を見すえていたというようなことは、まず考えられない。最終目的やそこに至る方法について今は問わないとしても、各研究者の抱く文体像に共通のイメージが認められるかどうかさえ疑わしい。そこには、少なくとも次のような「文体」観が入り乱れている、という現実に目を開くことが必要だ。

ある人は、言語作品としての文章構造そのものを「文体」だと言う。またある人は、その文章構造と読者とのかかわりを、あるいは逆に、それと表現主体たる作者の性格とのつながりを、あるいは性格それ自体を、あるいはむしろ、その行動を、あるいは、そのうちの意図的な言語操作の部分を、あるいは反対に、無意識のうちに流れ出た表現上の性格を、あるいはまた、その両者を含めた技術的側面を、あるいは、そこに価値観を導入し、偉大な到達点としての大スタイルを、あるいは、作品という言語の場における表現者と受容者との主体的な出合い、そのダイナミックな交渉を、あるいはまた、当人のあずかり知らぬ作者の存在感を発見する読者側の行為自体を、〝文体〟について論ずる人々は思い思いに脳裏に描いてきたように見える。

「文体」という語をどういう意味で用いるかは、それぞれの学問体系の中での問題であり、最終的には当人の責任で自由に決定できる。したがって、この方面の研究にとって大事なのは、それが「文体」論という名にふさわしいかどうかではなく、真に研究する価値のある〈文体〉を対象としているか否かなのである。

客体的文体論の功罪

「文体論」という学問のイメージがしばしば数表のちらつく形で描き出されることに象徴されるように、日本における文章・文体の近代的な研究として大きな影響力を持ったのは、まずは波多野完治であり、小林英夫であったと言っていい。蔑みのニュアンスを込めて「印象批評」という名で呼ばれる文章鑑賞の類とは異なり、洞察という主観的な名人芸に全面的に依拠することなく、言語調査という客観的な分析手段によって得られる事実を基礎データとして考察を進めるこれらの文章研究は、いかにも科学的に見え、新鮮に感じられたに違いない。

この種の研究は、文章をある単位の言語要素に分割し、それを多角的に計量して、その結果を統計的に処理する、という前半の作業の非情な性格と、鮮やかな分析とわかりやすい推論とで快進撃を続ける後半の作業の明快な展開が人気を喚んだだけではない。作品間の相違というものが、それぞれの文章の言語的な性格の差に過ぎず、〝文学〟の神秘も〝ことば〟にほかならないことを明るみに出したからである。

この時から、文体研究の主要な流れは、科学を標榜し、客観性を重視して展開することとなった。このような気運を作り出した意義は大きい。文体的な判断を名人芸から解き放し、同じ方法を用いれば誰がやっても同じ結果が得られるという意味で、学問を公開の場に引きずり出した功績は充分に認めねばならない。しかし、この方向の研究には問題点もないわけではない。文体論界の動向をおさえ、軌道を修正してゆく必要もあろう。そのために三つの点を指摘しておく。

第一は、一定の言語単位に切って集計する要素主義の処理は、文章というういわば有機的な存在をとらえるには便宜的な手段でしかないという点である。文学というものが作者と読者という生きている二人の人間の行為において成立するとすれば、ある一つのことばが多様な条件に応じて多様な効果を挙げることは当然考えられる。単なる情報伝達にとどまらない文学的な効果となると、問題は複雑だ。ある時のある読者にとってどういう存在である作者が、どの作品のどんな箇所に、どのような言語的環境で、その語を、あるいはその文を、いかなる意味を吹き込み、いかなる働きを狙って用いるかにより、そこに実現する表現価値はすべて異なるはずである。

①　Hを死なせては、ならぬと思った。

②　Hを死なせてはならぬ、と思った。

通常の要素単位の言語分析では、この二つの文の表現上の性格の差を捉えるのは難しい。前者は太宰治『東京八景』に出てくる一文を原文どおりに示したものである。「二人で一緒に死のう。神様だって、ゆるしてくれる。私たちは仲の良い兄妹のように、旅に出た。水上温泉。その夜、二人は山で自殺を行った」という先行の文脈があって、その直後に現れ、さらに、「私は、その事に努力した。Hは、生きた」と続く。息は乱れ、句読点は不安定になる。それを論理的に整合するように読点を打ち直したのが後者の文例だが、ほとんど痙攣ぎみに途切れる文の破片の連鎖の中で、一つの読点が、②の位置に打たれず、①の位置に打たれたことを無視するわけにはいかない。

そこにあらわな生理的リズムとともに、この作品の、そして太宰の、文体的意味を帯びていると考えられるからである。

この読点の性格は、例えば武者小路実篤が『お目出たき人』の中で、「鶴は、美しい美しい、優しい優しい、気高い気高い女だ」と書かずに、「美しい、美しい、優しい、優しい、気高い、気高い、鶴は女だ！」と書き放した事実を思わせる。が、その表面的な類似にもかかわらず、両者が文体的に異質の意味合いを帯びるところに、その有機的とも言える存在のとらえ難さがある。

「二人は結婚式を挙げた。そして、子供ができた。」と「子供ができた。そして挙げた、結婚式を二人は。」との表現上の差異をきちんと説明するような、文展開および文意との関連をおさえるには、言語要素の分割に始まる分析手段はあまり有効ではない。いずれにしろ、言語作品という統一体としての文章を切り刻んで得たことばのかけらは、仮にそれを残らず拾い集めることが可能だとしても、破片の単なる総和に原文の生きた姿と同質等量の表現効果を期待するわけにはいかない。そういった方法論の長所と短所をわきまえて調査研究を続けることによって、この種の客観的文体分析は確かな成果を挙げていくことになるだろう。

第二点は、先行研究それ自体ではなく、先駆的研究の受け継ぎに関する問題である。

開拓者たちの鮮やかな手並みに感心し、華やかな成功に誘われて、類似の数量処理を盛り込んだ文体分析が流行し、ひところこの分野での花形的な存在であった。問題はそれらの試みの中で先達の研究が全面的に受け継がれない傾向が生じたことである。言語調査の数量的な処理によって得たデータの解釈にあたって、波多野完治は心理学の知見を注ぎ、小林英夫は関連文献を精力的に参照し、それぞれ大胆な作品論・作家論を展開した。ところが、後継者たちの研究では、透徹した洞察力や豊かな創造力の要求される後半の過程がさほど重視されなくなり、極端な場合は、ひたすら文の長さを測り、品詞の出現率を調べる作業自体があたかも文体論であるかのような趣を呈するに至った。

もともとこの種の文体研究では、言語データを作成するまでの精密な分析段階とはおよそ比較にならぬ粗い精度で、解釈や推論がくりひろげられていた。すでに見たように、波多野完治の文章心理学では、文が短く名詞の多い志賀直哉に事物・自然への志向を、それと対照的な谷崎潤一郎に社会・人間への志向をそれぞれ仮定し、両者における〝ことば〟の役割の違いを説く、そのエネルギッシュな推論過程に迫力があった。小林英夫の言語美学でも、芥川龍之介と室生犀星との文章に見られる言語的性格の違いから、前者をアポロ主義、後者をディオニュソス主義と結論づけるその道程に研究の魅力があった。

言語調査以降のこの後半の研究過程は、データを的確に読み取る洞察力、傍証の材料を広く収集する綿密さもさることながら、何にもまして作品の深い読みが必要となる。そこのプロセスを軽く流す手抜きの文体論は、前半が客観的であるだけに、かえって危険を伴う。もしも言語調査を示して事足れりとする安易な文体論や、その結果を勝手に解釈して性急に結論を導く短絡的な文体論が、文体論の隆盛をもたらすようなことになるなら、文体論という学問にとってむしろ不幸なことと言わねばならないだろう。

第三点は、この種の客体的な分析方法そのものの限界をどう認識するかという問題である。文章の言語面をある一定の単位に分けて調査し、その結果を要素別に数理統計的に処理をする、という分析の方法それ自体の有効性を大いに認めるからこそ、数量化できる言語的性格だけが文体的特徴だという思い込みが生じることを恐れるのだ。

調査項目を増やし、分析の観点を広げれば、対象とする作品の文章についてそれだけ多くの面が見えてくることは確かだが、それが何十項目、何百項目にもわたる網羅的な調査に発展しても、それでその作品や作家の文体をとらえるに充分だという保証は依然としてない。何項目に上ろうと、それは皆、数えることのできる調査項目であり、文体的特徴のすべてが計量可能だということは証明されていないからだ。というどころか、その数量的にとらえうる部分が、文体を文体たらしめている表現上の性格のうち、一体どれだけの割合を占め、どれほど重要な特徴にかかわっているのか、ということも、目下のところほとんどわかっていないのである。

ところで、文体研究を志す人々の多くが、なぜ文章を言語的に分析しようとするのだろうか。かつての権威ある文章批評に胡散臭《うさんくさ》さを覚え、実証性を持たぬ文体考察に後ろめたさを感じるからではないか。きちんとわかり合うために、まず、文章の表現上の性格を確かな言語事実としてしっかりとつかむことが確かに必要だ。が、それはあくまで言語的事実であるに過ぎず、文体そのものではないことを確認することも必要だ。その意味で、調査結果の集計段階にとどまる文体論は〈文体〉の論とは言えない。それは〈文体〉について何も語らないからである。

文学作品も表現という言語のある在り方にほかならない以上、ことばを素通りする文体論は信用できない。しかし、精密に分解した言語データがどれほど膨大な量になろうと、データは〈文体〉を探る一つのきっかけに過ぎず、それ自体が〈文体〉として活力を発揮するわけではないことをはっきりと知るべきだろう。客体的分析というものが文体論として生きてくるのは、それが言語の奥にいる人間の主体的な行為とつながる時である。

作品の中のことばは、風の気まぐれに偶然そこに吹き寄せられたものではない。それは一人の人間の自発的な表現行為の結果として存在する軌跡なのだ。〈文体〉は、しかし、その軌跡自体の中にはない。軌跡を残した主体的な行為において原理的に働いたもの、つまり、その表現行動を実現させた力として存在し続ける。根源的な文体は、ことばをたどりながら作者との対話を実現する読者の主体的な行為によって支えられているのである。

Ⅲ

文体論の構想

——ことばの奥に響く対話——

1　文体とは何か

文体の定義

第Ⅱ部「文体研究の展望」で文体概念の変遷を扱い、文章研究の歩みを素描し、各種の文体論を紹介する過程で、批評を交えた解説のうちにおのずから自己の文体観をのぞかせてきたように思う。その文体の概念に関する自分の考えを、ここで少しまとまった形で述べておきたい。すでに説いたように、「文体」という語がもともと何を指していたか、本来どういうことを意味すべきなのか、といった問題、あるいは、文章の個性面を指すには「体」ではなく「風」が適切であるとか、「スタイル」という言い方の方がふさわしいとかといった問題を論ずるつもりはない。大事なのは、そういう用語の問題ではなく、言語作品が美と力を発揮する不思議な現象について、その文体論がそういう核心にふれるものを研究対象としているかどうかなのだ。極言すれば、「文体」という名称には必ずしもこだわらない。したがって、ここでの〈文体〉の定義は、その語義ではなく、自らの文体論の研究対象を規定することになろう。

『国語学大辞典』の「文体」の項(項目執筆＝市川孝)を引くと、文体のとらえ方は研究者によりきわめて多様である旨ことわった上で、まず、「表現主体が、素材や題材をどのように把握し、どのような態度で表現するか、また、表現の場面をどのように意識し、それによって表現をどのように調整するかによって、そこに幾つかの類型が存在する」ことになるが、文体の概念は文章に対するそのような類型認識の所産である、とした『文章研究序説』の時枝誠記の考えを紹介する。文体というものを人間の行為の結果としてとらえようとする点、従来の人間不在の類型論から大きく一歩踏み出した示唆多い文体観であると言える。

〈文体〉の類型的な側面を問題にしたこの定義とともに、稿者がもう一つ、『表現研究』二〇号所収の中村明「文体の性格をめぐって」中の定義を取り上げたのは、おそらく、それと対照的に〈文体〉の個性的な側面を問題にした文体観に立つ(その意味では、類型を表す「体」概念より、書風・詩風・芸風の系統で「文風」の方が自然か)ものとしてであろう。「文体の性格をめぐって」に掲げたその定義は、すでに『月刊言語』の一九七三年五月号に掲載された論文「文芸への文体論的アプローチ」において規定した文体の概念を、次のような定義の形に取り立てたものである。

文体とは、表現主体によって開かれた文章が、受容主体の参加によって展開する過程で、異質性としての印象・効果をはたす時に、その動力となった作品形成上の言語的な性格の統合である。

この定義を発表してから長い年月が経つが、現在でも基本的な文体観は変わっていないので、これをもとに若干の補足・注釈を加え、背景を説明しておきたい。

「表現主体」は言語情報の送り手、つまり、音声言語の場合は話し手、文字言語の場合は書き手を指す。対する「受容主体」はその受け手、つまり、音声言語では聞き手、文字言語では読み手を指す。文学作品について言えば、前者が作者、後者が読者ということになる。

また、「文章」という語は「文章がうまい」として言語表現の技術を指し、「談話と文章」として文字言語の面だけを指し、さらに、「詩と文章」として散文だけを指すほか、時には一つのセンテンスを指す用法も見られ、現実には多様な意味で使われる。ここでは、完結した統一体としての言語表現、文学で言えば作品というレベルでのそれを、音声・文字の形で定着した表現主体の言語行動の軌跡と見なす立場で用いる。

もう一つ、「異質性」という語を用いたが、それが必ずしも「逸脱」を意味しない点に注意を促したい。文体は確かに他と異質なところに存在意義を持つが、しかしそれはあくまで全体としての異質性であり、個々の構成要素がことごとく標準から逸脱していくわけではない。したがって、他の作品、他の作家、他のジャンルの文章と共通する言語的性格を次々に除外し、純粋に個別的な言語的特徴だけに絞り込んでいくアプローチは、文体研究にとって正しい方向とは言えないだろう。作品が読者に働きかけるのは、文体を形成する多くの要素を削ぎ落として残ったわずかばかりの異質性、そのような痩せ細った特徴だけではないはずだ。作品のことばの在り方がまるごと読者を動かすのである。

人間が眺めることで自然は風景として語りかける。この定義の最大の特色は、〈文体〉を言語的な性格の統合としながら、それを静的な存在と見ず、そこに読む人間の存在を組み込み、作者と読者という二人の人間の個性と個性とがぶつかり合って実現する動的な文体現象においてとらえようとした点にある。作者の人間性がその生き方のスタイルを規定し、そのスタイルがそれに適った表現の仕方を喚起し、その人らしい形で言語的に定着する。一方、読者は読者でその人間性にふさわしい生活を送り、そのなかで必然的にある読みのスタイルを身につける。作者の表現行動の軌跡である文章という言語作品の記号的な場を唯一の物的な契機として、作者と読者の魂の交流が起こる。文体はそういった文学行為のさなかで生命力を発揮する。読者が参加し働きかける過程で作品が自らの存在性を主張し、その現場に充実した時間が流れる、そういう形で文体が姿を現すと言ってもいい。いずれにしろ、「言語的な性格の統合」が意味を持つのは、そういう活力を実現する時である。

作品の印象がそのまま文体印象ではないように、作品の言語的特徴がすべて文体的特徴であるとは限らない。「動力となった」というのは、右に述べたような意味で、作者の人間性に発する作品文章の言語的な在り方が、読者の魂に出合って、その活力・生命力を発揮したことを指す。つまり、真正な意味での〈文体〉は、読者のスタイルがつかみ取った言語面での作者のスタイルであり、その背後に感じ取った人間の生き方である、と言うことができるだろう。

文体概念の性格

〈文体〉をこのように定義する時、その文体概念はどういう性格を持つことになるのか、いくつかのチェック・ポイントを設けて検討し、自己の文体観を整理してみたい。

第一に、文体を持つことのできる最小の言語単位は何か、という問題を考えよう。ヤ行音はやわらかく、ラ行音は活動的な感じがするとか、「やっと」よりも「ようやく」、「悔しい」や「残念」より「遺憾」の方が語の文体的レベルが高いとか、「大志を抱け」より「抱け、大志を」の方が訴える力が強いとかといったことが、作品印象において確かな文体効果の一翼を担っている場合は、そういう文より小さい単位のことばであっても、その水準での分析が文体の性格を探るのに有効な働きをすることは言うまでもない。しかし、この定義からは、そういった文の構成要素はもちろん、一つ一つの文や段落がそれ自体単独で文体を成すことはありえない。文体論が正式の対象とするのは、やはり文章全体、つまり一つの言語作品であるとすべきだろう。

第二に、文体は文字言語作品としての文章でだけ問題になるのか、それとも、音声言語による作品でも問題になるのか、という点を考えてみたい。話されたことばのスタイルが取り上げられることは少ないが、〈文体〉の定義中の「文章」を「音声・文字の形で定着した表現主体の言語行動の軌跡」と考える立場からは、小説や随筆や評論のような文字言語作品のほか、朗読や映画・演劇や講演のような音声言語作品も、当然その対象に含まれる。後者の文体分析に当たっては、表記関係に代わってアクセント・イントネーション・プロミネンス・ポーズなどが調査項目に加わることになるなど、それぞれにふさわしい方法で文体的特徴の究明に向かうことになろう。

第三に、文体は文学特有の問題なのか、あらゆる言語作品一般に共通の問題なのかを考えてみたい。文学と非文学との境界が明確でないということを別にしても、その両者を分かつものは、執筆時の芸術意識なり公表意図なり、あるいは読者の鑑賞なり作品の芸術性なり、ともかく非言語的な要素であり、文体の言語的な側面を規制するものではない。文学作品から非文学作品まで文章自体の性格は連続的だと考えられる。文学的な文章とそうでない文章との言語的性格の差は、小説と随筆と評論といったジャンル特性の差と同様、傾向の違いというに過ぎず、そこに絶対的な差があるとは思えない。

第四に、文体は優れた作品にだけ存在するのか、どの作品にも認められるものなのかを考えてみよう。文体論は対象とする作品の言語的な在り方を記述する作業を骨子として展開する。受容主体の反応との関係で作品の言語面の批評に踏み込む場合もあるが、文学的な評価そのものを目的とするわけではない。他の作品との異質性の大きさを文体の個性の強さと考えるなら、優れた作品はある程度以上の文体の異質性を成立条件とすると思われる。が、逸脱面だけでなく総合的な性格を対象に文体を考える立場に立つなら、文体性ゼロという言語作品は理論的にあり得ない。したがって、作品の優劣が文体の質にかかわるとしても、それが文体の有無にかかわることはないと考えるべきだろう。

第五に、文体が文章の言語的な在り方を問う形で究明される時、その文体に関係しない言語的特徴というものはありうるか、という問題を考えてみたい。文体分析段階の最終作業が作品の側でその言語的な性格を記述する形で行われるとしても、それはあくまで読者という受容主体からの照り返しであって、一度は受容主体の意識を通らねばならない。とすれば、どれほど特異な言語的性格でも、それが読む者に働きかけない静的な状態にとどまっている限り、文体現象とは無縁な存在だということになる。文が長いとか、形容詞が多いとか、文末が変化に富むとか、あるいは破格の表現が混じるとかということも、そういった言語的性格が人間とのかかわりにおいて確かな働きをし、文体印象の面に影響が現れてはじめて文体的特徴となるのである。

第六に、文体の差は文法の違いなどと共存・両立できるか、という問題を考えよう。音韻・文法・語彙・表記などと並んで、文体というものが取り上げられることもあるが、それは便宜的な手立てに過ぎず、決して横の関係で位置しているわけではない。理論上は、音声学・音韻論、形態論・構文論、語彙論・意味論・連語論・文法的文章論、それに文字論などを一方の言語学的基礎とし、他方、文芸学や、修辞学・表現論、美学、心理学などをも援用して成立する応用学として文体論は位置づけられるべきであろう。例えば、「秋深き隣は何をする人ぞ」という芭蕉の有名な一句は、「秋深し」や「秋深く」などとの差という表現手段の文法的な違いに依拠して、その文学的な価値を獲得していると思われるが、受容主体とのかかわりを土台とした表現効果という観点に立てば、それは文体の問題に転ずる。このように、文法あるいは語彙や音韻上の差か文体面での差かという区別は、二者択一的な答えを要求できる性質の問いではないと考えられる。

第七として、文体を対比する場合に同義性を必要条件とするか、という問題を検討してみよう。文体の定義から方法論上、作品という単位で研究の対象にすえることになるが、そうなると、その対象全体がまったく同じ意味を持つ幾編かの別々の文章を対比できる可能性は、現実にはゼロに近いと見ていい。ごく粗っぽく、例えば勧善懲悪といった思想レベルにとどまるなら、ほぼ同義と言える別の文章もありえようが、もっと細かなニュアンスを込めて厳密な同義性を条件とすれば、文体論の対比的実践は成立しないと考えるべきだろう。ただし、「いざなう」は「さそう」と、「ちょろまかす」は「ごまかす」と対比することによって、その特徴が浮かび上がってくるように、同義性を基礎とすれば単純に処理できるので、表現効果の要因が突き止めやすくなるのは確かであり、「星めら」を「着物ども」と一括するなど、なんらかの共通性を基準に取って対比することは、文体分析過程における作業手順としては有効だろう。

第八として、文体論にとって対比が絶対的な条件であるかどうかという点を考えてみたい。つまり、他の作品と比べることなしにその作品の文体を規定するのは不可能か否かという問題である。対比的手続きを経ずに文体をとらえることも理論上は可能なはずだが、対比的な視点のまったくない形で文体が問題になるケースは現実にはほとんど考えられない。文体の定義で「異質性」としての印象・効果を契機とすることに言及したように、ある作品や作家の文体を単独に扱う研究においても、他の文体の存在を前提としてはじめてそれが意味を持つのであり、表面上、対比的考察が施されていないように見えようと、少なくとも一般とか標準とかというなんらかの norm との異同が、受容主体や分析者の脳裏に映っているものと思われる。

第九として、同一形式の文章は常に同一の文体を有すると判断すべきか、という問題を考えてみたい。文体は定義上、作品以上のレベルで研究対象になるので、俳句のような短詩型の文学の場合を除き、まったく同一の言語形式を持つ別の作品などというものは、特に散文においては現実に考えられない。が、文体研究の態度を明確にするために、仮に部分的にでもそのようなことが起こった場合を想定して、その扱いに関する意見を述べておく。まったく同じ文章であれば、どういう言語的分析を施しても、まったく同じ結果が出ることは明らかだ。もちろん、それぞれの創作動機は表現主体ごとに皆違うだろう。そういう表現以前の問題まで掘り返すなら、その表現に託した意図や心情はそれぞれに異なるはずだ。一方、受容主体側でも、その作品を読む際に、その作家についての予備知識や、前に読んだ他の作品の印象などが作用して、他作家の場合とは違った効果になると推測される。しかし、表現以前の問題は受容主体を離れた表現主体の域内の問題であり、先入観の問題は作品を切り落とした受容主体の域内の問題であって、いずれも文体分析が直接の対象とする、作品の言語的な在り方が引き起こす表現効果ではない。言語面に現れた文体的特徴を析出する分析段階では、あくまで作品に言語的に投影された限りでの文体的事実を追う心構えが望まれる。したがって、同一の文章は同一の文体的特徴を有すると考えるのが妥当だろう。しかし、言語事実の背後に作者の存在を思い描く読者にとって、同じことばでも、誰がいつ、どういう場面で発するかによって、意味合いや印象・効果が異なるのは事実であり、別人の手でまったく同一の俳句が生まれる可能性も否定できない。そのため、言語面のそういった分析結果をもとに文体的特質に迫る論展開の過程で、個別に作者と読者の問題に踏み込むことが必要になる。

第十として、今度は逆に、別の文章が同じ文体を持つことはあり得るか、という問題を考えてみたい。もしも、持って生まれた性格や感受性、価値観などの酷似した二人の人間が同じ時期に、あるいは、同じ一人の人間が別の時期に、共通のテーマを取り上げて、同じ観点から、同じような例を用いて、同じ表現態度で、同じような調子で書いた二つの別の文章があったとすれば、おそらく非常によく似た外見を呈し、同じような印象を読み手に与えることだろう。

しかし、受容主体の意識の反照を基礎とするこの文体観に立てば、両者がどこまで類似の文体効果を奏するかは読者によって違うことになり、微細な点まで掘り下げるなら、作品展開の全プロセスを通じて、あらゆる言語的性格を同じくし、そこから帰納されるすべての文体的な特徴の質も度合いも量もまったく等しい別の文章があるとは考えられない。異なった言語形式からもしも同一の文体的性格が浮かび上がってくるなら、分析項目の不備か分析作業の手違いか、研究方法の上でのなんらかの遺漏によるものであり、完全に同一な文体と認定すべきではないと考える。

第十一として、文体はことばのレベルに限られるのか、それとも、文体には事柄の選択・配列まで含まれるのか、といった問題を考えてみよう。「愛」という語を一度も使うことなく〈愛〉を語ることもできる。しかし、その場合でも、「情熱」「慕情」「失恋」あるいは「口づけ」「抱擁」といった広義の関連語まで一切用いずに主題を語り尽くすことは難しい。間接的な表現に徹しても、相手に通じる限りは、ことばのある結びつきがそれを感じさせる構造を持っているはずである。このように、事柄の選択・配列上の特性はなんらかの形でことばの面に反映すると予想される。

また、どういうテーマを選ぶか、それをどんな題材を通して伝えるかも、すべて文体の問題に含まれる。例えば、善人は幸福だという主題で作品を書くとしよう。その場合、一人でひっそりと暮らす初老の男のつましい生活を題材として描くか、若くして大会社の重役に抜擢された夢多き頑張り屋の多忙な生活を設定するかによって、作品の印象は相当違ってくるし、善人のイメージをお人好しとするか、正直者とするか、努力家とするかによっても違う。

また、幸福というものの具体的な姿を財産、社会的地位、長生き、家庭の和、精神的な平安などのどれで示すかによっても違うし、さらに、そのテーマを正面から取り上げるか、悪人が不幸になることを通して裏から表現するかによっても、受け手に与える効果は違ってくるはずだ。何を題材として、どういう角度から、どのようなタッチで描くかはもちろん、その前にどんなテーマを選定するかというところから、すでに文体の胎動は始まっているのだ。このあたりを捨象して、一定の情報をどう表現するかという段階だけを問題にする文体論は、文体の核心を逸することになるだろう。

第十二として、文体を追う時に厳密に言語面に踏みとどまるべきか、それとも、言語行動を超えて追い求めるべきか、という問題を考えてみよう。言語作品を離れて表現主体の性格や行動一般にまで、分析・考察の対象を広げるべきかどうかということである。書き手が皮肉な見方をする人物だから、優しい心の持ち主だから、逆に好戦的な性格だから、こういう文章になる、という結びつきはおそらく傾向として見られるだろう。事実はその通りだとしても、言語外の情報から作品を読むのは方向が逆なのではないか。文体分析はまず、文章の言語的な在り方をおさえるところからスタートすべきだと考える。分析段階では作品言語の性格が引き起こす効果の特質という面にできるだけ踏みとどまり、表現主体の性格や思想傾向やそれを取り巻く環境などの諸条件は、データを駆使して文体論を展開する後半段階で考慮するようにしたい。

第十三として、文体はどこにあるのか、といった問題を考える。それは作者が持っているものなのか、作品に内在するものなのか、それとも、読者側に存在するものなのか、という点である。表現主体は誰でもその人なりに個性的な面を持っている。独特の歩き癖、特徴的な動作、その人らしい考え方をし、それぞれの口調で話す。書かれる言語作品も、そういった個人の行為の結果であるには違いない。しかし、例えば夏目漱石の文体は、いやしくも「文体」という語を使う限り、時に鏡子夫人と啀《いが》み合い、人間はとかく馬になりたがるが、馬よりも牛になれと後輩に忠告し、雪隠の窓に置かれた一枚の硬貨を見つけてはロンドンの日々を思い返し、〝探偵さん〟の幻影に腹を立てる、そういう夏目金之助の生き方そのものではない。あくまで漱石の作品から抽象された言語的な性格が文体を探る契機となるのである。その意味で、文体は作品を離れて作者の内部に存在するとは言えない。

かといって、個々の作品に内在するものだとも考えられない。あの「文体」の定義から、行動の軌跡たる作品そのものが即自的に文体を持つという結論は出て来ないからだ。そこにあるのは言語的な性格というスタティックな存在にとどまり、作者や読者から独立してそれ自体がダイナミックな文体を成すことはあり得ない。文章の言語的な在り方が文体の性格を規定することに間違いはないが、自然そのものは存在しても、眺める人間なしに景色というものが存在しないように、どんな名作でも、作品の言語が孤立して自ら光り輝くことはなく、必ず受容主体のスタイルと映発して文体現象を引き起こすのである。

文体は読者が自分の内部に育成した言語感覚と密接にかかわるが、無論、感覚そのものではない。〈文体〉はどこかに静的に横たわっているものではなく、作品を通して読者が作者とぶつかり合う行為の過程で現象として成立するものだと考えるべきだろう。行為の質は一回一回皆違うが、文章の言語的な在り方が文体現象の拡散を防ぎ、作品効果の輪郭をつなぎとめる方向で働く。

文体記述の在り方

最後に、その意味での〈文体〉はどのような形で記述されるべきか、という点にふれておく。これまで文体論の諸分野で、あるいは文芸批評などの中で、作家や作品の文体が、まさに多種多様な形で言及されてきた。それでは、どういう形で扱えばその存在形式にふさわしいのだろうか。この作品には文体が有るとか無いとかという形でその有無を認定すべき性質のものなのか。この作品は文体性が強いとか、文体度が小さいとかという形で、その程度を問題にすべき性質のものなのか。あるいは、この文体は良いとか悪いとか、優れた文体、劣った文体とかというふうに評価すべき性質のものなのか。あるいはまた、大らかな文体、激しい文体、香り立つ文体、華麗な文体、堂々たる文体、硬質の文体などと、その感触を形容すべき性質の存在なのか。

まず、定義の性質上、文体性ゼロの言語作品はあり得ないので、文体の有無という問題は起こらない。次の程度という側面は確かにないわけではないが、人間の性質が激しいか穏やかかという尺度だけで測り得ないように、文体の在り方も大小や強弱で単純にとらえることはできない。その次の評価の問題は、文体を把握した後の問題であって、それ自体は文体論ではないが、文体論がそれに対して確かな基礎を与える、という関係にはなるだろう。もう一つの性質規定の問題は、文章から受ける感触、つまり、読者側の反応の問題であって、作品の言語的な在り方が受容主体と接することによって実現した文体現象の一つの影ではあるにしても、それ自体が文体の本質を記述したことにはならない。

結局、あの定義から導かれる文体像は、どのような条件下でどういう受容主体にどんな反響を喚び起こすどのような言語的性格群が、相互にどう結合して、どういう作品構造を成しているか、という形で記述されることになるだろう。そして、それが文体論における分析過程の最終的に到達すべき姿を示すものと思われる。この時、忘れてならないのは、そのような作品のことばの在り方を、単にそこにある言語的な性格そのものとして問題にしているのではない、ということだ。文章の言語的な特質が〈文体〉の問題となるのは、受容主体がそれを表現主体の行為の結果として受け取り、そこに人と人との心が通い合って、言語表現が立ち上がる時なのである。

読者は作品の表現を通じて、作者の伝えたい内容とともに作者自身を読み取る。その意味では、本質的に作品の文体と呼ぶべきものは、文章という言語の奥に、読者のスタイルが感じ取った作者のスタイル、その生き方であると言うことができるだろう。

普遍へのアプローチ

どうしてもふれておきたいことがもう一つある。それは、人と人との魂の交流という、まさに個性面に着目したこの文体観の底に、普遍への志向が沈潜していることである。文体はひとたび、十分に個別化された表現の方法を獲得したスタイルによって意味づけられねばならないことは確かだが、しかし、その文体論は最終的にむしろ普遍を目ざすものなのではないか、という思いが去来する。これはどういうことなのだろう。

個と個とのぶつかり合う文体の現場において、文体をめぐるある迫り方が一つの力を持った時、それは確かに一個人の一回きりの行為の結果ではあるが、同時に遠く高い何かを志向している限りにおいて、作品がスタイルを発揮したと言いうるのではないか。他の一切を拒絶した作品の在り方が読者と通い合うはずはない。作品が人の心の奥深く届くのは、書き手と読み手の二つの魂をつなぐ自然の意思のようなものに共鳴するからではないか。個性的にとらえられた文体も、大きな展望においては、普遍への思い思いのアプローチと見ることができるであろう。

2　文体分析の表現論的基盤

修辞的効果

作品の文体に迫るためには、まず、その文章の言語的な性格をきちっとおさえておかねばならない。作者のもののとらえ方が表現の形に反映するからである。現実はことばの姿で存在するわけではないから、それを描き取るには、対象を言語の性格に応じて組み直す必要がある。見たまま感じたままを、そのイメージや感覚的・感情的なニュアンスを込めてどう言語化していくか、そういう的確な表現を考え出す最も基礎的なところにも、書き手の方法意識があるはずだ。書き手はできるだけ効果的に伝えるために表現をいろいろ工夫する。そのすべてを広い意味でのレトリックと呼ぶなら、多かれ少なかれ作者はレトリックを通して読者と対話する。とすれば、文体分析の基盤として、どのような表現の在り方がどのような修辞効果を挙げる期待があるかを明らかにすることが必要だ。

前著『日本語レトリックの体系――文体のなかにある表現技法のひろがり』(岩波書店)で、文章表現上の修辞的言語操作全体をまず、展開のレトリックと伝達のレトリックとに大きく類別し、前者を配列・反復・付加・省略、後者を間接・置換・多重・摩擦のそれぞれ四つに種別する八分類案を示した。文体論のための表現分析の土台として、そこから各一例をごく簡略に紹介し、レトリックのひろがりを一瞥しておきたい。

《展開》のレトリックのうち、ことばの〔配列〕にかかわるレトリックとしては、「はじめはかすかな声であったが、木魂がそれに応え、あちこちに呼びかわすにつれて、声は大きく、はてしなくひろがって行き、谷に鳴り、崖に鳴り、いただきにひびき、ごうごうと宙にとどろき、岩山を越えてかなたの里にまでとどろきわたった」(石川淳『紫苑物語』)というふうに、次第に盛り上がるように文を展開させる漸層法や、奇先法・照応法・対照法・遮断法・倒置法など二八種ほどの技法が挙げられる。

ことばの〔反復〕にかかわるレトリックとしては、「ひとたまりもなく笑いだした。笑う、笑う、なんにも言わずに、ただもうくッくと笑い転げる……。それがしんかんと寝静った真夜中だけに、——従って大声がたてられないだけに、なおのこと可笑しかった。可笑しくって、可笑しくって、思えば思えば可笑しくって、どうにもならなく可笑しかった……」(里見弴『椿』)というふうに、同語を集中的に繰り返す畳点法という典型的な反復法や、連鎖法・反照法・倒置反復・同意反復・押韻法・音数律・対句法など四〇種ほどの技法が挙げられる。

ことばの〔付加〕にかかわるレトリックとしては、「蒸し芋芋の子団子握り飯大福焼飯ぜんざい饅頭うどん天どんライスカレーから、ケーキ米麦砂糖てんぷら牛肉ミルク缶詰魚焼酎ウイスキー梨夏みかん」(野坂昭如『火垂るの墓』)以下ほとんど読点もなしに延々と続く例のように、ことばを並べ立てて溢れ出すようなイメージを造形する列挙法や、虚辞・冗語法・挙例法・詳悉法・換言・詠嘆法など二一種ほどの技法が挙げられる。

ことばの〔省略〕にかかわるレトリックとしては、「彼は女をゆさぶりました。呼びました。抱きました。徒労でした。彼はワッと泣きふしました」(坂口安吾『桜の森の満開の下』)というふうに、一連の行動を短い文に切り、その間の接続詞を一つ残らず切り捨てた断叙法や、典型的な省略法、省筆・警句法・黙説法・頓絶法・体言止めなど一八種ほどの技法が挙げられる。

一方、《伝達》のレトリックのうち、〔間接〕化のレトリックとしては、「三年間まあ人並に勉強はしたが別段たちのいい方でもないから、席順はいつでも下から勘定する方が便利であった」(夏目漱石『坊っちゃん』)というふうに、対象を正面から描かず側面からとらえる側写法や、曲言法・婉曲語法・美化法・緩叙法・反語法・設疑法・皮肉法・諷刺など三一種ほどの技法が挙げられる。

〔置換〕のレトリックのほとんどは比喩表現で、「パラソルを杖のように地面に立てたまま、真直ぐなスカートを着けた軀が棒みたいだった」（遠藤周作『海と毒薬』）というふうに、喩えるものと喩えられるものとを区別して掲げ「まるで」「ような」などの指標を伴う直喩をはじめ、隠喩・諷喩・擬人法・声喩・提喩・換喩など二二種ほどの技法が挙げられる。

〔多重〕のレトリックとしては、「発句は芭蕉か髪結床の親方のやるもんだ。数学の先生が朝顔やに釣瓶とられて堪るものか」（夏目漱石『坊っちゃん』）というふうに、文章中に他人の言をそれとなく取り込む暗示引用や、引用法・パロディー・類装法・洒落など二八種ほどの技法が挙げられる。

最後に、〔摩擦〕のレトリックとしては、「僕は今最も不幸な幸福の中に暮らしている」（芥川龍之介『或阿呆の一生』）というふうに、両立しない概念を結びつける対義結合や、「女は女であるとき最も女性である」（高田保『ブラリひょうたん』）というふうに、逆に、同じような意味のことばを重複させる同義循環、それに、くびき語法・現写法・誇張法・矛盾語法・逆説など三一種ほどの技法が挙げられる。

例えば、芥川龍之介や小林秀雄が〔摩擦〕のレトリックを多用し、川端康成が〔置換〕のレトリックを多用し、井上ひさしが〔多重〕のレトリックを多用するのは、決して偶然とは言えない。作家の文体を探るために、どのような表現技法がどのような修辞的効果を挙げる可能性を秘めているかを明らかにしておく必要があろう。

書き出しと結び

横光利一は、序に「国語との不逞極まる血戦時代」という刺激的な一句を記した『書方草紙』所収の一編「書き出しについて」の中で、「子供等は古い時計のかかつた茶の間に集まつて、そこにある柱の側へ各自の背丈を比べに行つた」と始まる島崎藤村の『嵐』の冒頭を「新鮮で芸術的に高い。作の内容とこれ程合つた書き出しは稀らしい」と称讃する。社会的に、また、心理的にも吹き荒れる嵐を背景にして、父と子との哀歓を綴ったこの心境小説にふさわしいのだろう。その後すぐ「書き出しに良い句が来なければ、その作は大抵の場合失敗してゐると見てもさう大きな間違ひではない」と大胆に言ってのける。書き出しの一文だけを切り離して論じたものとすれば、これは暴言にもひとしいが、続いて、「最初の一行のとき、もう忽ちその作の形式が決定される」とし、「形式も決定せずしてその内容の生かされやう筈がない」と述べることからわかるように、いかに秀でた題材もそれを生かす形式が整わなければ優れた作品にはならないし、作家はその形式がはっきりと心に浮かんではじめて第一筆を下ろすのだ、ということを作品レベルで論じているにすぎない。これはきわめてまっとうな文学論なのだ。とすれば、書き出しの性格と表現効果を正しくとらえることは、文体論にとって重要な課題であると言える。

島正三『発想法の研究のために』では、起筆の類型として五種の基本形と派生形一種を挙げている。第一型は「仙吉は神田の或秤屋の店に奉公して居る」(志賀直哉『小僧の神様』)など、人格・主体・事物を示すタイプ。第二型は「元日の夜の東京駅は、もう十時を過ぎてゐた」(佐多稲子『くれない』)など、時間・期限・年月を示すタイプ。第三型は「歌島は人口千四百、周囲一里に充たない小島である」(三島由紀夫『潮騒』)など、環境・地域・情景を示すタイプ。第四は「禅智内供の鼻と云へば、池の尾で知らない者はない」(芥川龍之介『鼻』)など、状況・事態・経緯を示すタイプ。第五型は「……私の記憶はみな何かの季節の色に染っている」(阿部知二『冬の宿』)など、心情・感情・意見を示すタイプ。派生型というのは「祖父の十七年の法要があるから帰れ――といふ母からの手紙で、私は二タ月ぐらゐで小田原の家へ帰つた」(牧野信一『地球儀』)というふうに、対比・引用・題言から始まるタイプである。

無論、どのタイプの書き出しを用いるかが作家ごとに決まっているわけではない。が、作家によってその現れ方にある傾向が見られることは予想できる。また、作品の展開とのかかわりにそれぞれの個性が見られもしよう。さらに、同じ第一型でも、「金井湛君は哲学が職業である」(森鷗外『ヰタ・セクスアリス』)、「自分はこゝに自分の師の一生を書けるだけ書いておかうと思ふ」(武者小路実篤『幸福者』)、「そして私は質屋に行かうと思ひ立ちました」(宇野浩二『蔵の中』)、「津島はこの頃何を見ても、長くもない自分の生命を測る尺度のやうな気がしてならないのであつた」(徳田秋声『風呂桶』)、「これは或精神病院の患者、──第二十三号が誰にでもしやべる話である」(芥川龍之介『河童』)、「老父はアゴ髯長くのばした」(瀧井孝作『慾呆け』)、「メロスは激怒した」(太宰治『走れメロス』)、「吾輩は猫である。名前はまだ無い」(夏目漱石『吾輩は猫である』)、「山椒魚は悲しんだ」(井伏鱒二『山椒魚』)、「冬の蠅とは何か?」(梶井基次郎『冬の蠅』)、「それは漆黒の自動車であつた」(堀辰雄『ルウベンスの偽画』)……と並べてみると、一つとして同質の書き出しがないことに驚くだろう。

「木曾路はすべて山の中である」と作品の冒頭に鮮やかにすえた一行、「国境の長いトンネルを抜けると雪国であつた」と象徴的に作品を起こす一文、いきなり「死なうと思つてゐた」と殴りかかるように切り出しながら、「ことしの正月、よそから着物を一反もらつた」と一見はぐらかすような書き出し、そういうそれぞれの表現効果を作品全体と関係づけて把握することを基礎として、『夜明け前』『雪国』『葉』の文体の特質に迫り、ひいては島崎藤村・川端康成・太宰治のスタイルを探る展望が開けてくるのだろう。

文章の結びについても同じことが言える。鶯、春風、猫と点景を散らして小宇宙を造形し、「家も心もひっそりとしたうちに、私は硝子戸を開け放って、静かな春の光に包まれながら、恍惚《うっとり》と此稿を書き終るのである」と完成美を湛えて一編を結びかけながら、「そうした後で、私は一寸肱を曲げて、此縁側に一眠り眠る積である」という一文を添えて完結感を緩め、作品の内と外との境界をぼかす『硝子戸の中』の末尾に、夏目漱石の文学的な筆致の成熟を読み取る文体論的アプローチが可能なのも、例えばこのように、表現の形がもたらす読者側での効果がたどれる時ではなかろうか。

その意味では、「外には、唯、黒洞々たる夜があるばかりである」と切った後、行を改めて「下人の行方は、誰も知らない」と、作品の現実場面とは別の次元から一行を投げ込み、作品世界の残響を聴かせる芥川龍之介の『羅生門』も、「汽車に乗つてから老父はぼんやり顔だから、ぼくは隣席の長野へ行くといふ人に向いて、この年寄は塩尻駅で乗換へる筈だから塩尻に着いたら乗換へをしへてやつて呉れ、と頼んだりして置いて別れた」というふうに、老父上京の一件の終わりとともに事柄尽きて自然に結ばれる瀧井孝作の『慾呆け』も、あるいは、慣れない睡眠薬を飲んで死んだように眠った後、雨戸の節穴から射し込み、ほの暗い空気を異様な赤さで染めている光に恐怖を感じる場面に続いて、桜の冬枝越しに見える元日のその夕日を、「黒い屋根屋根の上で」「弾んでゐるやうにも見え、煮えたぎつて音を立ててゐるやうにも感じられた」と書き、さらに、「激しい情欲が迫り、煮えたぎる太陽の中へ、遮二無二躍り込んで行く体を感じた」と熱っぽく盛り上げた直後、「小ぢんまりとした、古い二階家だつた」と鎮め、「床の間に供へられた小さな鏡餅には、もう罅《ひび》が入つてゐるやうであつた」という枯淡な一行を添える永井龍男の『冬の日』も、まさしくそれぞれの文体の中にあることを、表現論を基盤にして証さねばならないだろう。

視点の構造

「坂を歩いてゆく人の靴や下駄の音がからから乾いて耳の上に聞え、自動車の警笛や話し声はもっとずっと上の方で聞えた。面がずれているので頭を踏まれている感じはなく、雨の降りしきる時は坂から崖を伝って流れ落ちる水の声が際だって耳に入った」(円地文子『妖』)という文章を読むと、視点人物の千賀子が奇妙な位置にいることに気づく。実は、外の足音が耳より上に聞こえ、話し声はもっとずっと上に聞こえるというのだ。実は、坂の路面より低い部屋の、坂の横っ腹に面した壁際に寄せて置いてあるベッドに横になっているのだが、「そこに寝ると、千賀子は路面から三尺ほど低い坂の腹にぴったりくっついて横たわっていることにな」り、「棺の中にねているような異様な静かさに」誘い込まれるという。

これは登場人物を純客観的に記述した文章ではない。道行く人を「歩いてゆく」ととらえ、足音を「耳の上」、車の警笛や人の話し声を「もっとずっと上」ととらえ、行き交う人に「頭を踏まれている感じはなく」と受身表現で述べている点からも、これは叙述視点を千賀子の側に寄せて描いた文章であることがわかる。創作視点、つまり、この作品における作者は、場面から遠く離れて登場人物たちを冷静に見つめる方法を選ばず、時には場面をくぐって主人公の内側に入り込み、主観的・抒情的な筆致を綯《な》い交ぜながら作品世界をしっとりと描き取る方法を選んでいる。このように表現をたどりつつ視点の動きを追うことによって、その文章を執筆している作者の行為を跡づけるとともに、意識の一面をうかがうことができる。

「道子の恋は一歩退いていた。それはそれだけ勉の恋が進んだためにほかならず、道子は自分が退いても、勉との距離が依然として変らないのに安心していた」（大岡昇平『武蔵野夫人』）というふうに、高みから作品の舞台や人物たちを見下ろし、神のようにその心理や将来までも見通す、あの全知視点に近い作者の眼がある。「作者が一段高い位置にいて、上から照らす形だけではなく、作者が斜めのほうから見る方法」をスタンダールから学び取ったと、訪問時に東京成城の大岡邸で作者自身が語った。

弟の帰る日を心待ちにしている善太が玄関に子供の靴を見つけて「三平チャンは？」と聞きたい気持ちを押し殺し、黙ってその辺を歩きまわるが、「茶の間にも、台所にも、奥の間にもゐない。玄関の帽子掛けにチャンと三平の帽子があり、その下に背負ひカバンも置いてある。聞かなくても、三平は帰つてゐる。此度は外へ出てみる。柿の木の下へ行つて見ると、そこにお母さんの大きな下駄がぬいである」(坪田譲治『風の中の子供』)というふうに善太になりきって書いたり、ある朝、弟が怒って傘も持たずに家を飛び出し、雨に濡れながら学校に急いでいるのを、傘を持って追いかける姉のげんの視点から、がむしゃらに歩く紺の制服の背中に「ねえさんに追い着かれちゃやりきれない、と書いてある」(幸田文の『おとうと』)ととらえ、「惨めったらしい気持や恰好を、いっそほっといてもらいたいのだ。なまじっか姉になど優しくしてもらいたくないのだ」と弟の気持ちを忖度する地の文で、「碧郎のばかめ、おこらずになみに歩いて行け」と大声を出す代わりに「大股にしてせっせと追いつこうとする」と書き、それを知った弟がさらに足を早めるのを「やけにぐいぐいと長ズボンの脚をのばして」と書いたりする作者の共感的な眼もある。

それぞれにその作品の方法であり、作家の文体を形成している一つの重要な行為である。その意味で、どのような性格の視点が読者側にどう働きかけるか、それぞれの効果の違いを明らかにしておく必要があるだろう。

表現の〈間〉とリズム

「申し上げます。申し上げます。旦那さま。あの人は、酷い。酷い。はい。厭な奴です。悪い人です。ああ。我慢ならない。生かして置けねえ」（太宰治『駈込み訴え』）というような文章を読むと、韻文に近いリズムを感じ、書き手の呼吸が伝わってくる思いもする。実際、「あの人は」と「酷い」との間にポーズを置いて読むと、「はい」と「ああ」を合いの手として、七・七・五・五・三・三／七・七／七・八と並ぶ拍の音楽的な構造が姿を現す。意味の上でも、文構造の上でも、同一語形または類似の形式の反復が見られ、リズム感に拍車をかける。

「山路を登りながら、かう考へた」で始まる夏目漱石の『草枕』の有名な書き出し「智に働けば角が立つ。情に棹させば流される。意地を通せば窮屈だ」も類似の文型の繰り返しでリズミカルに流れ、続く「兎角に人の世は住みにくい」から「住みにくさが高じると」へ、「安いところへ引き越したくなる」から「どこへ越しても」へと尻取り式に展開して、さらに弾みがつく。

七五調でも五七調でもないが、「おれの行く路の右左には、苔の匂や落葉の匂が、湿つた土の匂と一しよに、しつとりと冷たく動いてゐる」(芥川龍之介『東洋の秋』)のように、すべて一五拍という一定の長さできれいに区切る句読点の働きが、作者の整然とした美意識と張りつめた神経を伝えてくる例もある。

「古人の多くが花の開くのを待ちこがれ、花の散るのを愛惜して」とし、一呼吸おいて、また「昔の人が花を待ち、花を惜しむ心が」と、対句風にゆったりと流れる谷崎潤一郎『細雪』の和文調も、「これはゴッホの個性的着想といふ様なものではない」ときっぱりと打ち消し、すぐに「その様なものは、彼の告白には絶えて現れて来ない」とその否定に追い討ちをかけ、さらに「ある普遍的なものが、彼を脅迫してゐるのであつて、告白すべきある個性的なものが問題だつた事はない」と駄目を押して、否定連続で文意を迫り上げる小林秀雄『ゴッホの手紙』の畳みかけるように弾む欧文調も、散文のリズムを感じさせ、それぞれに書き手の息づかいを聴く思いがする。

「初午に、花見に、七夕に、月待ちに、夷講《えびすこう》に、年忘れに……始終遊ぶことばかりを考へた。……さうして、月の半分は、鈴むらさんは小よしのそばで……恋しい小よしのそばで暮した」(久保田万太郎『末枯』)というふうに、リーダーを多用して語りの

〈間〉を視覚化する文章は、ナレーターの言いよどみや沈黙を通して主人公の感傷を感覚的に伝え、同時に、そういう作者の姿勢をも読者に伝えてくる。

空白の記号はないが、例えば「薄鈍《うすに》びて空に群立つ雲の層が増して、やがて又小絶えている雨が降りはじめるのであろう」(円地文子『妖』)という一文から、次の「千賀子はこの季節の白い光線を滲ませて降る雨が好きなのである」という一文へと跳ぶその間の微妙な空隙も、散文に抒情的な味わいをもたらすとともに、作者のそういう手つきをも読者に伝える。

「山の手の森の中の家に灯がつく」から、行を改めて「駅の中は夕刊のにおいがする。車掌の手袋は汚れている」と続く『絵本』の永井龍男はやがて、気負った鋭角の断絶感が影を潜め、二十年後の『風ふたたび』では、「つぎはぎだらけの、職業安定所の上にも、ひさしぶりの青空が見える」から、行を改めて「夜中の豪雨が、重苦しい梅雨空を、どうやら切り放したらしい」と書き、「線路下の土手にそって、はちまきをした半袖の若者が、一球一球、むきに力をこめた、キャッチ・ボールをしている」から、今度は行を改めずに「もうひるに近い暇な時刻だ」と続けるように、ことばと現実との関係を肌理細かく描き分ける名人芸を会得し、文間にあるかなきかの表現の〈間〉へと成熟を遂げる。

リズムの問題と表現の〈間〉の問題を言語的な在り方としてきちんと説明し、それぞれの表現効果を読者と作者とのかかわりにおいてとらえることは、文体論の地に着いた研究にとってきわめて重要な働きをするに違いない。

表現の深さとその条件

作者に発した言語表現が読者と接して文体的現象を引き起こす。その仕組みを明らかにするためには、一般に、どのような表現がどういう効果を挙げ、どんな印象を与えやすいのかという点を、広く言語表現全体の問題として考察することがその基礎となる。数ある表現効果のうち、今、一例として「深さ」という現象を取り上げよう。深い感じを与える言語的な条件としては、どんなことが考えられるだろうか。

まず、「生まれてから死ぬまで」という言い方と「揺り籃《かご》から墓場まで」という表現とを比べると、慣用的ではあるが、後者の象徴的な表現の方に深みを感じる人が多い。漱石の『虞美人草』の「真葛が原に女郎花《おみなえし》が咲いた」という諷喩の例も、ありきたりの女性描写に比べ、象徴化されている分だけ表現の深さを感じさせやすい。

象徴の域に達しなくとも、一般に比喩的な表現は、そのイメージの二重性から奥行を感じさせる傾向が強い。例えば、「風に吹かれるべこ人形が首を振るように、首を左から右に振った」(木山捷平『大陸の細道』という一文は、単に「首を左から右に振った」としても読者に大体のようすはわかるが、「風に吹かれるべこ人形」に喩えることによって、首の振り方がイメージ豊かに伝わってくる。

「妙に胃の中へ風が吹き込んで来るように淋しいのだ」(林芙美子『馬の文章』)という例にしても、事実関係としては要するに「淋しい」というに過ぎない。前例と違って、喩えとして持ち込まれた素材自体が現実にはありえないことだが、肺に冷たい空気を吸い込んだり、胃から酸っぱい液が込み上げてきたりした経験の記憶に、人それぞれの想像力を働かせて、読者は積極的に理解しようとするため、「淋しい」ということばだけで概念的につかんだ場合に比べ、感覚的な納得を通して意味が深く浸透する。

国木田独歩の『武蔵野』に、「日が落ちる、野は風が強く吹く、林は鳴る。武蔵野は暮れんとする、寒さが身に沁む」と張りつめた強い調子で畳みかける箇所がある。その少し後に、「突然又た野に出る。君は其時」として、「山は暮れ野は黄昏《たそがれ》の薄《すすき》かな」の名句を思い出すだろうと述べ、独歩の世界に突如として蕪村の世界を喚び起こす。引用という多重のレトリックによって生ずるその二重の映像の遠近感が、読者に表現の深さを感じさせる。

川端康成の『十六歳の日記』に「祖父の頭は少ししっかりして来た。常識を取り戻して来た。無茶食ひなぞも慎むやうになつた」と、病気の老人が少し落ち着いてきたようすを述べた箇所がある。少年川端康成はそこで改行し、「しかし、身体は日々に――。」という未完結の一文を投げ捨てた。幼くして肉親を次々に喪い、最後に残った祖父も一歩一歩死に向かって進む。その病気の日々を看取る孫にとって、そこに「弱ってきた」というような死の接近を思わせることばを自ら文字に記すのはためらわれたのだろう。稚拙とも思えるこのダッシュによる頓絶は、そこにことばがないという表現の在り方を通して、深みを感じさせる結果ともなった。

「現在連れ添ふ細君ですら、あまり珍重して居らん様だから、其他は推して知るべしと云つても大した間違はなからう」（夏目漱石『吾輩は猫である』）という箇所は、持って回った言い方をすることで、インテリ猫らしい尊大で皮肉っぽい感じを出した例と言えよう。二重否定をはじめ、一般に間接的な表現は、ことばとそれが指す意味との間に距離が生ずるため、含みのある言い方として、ある種の深さを感じさせる傾向が見られる。

芥川龍之介の文章には倒置表現が目立つ。特に、作品の結びに現れる例は印象に残りやすい。例えば、『鼻』という短編は、「――かうなれば、もう誰も哂《わら》ふものはないにちがひない」という心中のことばを記して行を改め、「内供は心の中でかう自分に囁いた。長い鼻をあけ方の秋風にぶらつかせながら」と作品を結んでいる。もし「長い鼻を……ながら、内供は……囁いた」と書けば、一編は普通に終わる。順序を逆にしても論理的に伝わる情報は同じだが、この文末の形は、きっぱりと切れずに、まだ何かが続きそうな姿勢を感じさせる。その未完結感が文章の空隙をかもし出し、ある読者に表現の深さを意識させる結果ともなる。

倒置とは別に反復の表現も深さを感じさせることがある。「広い広い海のさざ波のくり返しの上へと、私は漂っている。私は漂っていく。漂っていった」(中沢けい『海を感じる時』)という作品末尾は、意識が次第に拡散していく過程を、「波」のイメージを連想させることばの形で、単なる強調を超えたシンボリックな表現効果を実現させた例と言えるだろう。

表現のどのような在り方が読者にどういう伝達効果をもたらす可能性があるかを肌理細かく調査し、その結果を学問的に考察することが、文体分析をできるだけ客観化し、理論的に展開する基盤となることは疑えない。

古風度の計測

言うことはすべて尤も千万で、聞く身に取ればただその心のうちを察していたましいと思うのが人情であるが、さてその哀れな述懐のうちには、ひしひしと当面の人を刺す毒があるようなので、お勝の思いやりは折れて自分の身を寄せることができぬのである。

――柳川春葉『泊客』

大雨である。雨滴が、暗いガラスの面を斜の尾を曳いて走っている。サッとそれが白銀の影絵に変る。稲妻だ。ガラス戸を揺ぶる風は吹きやまない。波の音が少し軒端から遠のいた。引潮にかかったようである。けれども相変らず家ごと呑みつくすような地響と咆哮を上げている。階段の辺り、何処か雨洩れの音が絶えず聞えはじめている。

――檀　一雄『終りの火』

昭和五六年の秋、早稲田大学・青山学院大学・成蹊大学の学生四五七名を対象に、文章の古風度を推定するためのアンケート調査を行った。明治以降の口語体で書かれた小説および文章作法書の一節を取り上げ、現代日本文として古い感じがまったくしないものにA、少し古い感じがするものにB、かなり古い感じがするものにCをつけるよう指示した。それぞれの判定を下した者が全体の何パーセントを占めるかを算出し、Aに〇点、Bに〇・五点、Cに一点を与えて古風得点をはじき出すと、調査した一七の文例が一点から七二点の間にちらばった。

右の二例は小説の中で古風度が最高であった文例と最低であった文例とを並べたも

のである。前者が六二、後者が七と、古風得点に大差がついたが、両者は言語表現の面で具体的にどのような違いがあるのだろうか。文体論が客観性を高め、説得力を増すためには、そういう表現の在り方と印象・効果との関係をきちんと押さえ、言語的な基礎固めをしておかなくてはならない。

特に古風な感じを受ける箇所に傍線を引くよう指示した調査の結果は、このような若い読者の場合、次のように解釈できる。助動詞「ない」に代わる語形「ぬ」の現れた「できぬ」の部分と、「尤も千万」という慣用的な語連続とが、際立って多くの指摘を受けた。次いで、「……が、さて、その……」と用いられた接続詞「さて」、精神面を指す動詞「折れる」の用法、「……にとっては」の意の「取れば」という語形などが目立つ。そのほか、「身を寄せる」「聞く身」といった語連続、「当面の人」という「当面」の用法や「心のうちを」の「うち」の使い方、女性の名に冠して軽い敬意や親しみを込める接頭辞「お」の用例「お勝」、語自体に古風な感じがつきまとう「述懐」「人情」「思いやり」「ひしひしと」「いたましい」などがある。

このように、人が文章を読んである印象を持つ時、そういう感じに誘うなんらかの言語的な性格がその表現のどこかに潜んでいるはずだ。古風さについて言えば、一般にどのような条件がかかわるのか、調査結果をもとに推測してみよう。

表記面では、まず、「曳く」「筈」など、常用漢字表外の漢字を用いる場合、「あまだれ」を「雨滴」、「どこ」を「何処」と書くように、字種は載っていても、認められていない音訓で用いる場合、「有様」のように、読みが認められていても仮名書きが普通である語を漢字で書く場合、複数の漢字表記が認められる語について、「泥棒」とせず「泥坊」とするなど、難しい漢字や使用度の低い表記を用いる場合、つまり、現代社会において一般的でない方の表記を選ぶ場合に古風な印象と結びつきやすい傾向がある。したがって、歴史的仮名づかいの文章が古めかしい感じがするのは当然だ。「ソックリ」「であッた」といった片仮名書きが意外に古い感じを引き起こすのは、現代表記の慣行を破ることも関係するだろう。

語彙面では、「小住宅」「牛乳車」「影絵」「人生行路」「時分」「誠」「額つき」「うなじ」「笑み」「子」「原」「生い育つ」「掻きやる」「しのばれる」「慕わしい」「いたましい」「あどけない」「真に」「いたずらに」などの用語に古風であるという指摘が多かった。「影絵」とか「牛乳車」とか、たしかにその語の指し示す対象自体が今日では物珍しくなった場合もあり、「うなじ」のように、衣服の関係でそこが目を引きにくくなったり、「誠」のように、価値観の変遷でその影が薄くなったりした場合もあるが、多くは「人生行路」「時分」のように、あるいは単独用法の「子」「原」のように、その対象を指し示すことばの方があまり使われなくなった例である。

語形の面では、「憂うべき」「欺かぬ」「純なる」「書きえられる」「仮定せる」「せられてある」といった文語的な形が古風な例とされたのは当然だが、「坐っていやしないか」という会話的な表現が同じ指摘を受けたのは、若い者の会話にその形が現れにくくなり、「……ていやしない」という語形で発話する者の年齢が高くなったという事情も考えられるかもしれない。

語法の面では、「……というに」「涙ある」「心得べきは」など、現代では助詞の「の」や「が」あるいは名詞が省略された感じのする表現、係助詞「は」を伴わない「……でない」という打消の形、「思う人のできたのは」のように、主格を表す助詞が「が」とならず「の」となる例、「見なさる」のような「なさる」の補助動詞の用法、「疲れてい、」という補助動詞「いる」の連用形の中止用法、「……であろう二人の子供たち」のような推量の形の連体的な用法などが古風に感じられるという。

語結合の面では、「文章の道」「五十年の昔」「十四の春」のほか、「すぐれて美しい」という「すぐれて」の用法や、「眠りを眠る」という一時期はやった欧文直訳体の表現などの古風さが指摘された。

言いまわしの面では、「……ところであって、そうして」「……であるが、さてその」「……たのは、そうさ、……であったが」「……にして、ここに……」「まあ……としよう」といった語り口のほか、「ああ思い出せば」と感情を込めて語り出す例も古風な感じがするという。

形容の面では、「涙のある文章」「誠のある人」といった価値観の古さや、「頭に雪を戴く」「額に波を寄せる」という陳腐な形容を別にすれば、「庭には木々の黒い影が……落ちていた」「ちらちらと灯が洩れていた」「美しい薄日の午後が来て」「小住宅の影を長々と引いた原」のような文学的な表現は今、古い感じに受け取られる傾向があるようだ。

表現法の面をまとめると、「頭に……、額に……、肉も落ち、力も抜け」といった対句的な列挙には、芝居の科白《せりふ》のように大上段に構えた時代がかった響きがあり、「軽佻浮薄人をして悪寒を起こさしめるのみで」のような漢文訓読調の使役表現も、「自己の内心の苦悶」といった大仰な表現も、大儀ぶった浪花節的な世界を思わせ、逆に、「幻覚らしかった」とあっさり片づけず「どうやら……幻覚という奴らしかった」と距離を置いて緩める書き方も現代風でない、ということになるようだ。

構文の面では、「大雨である。」「稲妻だ。」といった簡潔明瞭な短文は、品位と力強さを感じさせて、それがやや古い印象と結びつきやすく、逆に、修飾語が重なって主語と述語との間の距離が大きくなったり、接続助詞でつないで長々と続いたりする長大な文も、切れが悪く古い感じがするらしい。現代は主語を明確に、また頻繁に出すともいう。

文調の面では、流麗な和文調も、荘厳な漢文調も、軽快なリズムも、つっかかる翻訳調も、のんびりと間延びした流れも、なんらかの調子を感じさせることが古風な印象を引き起こすことがあるように思われる。

描写の面では、主観的・感覚的な描写、大仰な描写、婉曲な描写、「風に頬をなぶられる」式の類型的な描写、それに、どこにどういう描写を配するかという手法面での伝統性も、文章の古さを意識させる場合があるという。

表現内容の面では、文章中に描かれる人物、風俗、情景、雰囲気、あるいは書き手のイメージの古風な感じが表現自体の古風さを増幅する働きをすることも確かだ。

表現態度の面では、高圧的な文章、美文臭のある文章、感傷的な文章、論理性に乏しい文章、説教じみた述べ方、力んだ述べ方、逆にワンクッション置いた感じの述べ方は、いずれも古風な印象と結びつく傾向がある。

古風さという文体印象も文章の言語的な在り方に関係することがはっきりすれば、文体分析の理論的な基礎がまた一つ固まることになる。

余情の生成

日本文学の代表的な美的理念の一つである余情はどのような条件で生ずるのだろうか。大学生に対するアンケート調査の結果を手短に紹介する。余情とは何かという本質論としては、大きく読後感と読中感とに分かれる。

前者では、イメージが脳裏に焼きついて離れない、作品の言語が現出した世界に浸り込み、そのぬくもりを懐かしむ、物語の中にあった場面や主人公の気持ちが読者の心の中で動き出し、作品世界の今後に思いを馳せたくなる、情報の奥に脈打つ文章の魂が読者側に移り住み、その胸を打ち続ける、作品を読んでいく過程で得た感動や情緒が読後に尾を引く、といった形で実現するという指摘がある。また、文章を読んでことばで言い表せない何かが心に残り、それが読者自身に訴え続ける際の、心がじーんとする感動、すがすがしさ、ほのぼのとした感じ、そこはかとない淋しさや悲しみ、しばらくじっとしていたい一種のけだるさであったりする。優しい気持ちになって自然に口もとがほころびるのも余情の一つだという。

後者では、美しい情景や感動的な場面などのイメージが読者の頭の中で動き出す、行間からにじみ出てくる心情を積極的に汲み取る読者側の行為を通して実現する、言語表現の奥に感じられる何かを尊いものと評価する時に余情となる、読解鑑賞の過程で自己流に拡大し、連想によってイメージをふくらませる、文章を読むことがきっかけとなって読者自身の過去の記憶が喚び起こされる、文章に魅力を感じ、目の前に展開する物語に吸い込まれたり、作者の感動と一体化したりする、といった形で実現するという指摘がある。また、文章を読みながら、喜びや怒り、ひんやりとした悲しみ、せつなさ、あるいは沈黙を強いられるような何らかの心理的反響や、その文章にふれることによって読者の心の奥底に潜んでいるものを揺さぶり、人間の本質に訴えるダイナミックな動き、といった存在ととらえる余情観もあった。

それでは、作品における表現のどのような在り方が余情を引き起こす条件となるかを探ってみよう。その最も抽象的な言及は、文章自体の品格の高さだという指摘だろう。ジャンルの点では、情報の論理を基軸として展開する文章よりも、そこに情景描写を挟み感情の糸で織りあげる文章の方に生まれやすいという。表現内容としては、読者にとって身近な話題を取り上げた文章の方が連想が働きやすく、余情生成の土壌となりやすいとの指摘もある。

また、描写を通して読者の経験に訴える文章は、作品世界のイメージの背後に読者自身の記憶が淡い映像となって流れ、いわば近景と遠景との二重写しを引き起こして、それが余情につながることもある。人事よりも自然を描いた文章、あるいは、奇妙な存在感のある文章に余情を感じやすいともいう。内容面での完結感に乏しく、作品の内と外とが明確に区切られていない文章、最後の数行が読者の内面に訴えかける文章は特に余情が生まれやすい。余情にかかわるのは、話の筋や表現内容より、その作品のフィナーレ、極言すれば結びの一文なのだ、という指摘もあった。

次に、もう少し具体的に、余情を生成する言語的な条件を探ってみよう。一口で言えば、露骨に語らないことである。情景にしろ感情にしろ、ストレートな表現からは余情が出にくい。ことばを簡潔にし、そこに深い思いを込めた含蓄の文章から余情は発する。文章に含みを持たせる言語的手続きは、間接表現と省略表現とに大別できるだろう。

そういう言語技術としては、まず、倒置表現が考えられる。語順が逆転した結果、新たに隣り合った成分との間に論理上の隙間が生じ、それが文末の部分で起こると、そこにあるはずの述語が省略されたような非在感も加わるからだ。芥川龍之介のいくつかの作品のように、一編の末尾に用いられる場合は、小説の内と外との境界がぼやけて、余情効果は大きなスケールで発揮されるだろう。

表現の〈間〉を視覚的に指示するダッシュやリーダーという空白記号は、改行や一行あきとともに、次の展開に対する読者の期待をかきたてる効果を持つ点で、余情の生成に有利な条件をそなえていることは、久保田万太郎や里見弴の文章を読み味わえばよくわかる。

文末表現の時制については、余情感が何らかの意味での終結を前提とする一種の残像である関係で、過去形で文を結ぶ方が余情が出やすいという指摘もある。

比喩表現の間接性も余情生起の誘因となるという指摘があるのは、喩えるものと喩えられるものとの二重映像が表現の奥行を増す結果になるからだろう。

用語の面では、まず、同じ語の反復使用が余情の生成にかかわるとされる。その反復が局所的に起こる場合は、あるイメージが脚光を浴びて読者の中で鮮明な像を結ぶからであり、作中に散らばる場合は、「風」なり「稲妻」なりの特定の語がくり返されるにつれてライトモチーフめいた効果が生まれて次第に象徴性を加えるからだろう。

一方、ある概念を表すことばを時に応じて交換する方が効果があがるという指摘もある。各語の潜在的な意味が安定せず、ことばの音感や連想が複雑に響き合って、情報伝達の的確さを減ずるのだろうか。片仮名で書かれた語の多い文章は概して余情に乏しいという指摘もあるが、外来語は意味が限定されやすいため、その単純明快さが表現に含みを持たせにくくしているのだと思われる。

文章の表現姿勢としては、熱弁をふるうタイプよりもクールなタッチで描く方が余情を生じやすいという。前者は伝達すべき情報とともに自らの感情をも激しく言語化してしまっており、読者が想像をめぐらすべき空間が見出せないのに対し、後者は事柄の細部や情景の周囲が書き込まれていないので、読者が想像によってそこから発展的に描き出すことができるからだろう。そういういわば言内と言外との二枚のタブローの間の非連続感が余情をにじみ出させるとすれば、すべてを語り尽くしたという完結感を回避することが有効だ。表現の省略性と間接性がものをいうのはそのためである。ディテールを積み重ねても、肝要なところはさりげなくほのめかすにとどめる書き方が、余情を喚ぶひとつの姿なのだろう。

それでは、具体的に読者はどのような文章に余情を感じるのだろうか。一〇編の文学作品の書き出しまたは結びの箇所を数百字分ずつ抜き出して並べ、どれにどの程度の余情を感じるかを調査した結果を簡単に紹介する。まったく感じない場合に×印、少し感じる場合に△印、かなり感じる場合に○印を付けさせ、それぞれを選んだ回答者の百分比をもとに、○印に一点を、△印に○・五点を与え、×印を○点として計算し、余情の程度を数値で表すと、余情得点が七〇を超えたのは次の四例であった。

辻　邦　生『旅の終り』　末尾　八四・三

安岡章太郎『海辺の光景』末尾　七四・九
石　川　淳『紫苑物語』　末尾　七二・〇
阿　部　昭『大いなる日』冒頭　七〇・五

最高得点を記録した文章のどういう面が余情を引き起こしたか、その主要な点をたどってみよう。

第一に〈雨〉の働きがある。調査に用いた作品末尾の箇所は、街燈の明かりに照らされた雨が主人公のもの想いにふける姿を映し出して降りしきる場面だ。そういう場面の現実としての雨は、「妻がそういったときの気持が、私のなかに、雨のしずくのように、流れこんでくるようだった」という比喩表現にまでしみこんで象徴性を帯び、「雨はまだ降りしきり、街燈の光のなかで、雨脚がしぶきをたてていた」という自然描写から「雨につつまれた町は死にたえたように静まりかえり」へ、さらに「雨にうたれた空虚な闇」への展開を、読者はその人物の心象風景を重ねて読み込み、主人公とともに「暗い人気ない通りに雨の降りしきるのを見つめながら考えつづけ」ることになるのだろう。夜の街の描写が視点人物の心情に溶け込む、こういう景と情との一体化が余情感を誘い、読者の心の中で文章は広がっていく。

イタリアのこれといった歴史もない静かな町で起こった一つの自殺事件の心理的余

波を、雨の降りしきる夜を背景とし、たっぷりと水をふくませた筆で描き出すこのラストシーンは、自殺—死—永遠の休息とたどる思索の果てで、その安らぎにふと誘われる心のゆらめきを、「おそらく私たちは明日午後の列車で町をたつだろう」という『旅の終り』の自然な感傷のうちに綴った場面設定によって暗示的な効果を挙げているのかもしれない。何かとの出合いであり別れである旅は、否応《いやおう》なく出合いと別れのくり返しである人生を思わせる。旅と人生という二枚のタブローの遠近感に読者は文章の奥行を見出し、はてしなく自らの思いを広げることになるからだ。

もう少し言語表現に近づけて言えば、余情の生成に最も必要なのは余白を作ることだろう。そういう目で見ると、この文章には「永遠に離れていってしまう何か」といった非限定の表現があり、「なぜか」と始まる未解決の叙述があり、「ある悲劇」という不定の指示があり、多くの疑問や推量の表現に交じって、「おそらく」と冠し「ようだった」「気がした」と断定を回避して結ぶ文がしばしば現れる。いずれも事柄の輪郭をぼかし、対象指示のシャープさをやわらげる表現の特徴だ。

もう一つ忘れてならないのは、省略感を喚び込むリーダーの多用だ。「イタリアで?」とせずに「イタリアで……?」とし、「愛してたんでしょうが……よくあることです」と途中に挟んで、重苦しい空気に言いよどむけはいを伝えてくる例が多い。

「歴史もなく、歴史に鞭うたれることもなく……。」「おそらく私たちは明日の午後の列車で町をたつだろう、何一つ未練なく……。」「五年後には、ジュゼッペのことも忘れるだろう。おそらくこの小さな事件のことも……。」と地の文の文末に置かれた例などは、感情抑制の跡を残すというよりも、とまどいの跡を消すことも忘れ、そうつぶやくほかなかった「私」の気持ちの在りようを伝える感情表現であったと言えよう。

私は思わずそうつぶやき、街燈の光のなかにしぶく雨脚を、ながいこと見つめていた。

この最後に配された一文、「見つめていた」と過去の形で終止することによって、「私」の行為はそれ自身が見つめられる対象の位置へと遠ざかる。それが読後のもの思いを誘うのだともいう。その時、文章にちりばめられた「……」というリーダーの形そのものが雨に見えてくるかもしれない。記号がそういう擬態効果を挙げるほど、余情生成の条件が言語的に整った文章例と考えることができるだろう。

3　文体論の方法

対象のダイナミズム

文体は、その定義からも明らかなように、言語表現一般にかかわる概念だが、ことばの美と力が深刻な問題となる文学において、最も痛切にその質が問われる。以下、文芸への文体論的アプローチを構想し、文体論の方法を考えてみたい。

文学は言語芸術である。が、芸術性は文学と呼ばれる言語作品にだけ発見されるわけではない。また、読者が参加して文学という芸術現象の成立する契機となる文章の性格自体は、他のジャンルの言語作品と本質的に一線を画すものではない。文学作品もまさに言語の一つの姿なのだ。とすれば、作品の個性は文体として実現し、文芸に向かう文体論は必然的に、ことばである作品の在り方を問うことになる。

作者の創作と読者の参加という二つの精神活動の接点に作品は動力として存在し、文学を惹き起こす。作品がこの芸術現象を支える時、ことばの在り方が読者とかかわり合う過程で実現するダイナミックな働きかけの質量に応じて、その作品が文体性を獲得すると考えられる。作者の意識的な表現であれ、無意識の流露であれ、読者はそれをまるごと、一人の人間の言語行動の軌跡として、その中に飛び込み、受容行動を展開する。したがって、作品は記号としての言語単位の全連続から矛盾なく引き出せる意義の可能性の総体として機能する。

文学作品は美を表現したものではない。表現が美を発揮するのだ。言語表現が成立する前に美が存在したとしても、それは文学とは無縁である。表現とは別個に独立して存在するそういう美を言語によって写し取ることで、もしも文学が成立すると考えるなら、芸術は創造ではなく再生であるという奇妙な結論に達してしまう。文芸を成らしめるのは事柄や観念の美ではない。作者と読者との出合う作品という言語の場において文芸美は成立するのである。

思い出に残るあの町を、心を痛めたあの日の出来事を、あるいは、あの人物の不思議な存在感を描こうとする。その時、語ることばがそれらの素材から自然に出てくるわけではない。その町の何を選び、出来事のどこに焦点をあて、その人のどういう面を取り上げて、どういう順に、どういうタッチで書くか、表現者は素材の側から何一つ規制されることなく、主体的に切り取って表現対象と定め、言語化していく。

素材が言語の姿で存在することはめったにない。言語という表現手段の制約から、空間的な存在をも分割し、時間的に置き換えなければならない。素材をそのまま言語で描き取ることなど、初めから不可能なのだ。そこに作品の個性としてのスタイルが成立する論理的な基盤が生まれるのである。

美を創る主体的接触

文芸における言語表現がもしも美の再現を目ざすものなら、二つの異なった文章は少なくともどちらかが間違っていることになる。正しいものは一つであり、作品はその美の実体からの距離という量的な差で評価されてしまう。そこには文体という質的な違いの生ずる余地はない。

だが、町も出来事も人物の存在感も、そういう素材としての現実や感覚や理念は、それを表現しようとする人間の主体的な行為とはかかわりなく、ただそれとしてあるに過ぎない。それ自身の秩序で渾然と存在する全体を、解きほぐし、順序づけて組み直した表現対象は、素材とは明らかに別のものだ。絶対に描き尽くせぬ素材の何を捨て、何を取り上げ、どの側面をどう切り取るか、その過程に素材側の関与は働かず、すべては表現者の主体的な判断で進められる。表現対象は素材自体ではなく、そういう表現行動そのものなのだ。こうして作者のスタイルはそれが反映する認識・表現の行為を通して作品に言語的に実現する。

表現行動の軌跡である作品のことばを素材として、今度は読者がそれに自己のスタイルを重ね合わせ、主体的な受容行動を展開する。そこに文芸現象におけるスタイルの多様性が生ずる。同じ作品が、読む人により、あるいは時に応じて、新しい違った文学を実現するのは、芸術が再生ではないからだ。美は作者・作品・読者のどの側にも静的に存在するものではない。それは、創作し、それに参加する主体的な行動の過程に付随する、知性を媒介とした感覚であり、文体の意味を支えているのである。

作品に投影した作者のスタイルは、読者がそれととらえることによって現実のものとなり、読者を揺り動かす。文体というものが直接の問題となるのは、読者においてなのだ。とすれば、作品のことばがいかに特異な言語的性格を具えていても、それが人間に働きかけない静的な状態にとどまっている限り、文体的特徴とはならない。

また、文章中の各文がなんらかのつながりを持って並びながら全体を成しているように、作品もその各部の恣意的な集合として一編を成しているわけではない。同様に、作品なり作家なりの文体も、単なる言語的特徴群の総体として存在しているわけではない。すべての確かな文体的特徴群が互いに関連しながら一つの構造を成しているはずである。その構造の一体化を支えるのは、作品の場で読者が意識する印象・効果の統一性であり、間接的にその源泉となった作者という人間の同一性に支えられていると考えられる。

文芸に向かう文体論の動機は現象としての文学そのもののうちにある。読者の中で作品Aが作品Bと異質な文学として展開するのはなぜか、という素朴な疑問に発し、働きかけることばの質的な違いを問うところから研究は始まる。文学を可能にした作品の文章が持つ言語的な性格を、それが動力となった芸術的現象自体との関連においてとらえることを直接の目的とする文体論は、作中に展開する思想や情趣を一人の人間の表現行動の軌跡とし、自らの文学としてそこをたどる、言語の線条性に根ざしたそういう主体的な作品受容の過程をきちんと通らねばならない。

文芸に向かう文体分析の手順

読者は表現主体の行動の軌跡として作品のことばをたどりながら、そこに自己のスタイルをぶつけて個性的な文学を展開する。その際の活動の質は読者ごとに違うし、同じ読者でさえ時期によって変わる。その違い方も人により作品によって皆異なる。しかし、無秩序に果てしなく拡散するとは思えない。諸条件によって振幅に差はあっても、その広がりは時代や文化的背景の軸に沿って、大部分が一定の領域内におさまるだろう。そのうち明確に作品の在り方が関与し、表現の言語的な性格が動因となったと考えられる部分を、その作品の文体印象であるとすれば、文体論の分析作業はその文体印象の広がりと濃淡の実態を調査や内省によって推定することから始まる。

一方、その作品のことばの在り方を展開に即して多角的に分析し、作品言語の特質を可能なかぎり具体相において描き取ることも、欠かせない手順である。

次に、文体印象の測定結果と作品言語の分析結果とを照合し、両者の対応を検討する段階に入る。この照合作業が独断に陥らず、できるだけ客観性を保つために、例えば、ある言語表現例の用語なり用字なり語順なりを置き換えた際に生ずる印象・効果の質的な違い、量的な差を推測するなど、各種の文章実験を試みることが必要だ。前に紹介した表現の深さや古風度や余情に関する調査も、そういう基礎的な研究の一部をなす。

そして、照合の結果、対応の得られた個々の言語的特徴を文体的特徴と認定し、それらの有機的統合である文体因子を展開の相において把握して、作品の在り方を構造的に記述することを最終過程として文体分析段階を終了する。

文芸へと向かう文体論は、この語学的分析結果を有力な基礎として、以後、作家の手法や作風などについての文芸批評や文学研究の成果をふまえ、さらには、日記や書簡や談話その他、作家や作品に関するさまざまな情報を駆使して論を展開する。そして、多くの文学的知見を傾けた文体論の応用がそれ自体、作品論、ひいては作家論の主要な部分を形成することもあり得るだろう。

4 文体を探る言語分析の着眼点

作品の文体的特徴を探るには、具体的にどのような面の言語的な在り方に注目すべきなのだろうか。言語面の文体的特徴の在りかは文体論の実践の成果が累積されるにつれて次第に明らかになり、対象のレベルごとに体系的な整備が進むはずだが、ここでは、小説の文体にかかわると予測される一次分析の観点を示し、具体的な調査項目を掲げておく。現実にどの点がどの程度の効力を分有するかは作家ごとに、厳密には作品ごとに違うと考えるべきだろう。

作品世界

どういう主題がどのような題材を通してどういう展開のうちに実現するか、作者がどんな題材を選び、どの位置からそれをどう配列することによって、時間的・空間的に連続する世界をどのように切り取るか、という文体分析の最も基本的な面である。

表現態度

表現対象に対する作者の姿勢で、作品の進行に伴う描写角・描写距離の変化、文章の要約度・凝縮度や会話文の写実度の作中での推移などを手がかりとして間接的にうかがうことができる。

文章展開

言語作品は構築物ではなく、時間的に成立する。したがって、全体の構成を同時的につかもうとするのは適切ではない。それよりも、作品への導入方式である冒頭の性質を把握することが優先する。

次に、その冒頭がどう屈折して流れるか、内容展開を追うことになるが、これは作者の発想法としての思考リズムの反映する展開形式をとらえることを中心とし、読解速度としての、また、言語量と対比した筋展開の速さとしてのテンポを、作品の進行を追いながら測定するという作業が伴う。

事柄的な展開とともに、読者が刻々に接する人・物・場の映像展開を追うことも必要だ。これはまさに、作者と視点を重ねて視線を動かしながら、表現行動の軌跡である思考の跡をたどることなのだ。

分析段階では、各段落の量と配列、段落相互の連接・呼応をおさえ、それらの全編における関連・交渉を調べるという作品構成上の形式面を扱うことも有効だろう。これをさらに肌理細かに行えば、冒頭から順に、各段落における文間の連接呼応、段落を構成している文の数と各文の配列状況を調べ、段落の性格とその展開を明らかにすることになる。

文構成

ここにはまず、どういう文型の文がどんな順に現れるかという問題がある。

次は日本語の性格から出てくる主語と述語との関係である。両者、特に主語の明示率、それぞれの位置と両者の間の距離、その辞列の正常性といった観点が立つ。

句と句、文節と文節との間の連接・呼応の特徴的な傾向を探索し、その計量的処理として文の長さ、波多野のいわゆる句の長さと数を測定することも、その出現状況との関連で動的に把握することができれば、補助的な効果が期待されよう。

また、文や句の初めと終わりに来る語の性格、時制や品詞や体言止め・副文止めなどの観点から見た文末形式の種類も、もし特徴的な出現傾向を示せば、その意味を問う必要がある。

語　法

作品全編にわたって、あるいは特定の箇所に、異常な頻度で出現する語法や、頻度は低くても形式や意味の特異な語法があれば、そういう言語的事実の意義とそこから生ずる効果について考察することも有効だろう。

語　彙

品詞面の観点としては、文章の親近性やイメージの形成にかかわる人称代名詞・固有名詞や動作性の動詞、文章の描写的性格・語り的性格にかかわる動詞の連用形・連体形と形容詞・形容動詞・連体詞・副詞やそれに相当する句を含めた修飾関係詞、および、展開の論理性に対する意識を示す接続詞や用言の中止法、接続助詞や「も」「さえ」のような一部の係助詞・副助詞、「とりわけ」「現に」「もっと」のような副詞、「前者」「同所」「翌日」といった名詞、コソアドのコ系・ソ系の指示詞などから成る連接関係詞が中心となろう。

そのほか、陳述副詞や終助詞などに着目し、文章の主観性や対者意識を推測する試みも考えられよう。

用語面ではまず、その作品に限って高頻度を示す語句をつきとめることだ。それが作中で安定した頻度を保つ場合は、作品を解くキーワードである可能性があり、同語という制限を緩めて関連語句というところまで広げ、作品の展開に沿って調べれば、ある共通の性格を持った語群がそれぞれの場面の象徴的語詞として浮かび上がることも期待できる。

次は語の性質で、「もの」「植物」「花」「桜」「八重桜」という系列のうち、どのレベルの語を選択するかといった語の統覚度の問題を分野別に検討すると、その作品の、あるいはその作家の思考密度と表現対象との関係が見えてくる。また、物を指す具体名詞のように映像喚起力の強い語と、逆に抽象名詞や接続詞のようにそれが極端に弱い語に注目して、作品のイメージの豊かさを測る観点も考えられる。特に、感覚語の出現状況を視覚・聴覚といった感覚系統を考慮しつつ継起的に追うことを通して、作品の雰囲気の醸成・流動・転換を側面から説明することもできるだろう。

次は語彙の広がりの範囲と偏向を見る一つの視角として、出現する語の属する領域をおさえることだ。観点としては、漢語・外来語といった語種のほか、「筆削」のような稀用語、「鞅掌《おうしょう》」といった難語、「みなわ」のような古語、「しじま」「学び舎」のような詩語、「終値」「こすむ」といった専門語、「折しも」「僅々」「風説」といった文章語や「ねばっこい」「しみったれ」「ちゃち」のような口頭語・俗語、「ほんま」「しばれる」のような方言、あるいは、新語・流行語や造語などに注目したい。

次は語の文体的レベルである。同じ文章の同一場面を単位に、語どうしの共起現象を調査すれば、各語のレベルがある幅でつかめるはずだから、厳密にはその方面の研究成果をもとに作中の各語句の文体的レベルを計測すべきだが、当座は、上に述べた俗っぽいことばと、逆に文章の品格を保つためのことば、あるいは、学問をひけらかしたり、奇をてらったりした気取りを感じさせることばなどに着目するだけでも、ある程度は探れる。

もう一つ、語彙量の問題がある。微妙な意味の差をどこまで表現し分けることができるかは、作者のその方面における語彙の量に関係する。言語量に対する語彙量の相対的な大きさを、執筆時および現代という二つの基準点で推定し、作者の言語習慣が間接的に読者とかかわる潜在的な性格として、それぞれの場合の結果の意味を考察することも有効だろう。

表記

「ふらんす語」「ヨコハマ」「珈琲」といった表記はそれぞれに特殊な効果を狙った例だが、程度の差はあれ、このように用字面が文体印象にかかわるケースは広い範囲で認められる。考察の観点としては、漢字の出現状況のほか、「体」とせず「躰」「軀」「身体」を用いる選字、「別離」と書いて「わかれ」、「季節」と書いて「とき」と読ませるような特殊用法、ローマ字や数字やダッシュ・リーダー、それに疑問符・感嘆符などの記号の用法にも注意が必要だ。

修辞

この面で最も重要なのは比喩だろう。作者の対象のとらえ方や思考方式を探る手がかりとなるからだ。作品の奥を流れる淡い映像の役割を果たすところに比喩表現の文体的な機能を認めるなら、個々の例を鑑賞するだけでなく、イメージの展開の中でその効果を考えることが大事になってくる。

一方、分析的な観点として、次のような調査・考察も文体の性格を側面からとらえるのに役立つ。その作品の比喩表現の量を、被喩詞すなわち喩えられることばの分野・種類・性質と対応させて技法ごとに整理し、作品全体として比喩表現にどの程度よりかかっているか、どういう事物・事象の形容でどんな種類の比喩法を多く用いているかを計量的に推測する。喩詞すなわち喩えることばを分類して特定の感覚系統や範疇に対する偏向をつきとめ、作品の底を流れるイメージ群の質と広がりと相互のふれあいを明らかにする。ある喩詞がどんなものを対象として用いられているか、逆に、ある対象にどんな喩詞が用いられているか、という両面を調べ、その傾向を体系化して、文体印象に対して働く表現効果として考察する。また、反復出現の比喩と同様に、イメージの形成に確かな役を演ずるライトモチーフが発見される作品においては、その表現価値を考えることも欠かせない。

次は形容・修飾という観点で、文章の装飾性にかかわる修飾度のほか、形容される事物・事象の側の偏向、修飾語句の種類や長さ、被修飾語との距離や両者の組み合わせの傾向などについて、表現効果との関連を考えることが必要だ。

音声的リズムも修辞的な効果をあげる。韻文ほど明確ではないが、散文にもなんらかのリズムが潜在する。韻文のリズムがジャンルとしての類型のリズムだとすれば、散文のリズムはもっと個人的なものであり、なかば比喩的に作家の息づかいであると言うこともできよう。複雑微妙なそれを探るには、句読点が一次的な手がかりになる。意図的にリズムを消そうとする作家もあるが、リズムを作るのも壊すのもまさに修辞上の試みなのだ。

体　裁

同じ文面の私信でも、巻紙に毛筆で認めた書簡と、鵞ペンにインクをつけて書いた手紙と、ワープロで打ったレターとでは、それぞれに印象がまるで違う。同じ小説でも初版本で読むのと文庫本で読むのとでは感じが違う。しかし、表紙の装丁だとか、活字の字体や組み方だとかといった書物の体裁は言語外の条件であり、文体の内部の問題ではない。ここでは、ことばの在り方が読み手の印象を左右する作品の体裁に限定すべきだろう。

作品印象に関係するものとして、まず、題名がある。作品名・副題・巻名・章題、それに、題名の後に聖書やシェークスピアや親鸞のことばなど、古典や詩歌の一節を引用して、それから本文に入る、いわゆる題脇を取り上げ、文法的形式、用語の種類・性質、内容との関連を検討する。例えば、川端康成『山の音』に見られる、「雲の炎」「朝の水」「春の鐘」「都の苑」のように、格助詞「の」の前後に漢字一字を訓読みにした名詞を配する章題の統一、あるいは、大岡昇平『野火』の多くの章が「命」「塩」「火」「眼」といった訓読みの漢字一字の名詞から成る事実は、前者は『源氏物語』の雅びの世界を髣髴とさせ、後者は聖書を意識した作品のテーマから光り出た小主題を思わせる点で、ともに象徴的な役割を担っている。

次は字面で、漢字・平仮名・片仮名や、ローマ字・算用数字・特殊符号、詳しくは漢字の画数をも考慮に入れて、それらの配列状況が、意味を飛び越えて直接に、いわば読者の生理に働きかける効果を問題にする。例えば、志賀直哉の文章は活字が立っていると言われるが、字面の美しさがそういう印象に関与していることは確実だ。

段落構成が物理的に字面にかかわるものとして、改行の問題がある。行を改めることによって生じた空間的ひいては時間的な空白が作品展開上のある種の断絶感を生み、それが時に作家の発想法と呼応して重要な役割を演ずる場合もある。前掲『山の音』の冒頭近く、信吾が山の音を聞いて死期が近づいたかと恐怖に襲われる場面で、「音はやんだ」という極小の一文を投げ捨てて、さっと行を改める書き方が、読者をひんやりと鬼気迫る思いに駆り立てるのは、そういう〈文体〉の力なのだ。

Ⅳ　文体分析のモデル

――実験室の現場から――

ここまで文体の理論を説き、そのための言語分析の構想を述べてきた。その基礎に立脚して、実際の作品を対象に文体分析の具体的な方法・手順を示そう。分析モデルとして対比を単純に行うため、概念内容の等しい場合を例にする。昭和四十年代の前半、武蔵野美術大学造形学部の「文体論」の講義で学生を対象に、次ページに示す図の言語表示を試みさせたことがある。その結果のうちから、際立って対照的に感じられる組み合わせを選び出したのが次の二つの文章である。Xは女子、Yは男子の作品で、いずれも当時の実例そのままに掲げる。

［作品X］

アルファベットのA、B、C……を考えて下さい。A、B、C、D……そうです。そのC、Dが必要なのです。

C、Dをそのまま並べてノートに書いてもおもしろくありません。C、Dをさかさまに、ちょうど鏡に映った字のように、さかだちさせて、背中を少し重ねて並べてあるようにみえます。

［作品Y］

垂直な線分の二等分点を中心とする円を描き、線分とその左側部分の円弧とを、そのまま右の水平方向に平行移動させる。その際、移動の距離は直径の三分の二程度とする。

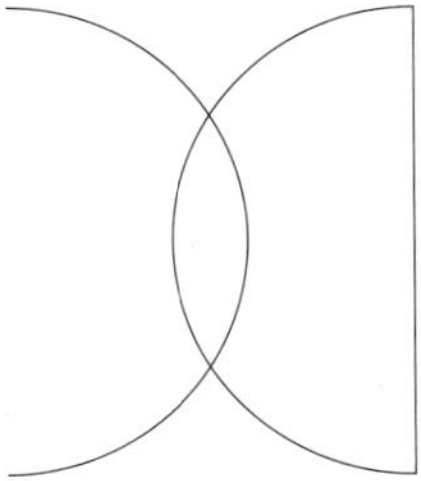

1　文体印象と言語的性格

文体印象の把握

文体分析の第一過程は、言語的性格に起因する作品印象としての文体印象の広がりと濃淡の実態をとらえることである。多様な集団に大量調査を実施すれば、それだけ客観性を増すはずだが、ここでは一つのモデルとして、著者個人の得た文体印象を記す。方法としては、文章の性格を一側面からとらえた評語の対で示す。各組とも、上が作品Xに対する印象、下が作品Yに対する印象である。なお、理論的には考えられても実際にはあまり感じられない評語は（　）に入れて掲げる。

説明的　―　記述的　　具体的　―　抽象的

描写的	― 要約的	冗漫的	― 凝縮的
(暗示的)	― 明示的	容易	― 難解
(趣向)	― (常識的)	明るい	― (暗い)
きらびやか	― (くすんだ)	なめらか	― ごつごつ
軽い	― 重い	軽快	― 重厚
軟らかい	― 硬い	(湿った)	― 乾いた
暖かい	― 冷たい	(さっぱり)	― こってり
あっさり	― ねちねち	(淡い)	― (濃い)
凝った	― さりげない	洗練	― (やぼ)
都会的	― (田園的)	派手	― 地味
技巧的	― 素朴	遊戯的	― 真面目
穏やか	― 鋭い	緩い	― きつい
親しい	― 疎い	粗っぽい	― 密だ
大づかみ	― 精確	主観的	― 客観的
情的	― 知的	人間味	― 機械的

このほか、美しい・醜い、強い・弱い、新しい・古い、大きい・小さい、深い・浅

い、厚い・薄い、雄大・こぢんまり、太い・細い、神経質・鈍重、澄んだ・濁った、上品・下品、なごやか・激しいといった性格評語も考えられるが、この場合はどちらの文章にも該当しないと判断した。

以上の主要部分を、対象のとらえ方に関する印象と、叙述の態度に関する印象と、作品の肌ざわりに関する印象の三つに分けて、対照的に整理すると、次のようになる。

	［作品X］		［作品Y］	
対象把握	人間味	〈人〉	機械的	〈機〉
	主観的	〈主〉	客観的	〈客〉
	情的	〈情〉	知的	〈知〉
	概括的	〈概〉	精確	〈精〉
叙述態度	説明的	〈説〉	記述的	〈記〉
	具体的	〈具〉	抽象的	〈抽〉
	描写的	〈描〉	要約的	〈要〉
	冗漫的	〈冗〉	凝縮的	〈凝〉

作品感触

技巧的	〈技〉	素朴	〈素〉
派手	〈派〉	地味	〈地〉
なめらか	〈滑〉	ごつごつ	〈粗〉
軟らかい	〈軟〉	硬い	〈硬〉
暖かい	〈暖〉	冷たい	〈冷〉
軽い	〈軽〉	重い	〈重〉
明るい	〈明〉	暗い	〈暗〉
親しみ易い	〈親〉	取っつき難い	〈疎〉

なお、右のうち、〈 〉内の漢字一字は、分析結果一覧表(二八六～七ページ)に記号として用いる場合の略称である。

言語的性格の析出

文体分析の第二過程は、その文体印象をもたらした母胎である対象作品の言語的性格を体系的に分析し、対比的な特徴を探り出すことである。作品Xと作品Yとを対比的にとらえた分析結果を、まず、全体の核をなす発想から始め、以下、文体を探る言語分析の着眼点として列挙した項目の順に記す。

［発想］

作品Xでは、この図をↃとᗡとの組み合わせと考え、それぞれCとDが左右逆になったもの、あるいは、鏡に映じた形ととらえている。一方、作品Yでは、そのような文字との関係で連想が働かず、|から⦶を経て成立した動きの結果と解釈して、図形の変形、あるいは作図として扱う。

［作品世界］

作品Xは、アルファベットの文字が「さかだち」したり、「背中」合わせに重なったりする絵本や漫画のような世界であり、作品Yの方は抽象的な平面幾何学の世界である。

［題材］

作品世界を作り上げている材料に注目し、題材として独立させれば、作品Xはアルファベットを、作品Yは垂直な線分と円とを、それぞれ主材として造形していることになる。

［表現態度］

第一点は、作品Xでは「……て下さい」や「そうです」というふうに相手に働きかける姿勢が顕著なのに対し、作品Yの方には相手を意識した配慮の跡がほとんど見られず、事実に忠実な表現に専念していることである。

第二点は、作品Xが「……ように見えます」という状態の表現を採用しているのに対し、作品Yの方は、作図をする主体さえ漠然とした、「平行移動させる」「三分の二程度とする」という、いわば非人称の動作表現を採用していることである。

第三点は、作品Xでは「そのまま並べてノートに書いてもおもしろくありません」という余裕を感じさせる表現、「さかさまに、ちょうど鏡に映った字のように、さかだちさせて」というように、ほとんど同じ意味のことばをくり返すところ、「さかだち」「背中」といった文字の擬人化など、全体として面白く、わかりやすく、という配慮が随所に働いているが、作品Yの方は逆に、必要最小限の記述にとどめている、ということである。

第四点は、作品Xが「少し重ねて」という大まかなとらえ方であるのに対し、作品Yの方はそれと対照的に「二等分点」「移動の距離は直径の三分の二」と規定するような厳密な態度で終始する点である。

［文章展開］

冒頭の性質を比べると、作品XはↃとᗡを誘導する準備段階としてＡＢＣ……を思い浮かべさせる穏やかな入り方だが、作品Ｙの方は導入部を設けず、すぐ本題の作図に引き込む上に、いきなり「垂直な線分の二等分点を」と始めるので、垂直な線分がすでに書いてある作図の途中から見せられたような唐突感を読み手に与える、という極端な差がある。

内容展開を見ると、作品ＸではↃとᗡという別々の図形から始まって後で両者が重なり、作品Ｙでは⦶という図形の各部がずれる、という異質な展開の結果、同一の図形に到達している。

映像展開を見ると、作品Ｘでは、Ｄ以下は次第に薄くなるが、ともかくＡＢＣ……の像からＣとＤに焦点が絞られ、それぞれが逆になったↃとᗡに変わった後、両者が重なって目ざす図形が一挙に得られる。一方、作品Ｙの方は｜から⦶などを経て、その左右の部分が平行移動し、目ざす図形に次第に近づく。前者は非連続の展開、後者は連続的な展開なのである。

次に、筋の展開と言語量との関係でテンポを見ると、作品Ｘは「アルファベットの」「ＡＢ」「ノートに」のような、本題に直接関係のない要素が混在し、前述の余裕ある表現や同じ意味のことばの反復などもあって、言語量の割に展開が遅く感じられる。一方、作品Ｙの場合はほとんどが論理的な展開に必須の言語表現なので、その意味でのテンポは速い。ただし、移動の距離をその移動の記述の後で別に示す点はブレーキになっている。

連接・呼応の面では、作品Yの「その際」が全体として接続詞に近い働きをすることを別にすれば、両作品とも、各文の論理関係に対する執筆者の認識が明確な接続詞によって直接表明されていないという点で共通する。だが、両者の連接の仕方はかなり違う。作品Xは「……て下さい」という要請文で始まり、それに対する相手の反応を仮定して「そうです」と受けた後、順に直前の文を「C、D」という同じ語のくり返しでなめらかに引き継いでいて、文を隔てた連接や、並列文を一括した連接などによる、いわば立体的な文章展開は見られない。

一方、作品Yの方は、第一文で主内容を述べ、それを「その際」というコソアドのソ系の指示語で受けて、移動の距離の部分を補足するという展開になっている。「補足」と判断するのは、移動距離の部分を別の文として切り離したことが、その点の強調となる反面、そこを補足的位置に格下げしたことにもなると考えられるからである。

[文構成]

文型を見ると、作品Xは要求表現、形容詞や形容動詞を述語とする文の肯定あり否定あり、さらには動詞述語文ありと、きわめて多彩だ。これに対し作品Yの方は、第二文の「距離は」も格関係としては「距離を」を係助詞「は」で提題化したものと解すれば、二つの文がともに主語なしの「〜ヲ〜スル」型の文だということになり、作品Xとは対照的に文型の点でも単調である。

主述関係に目を転ずると、両作品とも述語は文末に明示されていて、その点では差がない。主語が現れにくい文である関係から、主語と述語との間の距離や順序も問題にできない。しかし、主語が現れないという現象は同じでも、その背後にある性格はかなり違う。作品Xの方は、命令文や、修辞的に仮設した相手の反応を題目としてそれを肯定した文であるために文法的に主語が不要な場合か、あるいは文脈上明らかであるために主語をことわるまでもない場合であるが、作品Yの方は、意識的に非人称表現をとって現実場面を離れることで抽象化し、客観性を増すのである。

次に文の長さに注目すると、作品Xは最終の一文を除けばかなり短い文の連続だが、作品Yは第一文が極端に長いために、拍数で数えて二八対五三、字数で二三対三七、文節数で七対一一と、平均で作品Xの二倍近い長さとなる。平均偏差を算出すると、拍数で一三・二対二五・〇、字数で一二・六対一五・五、文節数で二・八対四・五となる。ただし、両作品の平均文長の差を考慮すれば、ほぼ同程度の揺れと認めることもできよう。

次に文頭の語を対比すると、作品Xの「アルファベットの」は次の「ABC……」を単に説明しているだけで、その意味を限定する機能は微弱だが、作品Yの「垂直な」の方は次の「線分」の性格を規定しており、それを欠いては意味が不明瞭になる。すなわち、前者は、情報伝達を円滑にするための、上位概念の語による枠づけなので、省略しても情報量は減らないが、後者は、それ自体が情報の重要部分を成す必須な要素なのである。

文末に関する第一点は、作品Yが「させる」「する」という同じ調子なのに対し、作品Xは「です」「ます」「ません」「下さい」というように変化に富んでいることだ。第二点は時制である。両作品とも、形は現在形で差がないが、作品Xが相手と話し合っている現在であるのに対し、作品Yは場面から遊離した抽象的な時である。前者を場面上の現在とするなら、後者は非人称の超時的時制なのである。第三点は、作品Xがデス・マス体を採用して対者意識を顕現させているのに対し、作品Yは他の傾向とも呼応して、対者敬語を排除していることだ。

[語法]

作品Xでは、「並べて」「重ねて」のような「……て」の形が、わずか三七文節の短い文章中に六例も現れるほど頻出する点が、対話調との関連で注目される。作品Yにはこのように集中する用法が見られないが、次の諸点には、共通して正式性への志向が認められる。「中心とした円」とせずに「中心とする円」とした超時性、「描いて」とせずに「描き」という連用中止の形を選んだ非会話性、「にする」でなく、再度「とする」とした改まり、「線分と円弧とを」のように、省略されやすい二番目の「と」を残した完全主義、格助詞の「の」を省いて「左側部分」とするような術語愛好癖などがそれである。

［語彙］

動詞の連用形・連体形と形容詞・形容動詞・連体詞・副詞を修飾関係詞として一括すると、作品Xは一五、作品Yは六となり、前者は後者の二・五倍を占める。しかし、両作品は全体の言語量が違うので、それぞれの文章を構成している語数との割合で測り直すと、約七対五の比率になる。いずれにしても、作品Xの方が高く、文章の装飾性の強さを示す一つの資料として注目される。

文と文との間の関連を示す語を連接関係詞として一括し、その差を見ると、作品Xでは「C、D」という同じ語の反復が目立ち、作品Yでは「平行移動」を次の文で単に「移動」とし、あるいは「直径」という語で前の文の「円」とのつながりをつけるなど、関連語の反復が特徴的だ。

頻出語としては、作品Xではアルファベットが目立ち、全自立語の三五パーセントを占める。一方、作品Yでは、「垂直」「線分」「円弧」「直径」「二等分点」「水平方向」「平行移動」「三分の二」といった数学関係の用語が多く、全体の半分以上に達している。

次に、用語の性質をイメージ喚起力の点から見ると、作品Yの場合は抽象的な語が多く、作品Xの場合は対比的にやや具体的だということになろう。

今度は語構成の面から見ると、作品Xの文章が単純語から成るのに対し、作品Yの方には複合語、特に「二等分点」「水平方向」といった四字漢語の多いのが目立つ。

語種に目を移すと、作品Xには「C、D」といった英字のほか、「アルファベット」「ノート」という外来語も混じる。漢語の割合を調べると、作品Xは漢語率が六パーセントにも満たず、作品Yの方は逆に、漢語が実に三分の二にも達する。

語彙を位相の面から見ると、作品Xがほとんどすべて日常語で書かれているのに対し、作品Yの方は、多用される漢語の大部分が数学関係の語で、「線分」「円弧」「平行移動」といったかなり専門語に近い語も含まれている。

語の文体的レベルに注目すると、作品Xは、「反対」や「逆」でなく「さかさま」とし、「わずかに」でなく「少し」とするなど、全体として話しことばの調子だが、後者が「ちょっと」まではくだけない点や、「要る」でなく「必要」であり、「みたい」でなく「よう」である点などを考慮すると、やや改まった会話か、あまり改まらない手紙といったレベルと認定すべきだろう。一方、作品Yの方は、「丸を書いて」とせず「円を描き」とし、「真横」とせず「水平方向」とし、「ずらす長さ」とせず「移動の距離」とするなど、かなり硬い文章のレベルの用語であると判断できる。

両作品の語彙量の相対的な大きさを推測するために、延べ語数と異なり語数との関係から推定する簡便な方法を試みてみよう。同じ一〇〇〇語なら一〇〇〇語の文章が、一方は九〇〇種類の語から成り、他方は三〇〇種類の語でできているという極端な例を仮定すれば、前者の方が相対的に語彙が豊富だと考えるのが妥当だという点はわかりやすい。作品Xの場合は、延べ三七語の文章が二八種類の異なった語から成っており、作品Yの場合は、延べ二一語の文章が異なり一九語でできている。前者が同じことばのくり返しの多い表現であったことの一つの側面であり、この方法によれば、後者の方が相対的に語彙量の豊富な文章だということになる。

［表記］

漢字率を計算すると、作品Xが一二パーセント、作品Yが五六パーセントというふうに、ほぼ同じ内容の文章としては対照的な結果となる。講座「コトバの科学」の第五巻『コトバの美学』(中山書店)に「コトバの美と力」と題して発表した学部学生時代の論文で、漢字率の調査を試みたことがある。その結果を参照すると、小説五〇編の平均が三六パーセントで、作品Xの一二パーセント以下の作品は皆無、作品Yの五六パーセント以上を記録した作品もただ一編を数えるのみであり、この両者の漢字率の差はきわめて大きいことがわかる。そして、この場合、どちらの文章にも、「けんちょ」とか「可成」とかといった特に現代の慣用を破った表記例も見当たらないので、この差は語彙のところで取り上げた漢語率の差が直接反映したものと考えられる。

もう一つの違いは、作品Xに洋字や特殊符号の混じる点だ。洋字の方は、図形からCとDとの組み合わせを連想した発想自体から必然的に生じたわけだが、それが延べ一三にも及ぶのは、その饒舌な文体と呼応する。特殊符号というのは、以下省略の意の「……」であり、そのうちの二番目の例は、次項に述べる修辞的な機能を兼ねる点に文体上の意義がある。

[修辞]

まず、修飾の度合を、名詞や動詞にかかる修飾文節の数の平均として機械的に測ると、名詞一個あたりが、作品Xで〇・四文節、作品Yで〇・九文節となり、動詞一個あたりは、作品Xで六・四文節、作品Yで五・五文節となって、名詞にかかる重さは作品

Yが上回り、動詞にかかる重さは作品Xが上回る。しかし、文章の装飾性を測る視角として問題にするのなら、もう少し肌理細かい配慮が必要だ。それには、意味を限定するなどの重要な情報を付加する修飾語は除き、強調したり美化したりするような、表現主体の修辞意識を担う修飾語に絞って処理すべきだろう。そこで、省略しても論理的情報をほとんど減らしも歪めもしない要素だけで測り直すと、名詞に対しては、作品Xが〇・四〇、作品Yが〇・一四となり、動詞に対しては、作品Xが四・四三、作品Yが〇・七五となる。つまり、装飾的な意味での被修飾率は、名詞・動詞ともに作品Xの方がはるかに高い、という結果が得られるのである。

一方、技法で目につく第一点は、作品Xの比喩表現で、「ちょうど鏡に映った字のように」という典型的な直喩のほか、「C、Dをさかだちさせ」、文字のふくらみを「背中」とするような擬人化もその類例であり、課題の図をCとDの組み合わせととらえる発想と同じ方向にある。

第二点は、やはり作品Xの、電話式対話とでも呼ぶべき技法だ。「A、B、C……を考えて下さい。A、B、C、D……そうです。そのC、Dが」という展開がそれである。後の方の「……」は、仮構の相手の反応めかした「A、B、C、D」から、それを受けとめる語り手の「そうです」に移行する際の一種の〈間〉の役をも果たす。また、前に余裕のある表現としてふれたあたりも、執筆者のサービス精神に発する例として括ることができよう。

一方、作品Yの方には、比喩表現は皆無、特にこれといった技法もないが、抽象化した主体の行動として全文を統一したのは、目立たぬながら一つの手法と見るべきかもしれない。

散文の中のリズムを探る手がかりとして、試みに、文節を構成する拍数を調べてみると、作品Xは奇数拍が一四、偶数拍が二三で、作品Yは逆に奇数拍が一二、偶数拍が九となり、作品Xに偶数拍が多く、作品Yに奇数拍が多い、という結果が得られる。そのほか、作品Xに「そのまま　並べて　ノートに　書いても」といった四拍ずつの等長文節の連続する例もある。作品Yの方はそのような規則性をまったく欠く。

仮に八拍以上を長い文節として数えてみると、作品Xでは三七文節のうちわずか一文節にすぎないのに対し、作品Yでは二一文節中に五例を見る、というように、作品Yの方に長い文節が多いことがわかる。

［体裁］

作品Xは、改行によって導入部と本論とを分割しており、作品Yは全体を一つの段落としてまとめている。前者は読みやすさを増す方向にある他の一連の表現法と、後者は簡潔な文章を目ざす他の一連の表現法と、それぞれ呼応する。

最後に字面を取り上げる。作品Xは平仮名が七七、漢字が一四、片仮名が一〇、英字が一三だから、平仮名を主体にし、そこに漢字・片仮名・英字がほぼ同程度に混じる、という配合になる。細かく見ると、第一文から第五文まで英字が各文に現れるし、平仮名の地に漢字・片仮名・英字が平均的に散らばって模様を描いている感じで、そこにリーダーのような特殊符号まで加わって、非常に変化に富んだ印象を作り出している。

一方、作品Yの方は、平仮名三二に対して漢字が四一と、逆に漢字の方が三割も多い。その上、どの行も平均して漢字が多いため、全面的に黒っぽく、ぎっしり詰まった感じの外見を呈している。

2　文体的特質と個人の幅

文体効果の認定

第三の過程は、文体印象を把握した結果と、作品言語の性格的事実との対応を検討することである。この照合を客観的に行うためには、表現の深さや古風さ、あるいは余情について実施したような実験や調査を広範囲にわたって多角的に肌理細かく実施し、その成果をふまえて個々の判断を下さなければならない。が、客観的な判断の基礎とすべき、各種の言語的性格それぞれの表現効果に関するデータや学問的な知見のそろっていない現状では、そのような客観的な判断基準によって文体効果を認定できる条件が整っていない。したがって、現段階では多少とも主観的になることは避けえず、ここでも著者の内省に基づく推測で代用することにする。

ただし、文体の問題を、作品を舞台に展開する作者と一読者との対話であると、その文体現象の個別的な性格を強調してとらえる立場に立つなら、文体印象の把握も文体効果の認定も、このモデルの場合のように、一個人の判断による方がむしろ正道だということになるかもしれない。

いずれにしろ、ここでは、文体分析の具体的な手順を示すため、自分の読み取った言語的特徴と自分の受け取った文体印象との照応を自分で判断し、その認定結果を一つのモデルとして一覧表にまとめて掲げておく。以下、表の見方を略述しよう。

大文字のXまたはYという記号は、発想が鏡文字、表現態度の受け手意識が弱く、素朴平均文長が短く、漢字率が大きいといった、その行に記載された言語的特徴と、素朴〈素〉、派手〈派〉、ごつごつ〈粗〉、取っつき難い〈疎〉といった、その段に記載された文体印象とが、互いに深い関連があると認定したことを示す。

言語的特徴の配列は前項「言語的性格の析出」で扱った順としてある。略記の意味内容についても同項の説明を参照のこと。文体印象の方は「文体印象の把握」の項で整理した結果の順に配列してある。略称についても同項を参照されたい。

小文字のxまたはyという記号は、上述の関連が一応認められるが、それほど深い関係ではないと判断したことを示す。また、マイナスの符号がついている場合は、その行の言語的特徴とその段の文体印象とが相反する関係にあり、むしろ逆効果になると判断したことを示す。空欄は、その行の言語的特徴とその段の文体印象との間に特に関連が認められないと判断したことを意味する。

以上を具体例で説明すると、例えば次のようなことがこの表から読み取れる。漢語率の小さいことが作品Xの軽い印象と、幾何学的な作品世界であることが作品Yの知的な印象と、それぞれ強い相関がある。語性の点で用語が具体的であることが作品Xの暖かい印象と、字面が詰まった感じであることが作品Yの硬い印象と、それぞれ弱い相関がある。逆に、映像展開が非連続である点は作品Xの暖かい印象と、文の長さの偏差が大きい点は作品Yの機械的な印象と、それぞれ強い逆の相関がある。同じ語の反復による連接である点は作品Xの技巧的な印象と、専門語の多い点は作品Yの素

分析点		発想	作品世界	題材	表現態度				文章展開					文構成							
対照項					受け手意識	叙述			冒頭の性質	内容展開	映像展開	テンポ	連接・呼応	文型	主述関係	文長 平均	文長 偏差	文頭	文末 変化	文末 時制	文末 文体
言語的特徴	作品X	鏡文字	漫画	C・D	強	状態的	余裕	概略	誘導部	合一	非連続	遅	反復	多様	内顕	短	小	省略可	多様	現在	デス・マス
	作品Y	作図	幾何	線分・円	弱	非人称動作	最小限	厳密	単刀直入	変形	連続的	速	指示	一様	不定	長	大	必須	一様	超時的	デアル
文体印象 対象把握	人機	X Y	X Y	x Y	X Y		x y	X Y	X Y	x y	x y			x y	x Y		-X -Y		x Y	y	X y
	主客	X Y	X Y	Y	x Y			x y			x y				X Y		-x -y		y	x Y	y
	情知	X Y	X Y	Y	X Y		x	x Y	X Y		x y		x y	y	x y		-x -y	y	y	x y	x y
	概精	X Y	X Y	Y			x y	X Y		x					-x -y						
文体印象 叙述態度	説記	X Y	x Y	x y	X Y		x y	x y		x				x y	y			x y			x y
	具抽	X Y	X Y	Y	X Y			y					x y		Y					x y	
	描要				x	x	Y		y			x y		x				y		x y	
	冗凝				x		X Y		y			x y	X Y			y		X Y			x y
	技素	X Y	x y	y	x y				x		x			X Y			-X -Y		X Y	-y	
文体印象 作品感触	派地	x y	x y	y	x y		x y				x			X Y			-X -Y		X Y		
	滑粗	y	y	y			y	y	X Y		-x -y	x		-x -y			x	x	-x -y		x y
	軟硬	Y	x Y	Y		x Y	Y	y	x y		-x -y	x			y		x		y		X Y
	暖冷	x Y	X Y	Y	X Y	Y	y	y	x y		-X	y	x y		y				y	x y	X Y
	軽重	x y	X Y	x y			y	y		y		-x -y		y	y	Y		y	y		y
	明暗	x	X											y	y	x	-x -y				
	親疎	X Y	X Y	x y	X Y	Y	y	y	X y		-x		x y	x y	x Y				x	X Y	X Y
効果指数	X Y	20 23	22 23	04 20	17 16	02 06	07 14	07 14	11 11	03 02	00 01	03 02	06 06	07 09	04 13	01 03	-07 -09	04 06	05 10	07 08	12 13

	体裁		修辞						表記		語彙										語法
	字面	改行	リズム			技法	比喩	修飾度	洋字・符号	漢字率	語彙量	レベル	位相	漢語率	語種	語構成	語性	高頻度語	連接関係詞	修飾関係詞	
	変化	有	短文節	等長	偶数拍	多彩	多	大	多	小	少	口頭語	日常語	小	外来語	単純語	具体的	英字	同語	多	……テ
指照数応 Y X	詰屈	無	長文節	不規則	奇数拍	単調	無	小	無	大	多	文章語	専門語	大	漢語	複合語	抽象的	数学用語	関連語	少	正式
29 32	x	x y				X Y	X Y	x y	-x			x	X y		y		x Y	x y	-y	x y	y
12 21						x y	X Y						y		y		y	y	-y		
18 40	x y		y			y	X Y	x y	-x	y	y	x	Y	y	Y	y	Y	Y	y	y	y
10 17							X Y				y		x Y		y	y		Y			
24 24						X Y	X Y	X Y	x			x y					X Y			X Y	
17 28							X Y	X Y		y			x Y	y	y		X Y	Y		X Y	
11 15							x y	X Y	-x			y					X Y		y	X Y	
18 22	Y	y					x y	X Y		x y	X y						y		x y	X Y	
18 10	X	x		x y		X Y	X Y	X y	X Y		-x		-X -y		x -y				-x -y	x	-y
18 17	x					X Y	X Y	X Y	X Y		-x		-x		X					X Y	
10 19			y	x y	x y					y		x y	X Y	X Y	Y	y	y	y			
13 35	y		y			y	y			X Y		x y	x Y	X Y	Y	y	Y	Y			x Y
17 38						y	x Y	y		x y		X Y	X Y	X Y			x Y	Y		y	Y
15 37	Y	Y	x Y				y		x	X Y		X y	x Y	X Y	x Y	x Y	Y	Y			x Y
09 06	x y					x y	x y		x	x y				y	x						
37 45	X Y	x y				x Y	X Y	x y		x Y	x	X y	X Y	X Y	Y	Y	X Y	Y	x	x y	X y
276 406	08 09	03 05	01 05	02 02	01 01	11 15	22 25	15 15	04 04	08 12	01 03	11 08	09 17	10 13	05 13	01 08	10 21	01 17	01 00	13 14	04 08

朴な印象と、それぞれ弱い逆の相関がある。

最下段の数字は、大文字に二点を、小文字に一点を与え、作品Xと作品Yとに分けて縦に合計した〝文体的効果得点〟で、その行の言語的特徴が各種の文体印象と結びつく幅と強さの尺度を表す。一方、最左列の数字は、同じく大文字に二点、小文字に一点を与え、作品Xと作品Yとに分けて横に合計した〝言語的根拠得点〟で、その段の文体印象が各種の言語的特徴によって裏づけられる幅と強さの尺度を表す。

つまり、それぞれの言語的特徴および文体印象のそれぞれの作品における働きを示し、その重要性を測る一つの目安となるはずである。

文体的特徴の抽出

今回の試みは、文体分析のモデルを提供することを目的とするため、初めから、どれかの文体印象と何らかのつながりが認められる言語的特徴だけを取り上げたが、実際にはあらゆる言語的性格が文体印象にかかわるわけではない。前述したように、文体効果は作品が静的に保持しているものではなく、作品という言語的な場における人間行為としての、作者と読者との出合いを通して実現するダイナミックな現象だ。とすれば、読者側の文体印象にまったく影響を与えない言語的性格は、たとえ作中に現実に存在するとしても、文体分析の過程では無視するのがむしろ適切な処置と言えよう。

したがって、実際の文体分析においては、作品の文章を分析して得られた言語的特徴群の中から、文体印象との照合の結果、文体効果の確認されたものを文体的特徴として選び出す、という第四過程を通ることになる。

作品の文体的構造の記述

作品の文体を探る言語分析段階の最終過程は、作品の在り方を、以上の手続きを経て抽出された文体的特徴の束としてとらえることである。ここで注意しなければならないのは、個々の文体的特徴がばらばらに働いているわけではなく、また、同じ強さで張り合っているわけでもない、ということだ。その点を忠実に盛り込むためには、文体を形成する因子としての強さに応じて、各文体的特徴のそれぞれに適正なウェートを加味し、その有機的統合である作品の文体の姿を構造的に記述する必要がある。一つのモデルとして、その主要な部分を素描すれば、この場合は次のようにまとめられるだろう。

まず、作品の性格を三つの面からとらえると、作品Xは、対象把握に人間味が強く、情的で主観的であり、叙述態度は説明的で技巧的、具体的で冗漫でもあり、その感触は親しみがあって、派手であり、暖かさや軽さもある。

一方、作品Yは、対象把握が知的で機械的で客観性があり、叙述態度は抽象的で記述的で凝縮的、その感触は取っつき難さが前面に立ち、冷たく重く硬い。

一覧表の左端の行に数値で示された言語側の裏づけに反映しているように、これらの性格的特徴が、あるいは濃く、あるいは薄く、かつ、融合して層を成しながら、作品それぞれの全体印象を形づくっていると考えられる。

そのような作品の性格を規定する言語側の条件が、個々の文体的特徴の統合として記述される。一覧表の最下段の数値に反映しているように、作品Xでは、漫画的な作品世界、豊富な比喩表現、鏡文字の発想などが最大効力を示し、受け手を強く意識した表現態度、修飾度の大きい点などが次に有効で、ほかに、修飾関係詞の多い点、デス・マス体の採用、冒頭の誘導部、話しことばレベルの用語とその具体性、多彩な修辞上の手段、極度に低い漢語率なども、文体効果にかなりかかわっていることが認められる。

一方、作品Yでは、比喩表現が皆無である点、発想を作図に置き、幾何学的な作品世界を構築した点などが最大効力を示し、用語の抽象性、題材を線分と円に求めた点などが次に有効で、ほかに、数学用語の頻出、受け手を意識しない表現態度、豊富な専門語、低い修飾度、単調な修辞、必要最小限の、しかし厳密な記述、修飾関係詞の少ない点、非人称的表現や、デアル体相当の講義体文末の採用、高い漢語率とそれに伴う高い漢字率なども、文体効果にかなりかかわっていることが認められる。

以上の文体的特徴の複合した言語的性格が、やはり統一体である文体印象と全面的に対応する時、その全体を作品の文体構造と考えるのである。

分析モデルとして示したこの両作品の文体的性格を一言で評するなら、要するに、作品Xは外に向かう文章であり、作品Yは内にとどまる文章である。前者を「話しかける文体」、後者を「書き記す文体」と呼ぶとすれば、両作品の文体構造の対照的性格を端的にとらえたことになるであろう。

個人文体へのアプローチ

次の文章は作品Xと作品Yのどちらに似ているだろうか。その特徴を読み比べてみたい。

水平線を一本長くひき、そのまま鉛筆をはなさないでそこから線上に細長い先のとがった三角形を、次に線の下に小さな半円を……つまり弓形を小さく書けばよい。それからまだ続いて、線上に正三角形にも似た小さな三角形を、次に線の下に大きな半円を……そこで先に引いた線分の二等分のところです。後の半分の線分もまた、上に細長い三角形……と、先程のくりかえしです。ひと筆書きで書ける図です。

書き終ったら線分の右半分に書かれたものを黒くぬりつぶします。

地形の断面図で海があり丘があり川があり山がある……といった図に見えます。また、音の波長のように、いえ心の動ようを示しているのでしょうか。静かな波であったり、荒い波であったり……人間の一生とはこんなもの、こんな波のくりかえしですよ。モーパッサンだったら、そういうかもしれませんね。線上にはとがった三角形が全部で4つ、線下には半円形が4つ並んでいる図です。

この文章は、地形の断面図—音波—心電図—波—生涯と連想の飛び交う発想型、「半円を……つまり弓形を」「こんなもの、こんな波のくりかえし」といった同じ意味のことばの反復や、「ひと筆書きで書ける」とか「モーパッサンだったら」とかといったサービス情報を盛り込む余裕ある表現態度、「音の波長のように、いえ心の動ようと流れる非連続な展開、「でしょうか」「ですよ」「かもしれませんね」といった話しかけるような文末表現、「……」の活用など、作品Xが持っていた言語的特徴と共通する部分が多い。そして、事実、これは作品Xの筆者が別の図の言語表示を試みた際の文章なのだ。

しかし、この言語作品の文章の性格は、作品Xのそれとまったく同じだというわけではない。例えば、この文章では、漢語や漢字の率が作品Xの場合ほど極端に低くはない。逆に、数学用語も稀ではなく、冒頭に導入部がないし、「書けばよい」という常体の文末表現が混じり、「水平線を一本長くひき」と連用形で中止させる構文が見られるなど、作品Xとの相違点も少ないとは言えず、むしろ作品Yに近い言語的性格さえ見られる。

このように、同一の筆者の文章でも、作品ごとに多少とも違った性格が現れるのは決して珍しいことではない。作品の文体から執筆者個人の文体へとアプローチする場合、作品によって違う要素をどう考えるべきだろうか。その時、共通しない言語的性格をすべて排除し、全作品に共通する言語的特徴のみで個人の文体を語ろうとする純粋主義は、純粋であるだけにかえって、どろどろした文体の全体像をまるごととらえきれない。

文章が人を動かすのはその全的な文体構造の生きた力としてであり、決して純粋な共通要素だけから抽象された痩せ細った文体概念のためではない。個人の文体というものを、どろどろの作品の文体を注ぎ入れる鋳型のように物的に存在していると考えると、文体の生命力は失われる。作家の文体は、作品の文体を濾過して観念的に獲得した抽象的存在ではない。それはむしろ、あらゆる作品の文体を内包してうごめく無定形の存在ととらえた方が現実に近いだろう。つまり、作家の文体は作品の文体から抽象された概念ではなく、それらの渾然とした集合体なのだ。

したがって、個人の文体は、どのような条件下でどういう性格の言語的特徴をどの程度顕現させ、どの条件がどう変われば、その時、どの言語的特徴がどう変化する、というような形で、言語面に反映するその人間の在り方としてとらえられるべきだろう。

とすれば、すでに書かれた作品だけがその作家の文体を規定するとは限らない。その作家がこれから書くはずの作品、実際には書かないとしても、もし書く場合には、この作家ならこう書くに違いないと確信されること、さらには、あの作家が生きていれば、こう書いたかもしれない、といったあたりまで含めて、人間は存在感を保ち、周囲への影響力を発揮するのではないか。個人の文体をとらえることは、いわば、現実態としての個々の作品の文体から帰納される、その個人の可能態の総合的性格を体系的に明らかにすることである。

このモデルについて言えば、他の数編を含め、図の言語表示という条件における文章群を資料として帰納される、作品Xの筆者の文体的特質は、抽象的な図形から、お供えや馬糞を、あるいは保安官のバッジや金平糖を、あるいはまた、ゆで卵をハンバーグで包んだ食べ物や、火成岩や、潮の干満図を連想しないではいられない発想のメカニズムと、そういった思考形式を言語化する際の豊富な比喩的表現と、「風車のようにくるくるまわしたらきれいでしょう」とか、「ピカソが自分の目を書くとしたらこんな絵になるかもしれません」とかという仮設の想像を挿んで展開する余裕ある表現態度と、読み手を極度に意識して心理的距離を短縮する対話調の文末表現などが、その中核を成すと推定される。

現実態から可能態を推測するこのような試みは、資料の幅と量とが増すにつれて次第に修正され、実現された全作品の文体分析の完了した時、目ざすものに最も近似した姿を呈することになるだろう。

V

作品の文体

──人のいる表現風景──

文芸への文体論的アプローチを目ざす際の表現分析の方法は、対象とする作家や作品によって一定ではない。どういう観点から、どんな側面に光を当て、どう掘り下げるのが有効な文体解明の手段となるかは、その作家なり作品なりを離れて、あらかじめ一般的に測ることはできない。どの分析項目がその文体の特質に深くかかわるかは、実際の文章を熟読玩味するという深い言語体験を通して主体的につかみ取るほかはないからだ。その意味で、方法は対象の中にあると言うことができる。

紙幅の関係もあり、本書では、本章「作品の文体」として漱石の『坊っちゃん』を、次章「作家の文体」として井伏鱒二を対象とした実践例をささやかな見本として示すにとどめる。文芸へと向かう文体分析の多角的な試みについては、文体論の実践例三七編を収載した『文体論の展開』(明治書院)、九八作家の二一二作品の文章・文体に言及した『日本の作家　名表現辞典』(岩波書店)を参照されたい。

『坊っちゃん』対話録

——発声から思考に至るグラデーション——

夏目漱石『坊っちゃん』の文章・文体について、これまでに二回、ある程度まとまった形で言及している。一つは明治書院の雑誌『日本語学』の一九九五年十一月号に掲載された「レトリックの現在」と題する論考における分析例としてである。今一つは一九九七年の二月に刊行された(『早稲田大学大学院文学研究科紀要』第四二輯・第三分冊所収)論文「『坊っちゃん』の人物描写」という形で発表したものである。

前者では言語的な表現分析を試み、生き生きとした語り口、豊富な連想、おおげさな感じ、ことばのおかしみ、痛快な印象を誘うさまざまな表現技法を指摘し、作品の表現構造と伝達効果について論じた。

後者では作品に登場する人物、および、言及される人物の総覧を掲げ、主役・脇役・端役・寸役それぞれの描写における表現の実態を調査して各を比較対照しつつ、この作品における人物造形のあり方を明らかにしようとした。

1　発話の抽象度

「坊っちゃん」の人物像と『坊っちゃん』の構造

「『坊っちゃん』の人物描写」において、全叙述から浮かび上がってくる主役坊っちゃんの人物像を、履歴・身体的特徴・趣味・性格などに分けて記述した。そのうち性格の部分は、親譲りの無鉄砲、強情で負けん気が強い、真っ正直で正義感が強い、人情味が豊かだ、せっかちで気が短い、込み入ったことが嫌い、我慢ができない性分で怒りっぽい、何事にも長続きしない、ものにこだわらない淡泊な性質、諦めがよく潔い、人間が単純、東京を絶対視して田舎に偏見をもつといった点にまとめた。このあたりは、作品『坊っちゃん』を通読して、単純な勧善懲悪の痛快な活劇と感じる一般読者の印象と一致するだろう。

しかし、他方でこういう事実も明らかになった。物語の構造が一見、坊っちゃんと山嵐とが組になって赤シャツ・野だいこ組に立ち向かうタグマッチの様相を呈しているが、叙述を仔細に検討すると、必ずしもそういう構図にはなっていない。大団円にあたる第十一章の立ち回りの部分で端的に示されているように、実際には山嵐がその正義感から赤シャツに立ち向かうのが主たる抗争であり、そのメインイベントと並行して演じられる坊っちゃんが野だいこをやっつけるセミファイナルは、相手の悪事を咎めるというより、その日頃の言動に対する腹いせのように見えるという事実である。

新米教師の坊っちゃんは、田舎者の生徒を頭から叱りつける。校長の狸の話に異を唱え、教頭の赤シャツに食ってかかり、数学主任の山嵐こと堀田との仲も一時は一方的に険悪にし、画学の教師野だいこと吉川の顔を見ればどなりつける。読者にはそういう勇ましい坊っちゃん像が形成されるのだが、単純明快に見える坊っちゃんの言動にも、注意深く読むと、憶測や勘ぐり、神経衰弱、そこから来るやや病的な被害意識、被害妄想的な部分さえも感じられる。

声の種々層

ここでは、「坊っちゃん」の声にいくつかの層があることに注目して、坊っちゃん自身の対話の実態を調査する。どこまでが実際に坊っちゃんのとった言語行動なのかを推測し、その過程で、対人関係や話題・内容などとの関連をも掘り下げて、あの作品の世界でいったい何と何が現実に起こったこととして述べられているのかを探る。すなわち、作中で語られる情報の性質という視角から、この小説の文体の一側面を照らし出そうとするものである。

対話や独話に見られる坊っちゃんの声を層別に分かち、叙述の襞《ひだ》に分け入る読み方で、主人公の行動と思考、事実と想像をできるだけ正確にたどりながら、作品のそういった光と翳を、あるがままの表現の奥行でとらえてみたい。

この作品は、「坊っちゃん」が「おれ」という一人称で語る小説である。したがって、全編が「坊っちゃん」の声で満ち満ちているのは当然であるが、もちろん主人公がすべて声に出して誰かに話しかけているわけではない。ある部分は山嵐や赤シャツに向かって実際に発話したことばであり、ある部分は発言しようとしてためらった部分であり、ある部分は声に出した独り言であり、ある部分は心の中のつぶやきであり、ぼやきである。また、ある部分は読者に対する説明であり、あるいは読者としての清を思い描いての訴えであったかもしれない。

以下、そのような現実の発言から心内語、思考内容に至る種々層を、坊っちゃんの発話をとおして考えてみたい。なお、テキストには岩波書店から一九九四年一月に発行された『漱石全集　第二巻』を用い、現代仮名遣いに改めて引用する。

引用符明示発話

明らかに会話と判断できるのは、その部分を「　」で包んで明示してある場合である。これをA段階とすると、坊っちゃんの発話では全編で長短合わせて一五〇箇所を数える。そのうち最も明確なのは、第四章の次の例のように、会話部分を取り立て、改行して独立させたものである。

A1　「誰れも入れやせんがな」

「入れないものが、どうして床の中に居るんだ」

第五章の次の例のように、改行せずに次の発話が続く場合も、いくらか独立性が弱まるとはいえ、そのとおりの形でことばが発せられたことを伝えようとしているものと解釈できる点では同様である。

Ａ２　「あんまり喜んでも居ないでしょう」「いえ、御世辞じゃない。全く喜んで居るんです、ね、吉川君」

また、第四章の末尾にある次の例のように、そのまま地の文に流れ込む場合も、「　」の部分はそれに準じて考えてもよさそうである。

Ａ３　「いえ、ちっとも心配じゃありません。（中略）授業が出来ない位なら、頂戴した月給を学校の方へ割戻します」校長は何と思ったものか、暫らくおれの顔を見詰めて居たが、然し顔が大分はれて居ますよと注意した。

「　」で包まれているもう一つの場合は、第一章の終わり近くにある次の例のように、その発話部分が地の文の中に組み込まれているケースである。

Ａ４　余り気の毒だから「行く事は行くがじき帰る。来年の夏休には屹度《きっと》帰る」と慰めてやった。

「　」に包んである以上、この場合もほぼそのような形の発言が行われたことを伝えてはいるが、発話内容の意味や発話意図、発言の仕方などに関する説明を伴うこの形式は、それだけ「　」部分の独立性が弱まり、発言をそのまま記載したという客観性が少し低下するように思われる。発言自体がいくらか概念化し、厳密にそのとおりの言語形式で発音しない場合も含まれるような印象を受ける。この例で言えば、実際の発話は例えば「行く事は行くけれど」「行くには行くが」、「すぐ帰る」「じき戻る」「帰って来るさ」「来年の夏には」「必ず帰るよ」といった形で実現したかもしれないといった含みが、Ａ1〜Ａ3より若干大きいように感じられるのである。

と＋発言動詞

発話部分が「　」で明確に区切られていない場合は、なおさらそういう傾向が強くなるが、それでもまだ、引用を示す助詞の「と」を発言を意味する動詞で受ける場合は、そういうことばの形で発言した感じが強い。これをＢ段階とすると、坊っちゃんの発話で最も多いのは「云う」で五二例、次いで「聞く」が二二例、「答える」が一二例、「返事をする」が六例出現し、ほかに「尋ねる」「聴き返す」「声を出す」「怒鳴りつける」を含めて、全編で九九例に達する。例えば、第五章の初めに出る次の箇所の「そうですなあ」の部分は、いかにもそう発言した感じの一例である。

Ｂ1　おれはそうですなあと少し進まない返事をしたら

それは、助動詞「です」に上司である赤シャツに対する坊っちゃんの待遇意識が感じられ、また、「なあ」という終助詞に坊っちゃんの口調がしのばれる点で、現実の発話らしい生々しさを残しているからである。

第七章に出る次の例の「ますかね」「ですぜ」の箇所もその類例と見てよい。

Ｂ2　奥さんがある様に見えますかね。可哀想に是でもまだ二十四ですぜと云ったら

第八章には、次のようにさらに謙譲表現をも含む「御目に懸りましたね」という例が見え、あたかもその場での発言であるかのような臨場感が強まる。

Ｂ3　野芹川の土手でも御目に懸りましたねと喰《くら》わしてやったら

終助詞か待遇表現かその一方だけでも、会話らしい感じは残る。例えば、清に話しかけた第一章の次の例のように終助詞を伴う場合は、それだけでやはり、そのとおりの語形でことばを発したような印象を与える。

Ｂ4　臭いやと云ったら

Ｂ5　今に帰すよと云ったぎり

Ｂ6　どこかへ奉公でもする気かねと云ったら

以下もその類例である。

B7　此学校の生徒は分らずやだなと云ってやった。（第三章）

B8　三時過ぎ迄学校にいさせるのは愚だぜと山嵐に訴えたら（第三章）

同じく第一章で、「二階位から飛び降りて腰を抜かす奴があるか」と「おやじ」に叱られてとっさに言い返す次の例は、終助詞がなく待遇表現のみ現れた場合である。

B9　此次は抜かさずに飛んで見せますと答えた。

聞き手に対する敬意を表す「ます」という助動詞を残すこのような場合も、その形で発言した感じがかなり強いが、終助詞を伴う場合に比べると方向の個別性が弱く、単に待遇レベルを示すにとどまる感じの例もあって、生の発話というリアルな感じがやや弱いようである。実際には「今度は」「腰を抜かさないで」「飛んでお見せしますよ」などと答えたとしても、その発言事実はこのような形にまとめて伝えられる可能性を感じさせるからである。

終助詞も待遇表現も伴わずに引用される会話は一般に、生々しさがもう一段落ちる。しかし、そのうち具体性が高いのは、次の第七章に出る例のように、方言を用いている場合である。

B10　それじゃ僕も二十四で御嫁を御貰いるけれ、世話をして御呉れんかなと田

舎言葉を真似て頼んで見たら

方言ではないが、次の例のように、くだけた日常会話に見られる口頭語形や、さらにくだけた俗語のレベルまで崩れた語形が含まれる場合もそれに準ずる。

B11　仰《おっし》ゃる通りにゃ出来ません（第二章）

B12　何でも蚊んでも（第三章）

B13　僕あ、嫁が貰い度《たく》って仕方がないんだ（第七章）

B14　どうせ臭いんだ、今日から臭くなったんじゃなかろう（第十一章）

「仰ゃる通りには」「何でも彼でも」「僕は」「臭いのだ」「臭くなったのでは」とある場合に比べ、いずれも実際の発話らしい雰囲気が感じられることは間違いない。

次のような応答詞などの感動詞の使用もそういう感じをとどめる方向で働く。

B15　うんと云ったが、うん丈《だけ》では気が済まなかったから（第三章）

B16　おい天麩羅を持ってこいと大きな声を出した。（第三章）

B17　何そんなに困りゃしないと答えて置いた。（第九章）

第十一章の次の例のように、呼び掛けがある場合も、実際の発話めいた感じが増す。

B18　御婆さん、東京へ行って奥さんを連れてくるんだと答えて

坊っちゃんが「部屋に這入るとすぐ荷作りを始めた」のに驚いて、下宿先である萩

野家の老婆が「どう御しるのぞなもしと聞いた」のに応じた坊っちゃんの発言である。

意味を伝えるだけなら一度言えば済むわけであり、次の例のようにことばの反復があると、それだけ実際の発話の感じに近づく。

B19　御免〳〵と二返許《ばか》り云うと（第七章）

B20　止せ〳〵。（中略）よさないかと、出る丈の声を出して（第十章）

第一章にある次の例の「おれ」や「兄さん」のように、話し手の視点が映ることばが使われている場合も、そういう言い方をしたような感じが強い。

B21　なぜおれ一人に呉れて、兄さんには遣らないのかと清に聞く事がある。

指示詞の場合も、それが何を指すか場面ごとに違うため、やはり同様の効果がある。

B22　こんな部屋はいやだと云ったら（第二章）

B23　あとで是《これ》を帳場へ持って行けと云ったら（第二章）

B24　いえ、此所《ここ》で沢山です。一寸話せばいゝんです、と云って（第八章）

B25　あれは馬鹿野郎だと云ったら（第九章）

以上のようなその場での具体的な発言を髣髴とさせる言語形式を含まない場合は、やや抽象的・概念的な発話伝達という趣を呈することとなる。

B26　おれは単簡に当分うちは持たない。田舎へ行くんだと云ったら（第一章）

これは清が「坊っちゃん何時家を御持ちなさいますと聞いた」のに対する返答だということになっている。「のだ」でなく「んだ」となってはいるが、全体をそのとおりに発言したという保証はない。極端に言えば、そういう意味合いの応答をしたことを述べたのかもしれない。実際の発話は例えば「しばらく家なんか持たないよ。今度田舎へ行くことになったんだ」といったような調子で実現したとも考えられる。しかし、「当分うちは持たない。田舎へ行くんだ」というこの形は、坊っちゃんが清に向かって言うのに不自然な表現を含んでいるわけではない。現実にそういう言い方をした可能性を積極的に肯定も否定もできないのである。

もう一歩進んで、不自然な表現が含まれているため、そのとおりに発言したとは考えにくい場合もある。不適切な待遇表現もその一つである。

B27　おればどうでもするが宜かろうと返事をした。（第一章）

その直前に「兄は家を売って財産を片付けて任地へ出立すると云い出した」という一文があるから、これは兄がそういう意味の話を切り出したのに対して坊っちゃんが応じた態度表明であると考えられる。が、その場で兄に面と向かって「どうでもするが宜かろう」という形で発言するのは、両人の立場や年齢から考えて不自然な感じがする。極端に言えば、「わかりました」とか「どうぞ御自由に」とか「僕はちっとも構いません」とかと応じたのに、そういう態度表明の意味だけをとって、それを自分の心内語のように表現したとも考えられるのである。

第二章で宿屋の女に「中学校を教えろ」とか「帳場へ持って行け」とかと言ったことになっている例も、このとおりの発言であったと受け取るのはためらわれる。また、校長の狸に向かって「数学の主任は誰かと聞いて見たら」とあるくだりも、かなり概念化した発話内容を表すものと考えるべきであろう。

一つ一つの表現が不自然であるということとは別に、ある人物に対する待遇表現のレベルが一定しないために、そのとおりの言語形式で発話が行われたのではないと感じられるケースもある。その場合、常体に近いほうの発話形式が抽象化・概念化されていると考えたほうが自然である。

B28　おれは教頭に向って、まだ誰にも話さないが、是から山嵐と談判する積だと云ったら(第六章)

ここは赤シャツが「君昨日帰りがけに船の中で話した事は、秘密にしてくれ玉え。まだ誰にも話しやしますまいねと云った」のに対して坊っちゃんが応じた箇所である。その前の第五章に赤シャツとのやりとりが多いので、その点を確認すると「　」に包まれた会話では次のようになっている。

Ａ５　「どうせ険呑《けんのん》です。こうなりゃ険呑は覚悟です」と云ってやった。

その他の箇所でも、文末にデス・マスを用いる敬体をとっている。「　」のない会話でも、その点は変わらず、次のような調子になっている。

Ｂ29　行きましょうと答えた。

Ｂ30　糸はあまる程ありますが、浮がありませんと云ったら

第六章でも他の会話は同様である。

Ｂ31　迷惑じゃありません、御蔭で腹が減りましたと答えた。

とすれば、Ｂ28の発話引用のうち、少なくとも「話さないが」や「談判する積だ」の部分はこのとおりに発音したとは考えにくく、全体として概念化していると推測される。もっと積極的に、このとおりの発言はありえないと思われる例もある。

Ｂ32　車に乗って宿屋へ連れて行けと車夫に云い付けた。

「連れて行け」という文末の形はＢ28について言及したものの類例と言ってよい。ここで問題にしたいのは、宿屋というものが一軒しかない小さな村でもないかぎり、単に「宿屋へ連れて行け」と指示されても車夫は走り出せないという事実である。実際には「どこのどういう宿屋」と「云い付けた」にちがいない。このように、その部分がないと機能しない箇所の省略された発話は、それだけで現実みが薄い。

第七章の次のようなやりとりも、このとおりに実現する可能性はきわめて低い。

B33　車屋が、どちらへ参りますと云うから、だまって尾《つ》いて来い、今にわかる、と云って、すた〳〵やって来た。

その必要な情報の部分が、省略されずに抽象化している次のような例は、さらに概念化された感じが強い。

B34　実は是々《これこれ》だが君どこか心当りはありませんかと尋ねて見た。

文例中の「是々」の部分にその内容を代入しないと相手に伝わらないからである。

と＋発言媒介動詞

助詞「と」を受ける動詞が、発言自体を意味せず、「受け合う」「慰める」「云い付ける」「訴える」「挨拶する」「断わる」「叱る」「呼び出す」「頼む」「勧める」「喰らわす」「説明する」のように発言を媒介とする行為を指示する場合がある。これをC段階とすると、坊っちゃんの発話では全部で一六例を数える。

C1　切れぬ事があるか、何でも切って見せると受け合った。(第一章)

C2　何ですかもあるもんか、バッタを床の中に飼っとく奴がどこの国にある。間抜けめ。と叱ったら(第四章)

C3　君どうだ、今夜の送別会に大に飲んだあと、赤シャツと野だを撲ってやらないかと面白半分に勧めて見たら（第九章）

これらは、そう言って「受け合った」とか「叱った」とか「勧めた」とかという意味を短くすっきりと表現したものだが、「云って」の部分が省略されたこの形は、それだけ概念化が進んで、そういう意味のことを口にしてというレベルに一歩近づく。

と＋非発言動詞

対話の内容または実現形を引用する助詞「と」を、言語活動と直接のつながりを持たない動詞が受ける場合もある。これをD段階とすれば、坊っちゃんの発話に近いものを受けるこの種の動詞や動詞句として、順に「切り込む」「引き揚げる」「追っ払う」「講義を済ます」「威張る」「凹ます」「抛り出す」「置く」「席を譲る」「帰る」「ぽかり喰わす」「取りかゝる」「引き分ける」「加盟する」「飛び込む」が各一回出現し、次のような箇所が計一五例を数える。

D1　何だか分らない此次教えてやると急いで引き揚げたら（第三章）

D2　四杯食おうが五杯食おうがおれの銭でおれが食うのに文句があるもんかと、さっさと講義を済まして控所へ帰って来た。（第三章）

D3　君俳句をやりますかと来たから、こいつは大変だと思って、俳句はやりません、左様ならと、そこ〳〵に帰って来た。(第八章)

D4　そいつは結構だと、すぐ婆さんから鍋と砂糖をかり込んで、煮方に取りかゝった。(第十章)

D5　そうかそれじゃおれもやろうと、即坐に一味徒党に加盟した。(第十一章)

これらも「云って」を省略した簡潔表現と解することができる。が、この場合は、「引き揚げる」「帰って来る」「かり込む」「加盟する」といった動詞部分が必ずしも発言行為を前提としていないため、発言らしいことばとの直接のかかわりは薄い。「講義を済ます」だけは弁舌抜きで成り立たないが、しかし「何だか分らない此次教えてやる」という部分が講義の一部というわけではないから、意味上「と」から直接つながらない点は他の例と同様である。したがって、その部分が音声を伴って外へ出たときにそのとおりの言語形式であったことを積極的に指示するものではなく、そういった意味合いのことを発言したというにすぎない。C段階の例に比べて、そういう概念化がもう一歩進んでいると見るべきであろう。

しかも、この段階になると、その部分が実際に発言されたという保証もなくなる。「そのように思って」あるいは「そういう意味のことを考えて」、以下の動詞で示す行為を実現したと解しても、文中の意味がその前後の文脈と矛盾しない。つまり、この段階の叙述は、どういう言い方をしたかが曖昧であるだけではなく、そもそも坊っちゃんがそういう意味のことを実際に口に出したかどうかさえ明確ではないのである。

2　文体効果としての作品の声

段階別の出現傾向

坊っちゃんの生の対話である可能性の高いものから、以上四段階の表現を取り上げてみた。まず、坊っちゃんの対話の総数と、そのうち「　」で取り立てられたA段階の会話の数とを章別に示すと、次のようになる。

章	一	二	三	四	五	六	七	八	九	十	十一	計
総数	二〇	一〇	二一	二五	一五	一七	三四	三九	三四	一四	四八	二七七
A	四	〇	〇	一五	九	一二	二四	三四	一一	九	三二	一五〇

これを見ると、作品の前半は引用符で取り立てた対話の件数が少なく、中盤で少し増え、特に第七章から急に増えて、祝勝会の式の模様と中学と師範との喧嘩騒動に巻

き込まれる場面とで構成される第十章を除くと、以下どの章でもかなりの数にのぼる。

次に、主要な脇役との対話を、相手別に段階ごとに整理して掲げる。

	A	B	C	D	計
清	四	一三	〇	一	一八
狸	九	五	〇	〇	一四
山嵐	五二	二二	三	三	八〇
赤シャツ	三一	一〇	二	一	四四
野だいこ	一	四	〇	一	六
うらなり	三	三	二	一	九

山嵐と組んで赤シャツ支配に抵抗するこの物語の構図が、ここの分布にも、鮮明に映っている。すなわち、善玉の同志である山嵐との対話が圧倒的に多く、次いで悪玉の象徴的存在である赤シャツとの対話がきわだって多い。この両者で他の四人の合計の三倍近くに達し、作品中の全会話の半分近くを占める。なお、清と野だいこに対してA段階の場面直結の対話が少ない点も注目される。

このほか、端役のうち二度目の下宿先である萩野の婆さんとの対話でA段階の発話が際立って多く、計三五回のほとんどが第七章と第八章に集中している。この両章は、うらなりこと古賀の転勤騒動をきっかけに、赤シャツやマドンナをめぐる世間話を長々と交わす場面であり、物語舞台の背景を説明する作品構成上の機能を担っている。坊っちゃんは生徒に向かって「篦棒《べらぼう》め、イナゴもバッタも同じもんだ」、「馬鹿あ云え。（中略）さあなぜこんないたずらをしたか、云え」と言い、小使にも「すぐ拾って来い」と命ずる。上司である狸校長にも「堀田には出せ、私には出さなくって好ゝと云う法がありますか」と迫り、二人同時に辞めたら「数学の授業が丸で出来なくなって仕舞う」と慰留されても、「出来なくなっても私の知った事じゃありません」と突っぱねる。悪玉の代表である教頭の赤シャツに対しても、こんな物言いをする。

Ａ６　どうせ険呑です。こうなりゃ険呑は覚悟です

Ａ７　マドンナに逢うのも精神的娯楽ですか

Ａ８　さっき僕の月給をあげてやると云う御話でしたが、少し考が変ったから断わりに来たんです

また、言い方は若干やわらかかったかもしれないが、こんな程度のことは発言する。

Ｂ35　野芹川の土手でも御目に懸りましたね

語りの地声

作品『坊っちゃん』は主人公坊っちゃんの一人称小説であるため、こういったいく

つかの層の坊っちゃんの対話のほか、全編をとおして坊っちゃん自身の語りである地の文も、読者にはまさしく坊っちゃんの声として聞こえている。もっと痛烈なことはその地の文でのつぶやきなのだ。

E1　年中赤シャツを着るんだそうだ。妙な病気があったもんだ。
E2　いっそ思い切って学校で嘘をつく法とか、人を信じない術とか、人を乗せる策を教授する方が、世の為にも当人の為にもなるだろう。
E3　いくら気取ったって、あの面じゃ駄目だ。
E4　教頭とも思えぬ無責任だ。
E5　どこ迄女らしいんだか奥行がわからない。
E6　夫《そ》れ見ろ。利いたろう。
E7　よく嘘をつく男だ。是で中学の教頭が勤まるなら、おれなんか大学総長がつとまる。

むろん、それは赤シャツに関する批評だけではない。赴任先に到着したとたんにいきなり「野蛮な所だ。（中略）人を馬鹿にしていらあ、こんな所に我慢が出来るものか」と憤り、道を尋ねた相手の小僧を「気の利かぬ田舎者だ。猫の額程な町内の癖に、中学校のありかも知らぬ奴があるものか」と酷評し、狸校長の訓示に「余計な手数だ」、「そんなえらい人が月給四十円で遥々こんな田舎へくるもんか」と反応するのも、実際にそう発言したわけではなく、ただそう思っただけである。初対面のとき、「何がアハ、、、だ。そんな礼儀を心得ぬ奴の所へ誰が遊びに行くものか」と山嵐に反発するのも同じだ。宿屋の女中の態度に「田舎者の癖に人を見括《みくび》ったな。(中略)どうするか見ろ」(以上、第二章)と突っ掛かるのもそうだ。

生徒に質問され、「箆棒め、先生だって、出来ないのは当り前だ。出来ないのを出来ないと云うのに不思議があるもんか。そんなものが出来る位なら四十円でこんな田舎へくるもんか」と開き直るのも、その生徒らが黒板に書いた落書きに腹を立て、「狭い都に住んで、外に何にも芸がないから、天麩羅事件を日露戦争の様に触れちらかすんだろう。憐れな奴等だ。小供の時から、こんなに教育されるから、いやにひねっこびた、植木鉢の楓見た様な小人が出来るんだ」(以上、第三章)と斬って捨てるのも同様である。

狸と赤シャツだけが宿直を免れると聞いて、「面白くもない。月給は沢山とる、時間は少ない、夫《それ》で宿直を逃がれるなんて不公平があるものか。勝手な規則をこしらえて、それが当り前だと云う顔をしている。よくまああんなに図迂〳〵しく出来るものだ」(第四章)と憤慨するのも、当の校長や教頭に面と向かって抗議しているわけではない。同輩の野だいこの言動にいきり立ち、「毛筆でもしゃぶって引っ込んでるがいゝ」、「野だの御世話になる位なら首を縊って死んじまわあ」(第五章)と啖呵を切るのも、自分の胸の中でのことなのである。

人と作品の陰翳

ここで、坊っちゃんのやや病的とも思える被害意識について言及しておこう。事実として記されている事柄でも、坊っちゃんの神経が作り出した背景があるかもしれない。それが被害意識につながる点も注目される。「膳を下げた下女が台所へ行った時分、大きな笑い声が聞えた」(第二章)とあるが、それは偶然かもしれないし、少なくとも宿の連中に、坊っちゃんを嘲笑う悪意があったとは思えない。教室へ向かうのに「敵地へ乗り込む様な気がした」(第三章)という態度で臨むから、新任教師を迎える生徒たちのいわば名刺代わりとも言えるバッタ事件を単純に笑うことができず、教師を馬鹿にする悪質ないたずらと解するのだろう。

いか銀が「留守中も勝手に御茶を入れましょうを一人で履行して居るかも知れない」と想像するのも、一種の被害妄想と言えないことはない。事実として述べられる「天麩羅四杯也」や「団子二皿七銭」という黒板の落書き、「赤手拭」というあだ名なども、生徒の関心が強いことを示しはするが、それを「何だか生徒全体がおれ一人を探偵して居る様に思われた」と受け取るのは、いささか病的な感じがする。

このように、作者の夏目漱石、あるいはむしろ人間夏目金之助の影が透かしのように入ってしまったとはいえ、坊っちゃん像の輪郭は、いい意味でも悪い意味でも子供がそのまま大きくなった姿である。この作品は、大人の世界に飛び込んで純粋さを失う、この世界の当たり前とされるそういう構造の意味を問い直しているようにも読める。構造をわかりやすく浮かび上がらせるには、それぞれに典型的な人物を配するのが有効だ。主人公はもちろん、校長も教頭も数学教師も英語教師も画学の教師も、ある時代、ある土地に生きた特定の人間というより、そういう役柄として描かれているように見える。それぞれの人物像がいささか戯画化されているのは、堀田や古賀や吉川でなく、山嵐・うらなり・野だいことというあだ名で活躍することと通じる。坊っちゃんであり狸であり赤シャツであり、あるいはマドンナであるのも、そういうキャラクターを代表しているからだろう。

つまり、この作品に描かれているのは、明治三十年代の四国辺の一中学ではなく、日本の人間社会というものの模型なのではないか。ラフなタッチでスケッチされているものは、ある一つの世間ではない。人間の内面に潜んでいるさまざまな性格要素を個別に人格化し、それを一つの社会構造として描き出したと見るほうが自然だろう。

漱石は、否、人間は誰でも、成長とともに失われていった坊っちゃん性を懐かしみ、心ならずも次第に狸性・赤シャツ性を獲得していたことに気づいて驚く。自分の中の野だいこ性を嫌悪しながらも一掃できず、うらなり性に憧れながら現実に果たせず、時に山嵐性を発揮しようとしてはつまずく。人間というもののそんな人生にあって、欠点も兼ね備えた母親代わりの清は、母性の象徴として、一人ひとりのお守りのような存在に描かれているのかもしれない。

社会的敗者による勧善懲悪の単純明快な活劇に見えるこの作品に、もうひとつの翳をつくりだしているのが、ここで論究した対話構造なのである。自分を代弁してくれる坊っちゃんの、胸のすくような威勢のよい啖呵に、読者は思わず拍手喝采しようとして、ふとためらう。読者が直接聴きとる坊っちゃんの声の多くが、こんなふうに心の声でしかないことに気づく。他人の耳に確実に届いたはずのことばが意外に少ないという事実は重い。それも痛快なことばほど、他人という社会にそのままぶつかることはない。坊っちゃんとわれわれ読者との間にむなしくこだまするだけなのである。

Ⅵ　作家の文体

――作品に映る人の生き方――

井伏鱒二、含羞のフィクション

――虚実皮膜と笑いの体系――

最初に、井伏鱒二の笑いの一つの特色をなしているいわゆる「うやむや表現」に光をあて、虚と実との間を縫うような、いわば〈虚実皮膜の笑い〉を生み出すその種の表現が、ほとんど揺籃期から抜きがたくしみついたこの作家の生理とも言うべき笑いの手法であるという仮説を検証するため、ごく初期の作品における表現の実態をたどる。そのことをとおして、ひいてはそれが井伏文学の独特の世界解釈にもつながってゆく可能性を追ってみたい。

1　〈虚実皮膜の笑い〉を生む井伏流「うやむや表現」

虚実ないまぜの萌芽

当時大阪毎日新聞に連載中であった『伊沢蘭軒』中の記述に史実上の疑いがあると

して、中学時代の井伏少年が「朽木三助」というペンネームとして考えてあった名を用い、巷説《こうせつ》をもとに作者の森鷗外を論駁《ろんばく》する手紙を出した話はよく知られている。岩波書店版『鷗外全集』の第十七巻に収められた当の作品の「その三百三」に、「わたくしは朽木三助と云う人の書牘《しょとく》を得た」とあり、「謹啓。厳寒之候」で始まり「幸不過之候。頓首」で終わる手紙が実際に収録してある以上、井伏が鷗外に手紙を出したという事実そのものは否定することができない。

鷗外没後の一九三一年七月、井伏は東京朝日新聞に「森鷗外氏に詫びる件」と題する一文を発表し、中学時代に級友に唆されて実行したというその一件を告白した。のちに『悪戯』と題する随筆として筑摩書房版の個人全集に収められた文章である。それによると、鷗外から朽木三助宛てに返信が届き、自分の主張が完全に論破されたことを知る。

もはや反論すべき材料を持たないため、今度は本名を用いて「朽木三助氏は博士の返事が着くと間もなく逝去された」という虚報を認《したた》め、その友人になりすまして投函したところ、真に受けた鷗外からまたしても、「朽木三助氏の死をいたみ、郷土の篤学者を失ったことを歎く」旨の丁重な手紙が届いたという。鷗外の作中に「朽木氏の訃音が至った。朽木氏は生前にわたくしの答書を読んだ。そして遺言して友人をしてわたくしに書を寄せしめた」とあり、それに先立って、「朽木氏は今は亡き人であるから、わたくしは其遺文を下に全録する」と書いたこととときちんと符合する。

鷗外の一文中に朽木氏の手紙を「文章に真率なる処がある」と評したことにふれて井伏は、自分の文章が文壇の人間に評価された最初だが、作中に引用された手紙は当人の文章ではないと述べる。当時の中学生にあのような立派な候文体の手紙が書けるはずはなく、「鷗外は自分で全面的に書きなおした候文を、自分で真率なところがあると批評しているわけであって、私の候文を批評したことにはならないのである」と鷗外を茶化した感じでその一文を結んでいる。

こんなふうにユーモラスに綴るのは、文豪森鷗外が中学時代の自分の文章を認めたなどという晴れがましい事実を自慢げに書くことを回避した、井伏特有の照れだったかもしれない。ペンネームを用い、しかもその虚構の人物の訃報を伝えるなど、初めから井伏の手紙は事実とフィクションとをないまぜて書いている。そこへさらに鷗外の引用自体が多分に粉飾されていることを暗示し、虚と実との境界線がますますぼやけてくる。結果として事実関係をうやむやにするこういう表現は、時にある種のおかしみを醸し出すことがある。

虚実の隣接と連続

小説の中でも、虚構を真実めかし、事実を嘘っぽく見せる表現がさまざまな形で姿を現す。『本日休診』の松木ポリスが、暴漢に襲われた娘を伴って三雲医院を訪ね、事件の経過を説明する場面もその一つだ。肝腎の箇所で井伏は「彼女に対して全く画期的な行為を敢てした」と表現を抽象化して核心をぼかすのである。

『珍品堂主人』では、料亭の支配人が女中を口説く場面に、「あんぐり口をあけました。次に珍品堂がそろそろ伸ばしたお手てを」と、今度は逆に「あんぐり」「お手て」という幼児語を用いて水をさし、濡れ場の雰囲気をうやむやにしてしまう。表現を難しい方向にずらすか易しい方向にずらすかの違いこそあれ、照れ隠しのために読者をはぐらかすという点では共通する。伝わる情報よりもこのような書き方が笑いを誘う。

『無心状』には、臨時の送金を求める家兄宛ての手紙を課題のレポートと間違えて提出してしまい、慌てて教員宅に取り返しに行く場面が出てくる。そのときの会話の運び方もその一例だ。「レポートを他の原稿と間違って提出しました」と話を切り出したものの、「他の原稿」という箇所が嘘に近くて気が咎め、「兄に出す原稿みたいなもの」と言い直してみるが、それでも「原稿みたいなもの」というあたりがまだ事実から遠いことが気になり、最後に「原稿というよりも手紙です」と事実を打ち明ける。

情報伝達の点では不要な「原稿というよりも」ということばに、発言主体のプライドによる体裁づくりの響きが感じられ、そこからおかしみが生まれる。いわば嘘の混合比が六割から三割、そして一割へと減じてゆくさまが、会話中の微妙な言いまわしによって巧みに演じられ、読者にはほとんど連続的な変化と映る。発言訂正のこの流れは、まさに虚と実とのあわいを縫う表現の好例と言えるだろう。

晩年の長編エッセイ『荻窪風土記』に実兄に臨時の送金を求めたその無心状の具体例が出てくる。「当今、最新の文壇的傾向として、東京の文学青年の間では、不況と左翼運動とで犇《ひし》めき合う混乱の世界に敢て突入するものと、美しい星空の下、空気の美味い東京郊外に家を建て静かに詩作に耽《ふけ》るものと、二者一を選ぶ決心をつけることが流行っている。人間は食べることも大事だが、安心して眠る場を持つことも必要だ。自分は郊外に家を建て、詩作に耽りたい」というのがそれだ。

文章に重みをつけるために、「明窓浄机の境地を念じたい」などと書き添えて、自分でも「高踏的でもあり衒学的でもある」と思う文面に仕立てて書き送った。もし送金をことわれば詩作を断念して左翼運動に飛び込むとは書いていない。が、何となくそんなふうにも読める隠微な迫力で肉親に迫っている。どこにもはっきりとした嘘はなく、すべてが事実そのままとも言いがたい、そんな虚実皮膜の表現が読者の笑いを誘い出す。

2　初期作品における笑いの分布とその体系

調査の対象と方法

井伏鱒二独特の〈虚実皮膜の笑い〉を実現するこのような「うやむや表現」が、ごく初期の段階から見られるこの作家固有の方法であったか否かを確認するため、一九九六年刊行の筑摩書房版『井伏鱒二全集』の第一巻を対象として小調査を実施した。笑いをよぶ表現がどの程度の割合で出現し、虚実皮膜の「うやむや表現」がどのような形で現れるかを探る試みである。

むろん初期の段階から、井伏文学にはさまざまな笑いが混在する。『山椒魚』の原型となった習作『幽閉』には、車えびについて「この小さな肉片が何の物思いに耽っているのだろう」と考える擬人法による笑いがある。『借衣《かりぎ》』には「座布団と煙草とお茶とお菓子とを、ほとんど十秒の間にすばやく私にすゝめた」といった誇張表現による笑いがある。また、『埋憂記』には「その時の私の目つきは正午時刻の泥棒みたいであったかもしれない」といった比喩表現による笑いがある。『朽助のいる谷間』

には「オータム吉日」といった異例の語結合による笑いがある。

『青木南八』には、怠ける意の「アイドゥル」に「ずるい」意味を響かせる「アイズル会」という洒落が現れ、『シグレ島叙景』には「彼等にとっては、言葉というものは口論するためにだけ存在した」といった極言のおかしみもある。『或る統計』で「七人の青年が三時間二十分ほど対座していたが、その間にマルクスといふ言葉が六百二十回くり返された」というふうに数字で煙に巻く例もおかしい。

まず、滑稽感を誘い出す表現の分布を数量的に概観しておこう。今回の調査に用いたのは前掲の全集の第一巻に収められている作品の大部分、すなわち、戯曲形式の『不機嫌な夕方』と序文やアンケートなどのごく短い文章を除き、一九二三年七月発表の『幽閉』から一九三〇年二月発表の『終電車』に至る八三編の小説・随筆等の作品である。

テキストは各ページ二〇行、一行が四八字に組んであるから、最大で計九六〇字分、すなわち、四〇〇字詰め原稿用紙に換算して二・四枚分を収載できる。この調査では、題名等を除く本文を対象とし、例えば二ページと一四行であれば二・七ページというふうに、実質的な量で作品の長さを測定した。

〔表一〕

幽閉	〇・五九（〇）	借衣	〇・八五（〇・二六）
うちあわせ	〇・五七（〇・二九）	夜ふけと梅の花	一・三一（〇・六二）
寒山拾得	〇・六三（〇・四八）	たま虫を見る	〇・三六（〇・三六）
岬の風景	一・〇三（〇・三二）	言葉	一・四八（〇）
鯉	〇・九一（〇・九一）	貧困其他	二・〇〇（〇）
夜更けの心	一・三三（〇・三三）	編集のこと等	〇（〇）
歪なる図案	〇・六一（〇・三〇）	競馬その他	一・三六（〇・九一）
文章其他	二・七三（〇・四五）	能勢と早川	〇・九七（〇・三二）
田園、電車等	二・〇〇（〇・八〇）	埋憂記	〇・五五（〇・一六）
桃の実	〇・三八（〇）	岡穂の実を送る	〇・四〇（〇）
幻のさゝやき	〇・一七（〇）	或る統計	〇・八九（〇・五四）
酒	一・五四（〇・三八）	青木南八	一・五三（〇・四五）
倉田潮に関する誤り	三・三三（〇・八三）	公有劇場の設立	〇・四三（〇・四三）
遅い訪問	〇・六四（〇・五五）	鞆の津とその附近	〇・二四（〇）

彼等の戯れ	一・二三（〇・六六）	談判	一・八四（〇・五七）
七月一日拝見	一・〇五（一・〇五）	旅行案内	一・一三（〇・一六）
薬局室挿話	一・四二（〇・七五）	鱒二への手紙	一・四六（〇・九八）
落合の河童	一・一八（一・一八）	永遠の乙女	〇（〇）
隠岐の島	〇・九一（〇・九一）	心座を見る	〇・六三（〇）
或いは失言	一・六七（〇）	谷間	〇・五六（〇・二八）
失礼な挿話	〇・五七（〇・五七）	朽助のいる谷間	〇・九八（〇・六五）
雑誌の表紙	三・三三（二・六七）	散文芸術と誤れる近代性	〇・二一（〇・二一）
デスクリプションパアソナル	〇・八〇（〇）	場面の効果	一・三七（〇・九八）
初恋	二・二二（一・一一）	山椒魚	〇・八五（〇）
坪田譲治	〇（〇）	睡蓮	〇（〇）
理論	〇・三八（〇）	初夏巡遊案内	〇（〇）
最近の佐藤春夫氏	〇（〇）	GOSSIP	〇・六七（〇・六七）
先輩訪問記	二・〇〇（一・四三）	南八病床の歌	〇（〇）
一ぴきの蜜蜂	〇・六五（〇・二八）	なつかしき現実	〇（〇）

炭鉱地帯病院	一・三三（一・〇八）	海岸と女	一・二一（〇）
贋ゴシップ	〇・七四（〇・三七）	初秋一挿話	〇・六三（〇・三一）
アンコンシアスネスの魅力	一・二二（〇）	私の保証人	一・二五（〇・二五）
散歩どきの会話	〇・四五（〇・四五）	作品手引艸	〇・三三（〇）
シグレ島叙景	〇・四〇（〇・一七）	川口尚輝に関する記事ならびに誤りの訂正	〇・七七（〇）
屋根の上のサワン	〇・三九（〇）	すべてを芸術に求める人	〇（〇）
一九二九年の小説	〇・二二（〇）	細カナリヤ	〇・五九（〇）
ならずものと光り	〇・三八（〇・一九）	中島直人	〇・四〇（〇・四〇）
ジョセフと女子大学生	〇・四一（〇・一七）	生きたいという	〇（〇）
朝の散歩と平野屋	〇・四三（〇）	金解禁と財布	〇・八三（〇・八三）
うぐいす	〇・三二（〇）	まかぜ・こいかぜ	〇（〇）
休憩時間	一・三九（〇・六三）	丸山警視総監と久米正雄氏を訪ねる	一・一三（〇・七二）
終電車	〇・二六（〇）		

調査結果の概観

この調査では自分自身が被験者となり、おかしみを感じた表現に印を付けたものを基礎データとして集計を行った。多分に主観的であるが、文体現象の契機となる一読者の笑い表現受容の実態として報告する。紙幅の関係で、各作品の刊行年月やそれぞれの出現例数を含む調査結果の全貌は割愛することとし、出現率のみを掲げると〔表一〕のようになる。作品名の次の数字は笑いを誘う箇所、( )内がそのうちのいわゆる「虚実皮膜」の表現の数で、いずれもページあたりの割合で示してある。

基礎データによると、全八三作品のうち、おかしみを感じさせる表現の度数が最も多かったのは『朽助のいる谷間』の二七回、次いで『谷間』の二五回で、ほとんど同じ時期に執筆されている点が注目される。以下、『夜ふけと梅の花』と『青木南八』の一七回、『岬の風景』と『談判』の一六回、『薬局室挿話』の一五回と続く。

そのうち、前述の〈虚実皮膜の笑い〉を引き起こす、「うやむや表現」の出現度数が最も多かった作品は、やはり『朽助のいる谷間』と『谷間』で、前者が一八回、後者が一二回を記録した。次いで、『炭鉱地帯病院』の九回、『夜ふけと梅の花』と『薬局室挿話』の八回、『彼等の戯れ』と『休憩時間』の七回と続く。

〔表一〕から読み取れる情報は以下のように整理できる。笑いを誘う表現を一ページ

〔表二〕

【発表時期】	【作品数】	【笑いの出現率／頁】	【虚実皮膜表現出現率／頁】
一九二三年	（三編）	〇・七八	〇・二〇
一九二五年	（三編）	一・〇五	〇・五〇
一九二六年前半	（四編）	〇・九三	〇・三〇
一九二六年後半	（四編）	一・一七	〇・三九
一九二七年前半	（四編）	一・一三	〇・四三
一九二七年後半	（四編）	〇・六六	〇・一九
一九二八年前半	（六編）	一・〇六	〇・三九
一九二八年後半	（一二編）	一・〇四	〇・五七
一九二九年前半	（一六編）	〇・七〇	〇・三八
一九二九年後半	（一九編）	〇・六六	〇・三一
一九三〇年一～二月	（一〇編）	〇・六四	〇・三三

あたりの割合で見ると、最大の数値を得たのは『倉田潮に関する誤り』および『雑誌の表紙』で、ページあたりの平均が三・三三に達した。次いで『文章其他』『初恋』『貧困其他』『田園、電車等』『先輩訪問記』で、いずれも平均二・〇以上を記録した。逆に一度もおかしみを感じることなく読み終えた作品は一一編、いずれも短い作品だ。ごく初期からほとんどの作品のどこかに被験者が滑稽な感じを受けた結果になる。

今度は虚実皮膜の「うやむや表現」に焦点を絞り、やはり一ページあたりの割合で見ると、最大の数値を得たのは『雑誌の表紙』で平均二・六七、次いで『先輩訪問記』の一・四三、以下『落合の河童』の一・一八、『初恋』の一・一一、『炭鉱地帯病院』の一・〇八、『七月一日拝見』の一・〇五と続く。一方、この種の笑いを感じなかった作品は計三二編で、八三編のうち六割以上の作品において、この被験者は、虚実の境界をぼかすその種の「うやむや表現」を認めたことになる。

このデータをもとに執筆時期によって集計した結果を簡潔に整理したのが〔表二〕である。時期による多少の出入りはあるものの、ごく初期の段階からどの時期の作品にも、ある程度以上の滑稽表現が含まれ、そのうちのある部分が虚実皮膜の「うやむや表現」によって引き起こされる笑いである、という点で共通する。

今回の調査結果によれば、井伏文学の初期作品に現れた、笑いを喚起する発想・表現は、以下の一〇種類に大別される〔表三〕。各類の後の数字は、その類に属する用例の数を示す。それに続く(　)内の数字は、ここでは他の類として処理したが、その類の性格特徴をも併せ持つ用例の数である。

〔表三〕

I【うやむや】	一四一(+五四)	II【とぼけ】	二三　(+六)
III【めかし】	二三(+一八)	IV【擬人化】	二六　(+三)
V【比喩】	三〇　(+一)	VI【誇張】	四三(+二一)
VII【矛盾】	一七　(+七)	VIII【違和感】	二二　(+六)
IX【異例結合】	一八　(+五)	X【奇想】	五四(+一八)

第I〜III類は〔間接化〕の原理、第IV〜V類は〔イメージ化〕の原理、第VI類は〔拡大〕の原理、第VII〜IX類は〔摩擦〕の原理が働いている点で共通する。最後のX類はいわば〔創意〕の原理に立つと見ることができよう。以上の一〇類はそれぞれのグループにおける系統の違いとして下位分類される関係にある。以下に具体例を添えて解説する。

最初に〔間接化〕の原理に立つ三類を扱う。

第I類【うやむや】表現として一括した笑いの手法が際立って例が多く、井伏文学の大きな特徴をなしている。そのため、まずはこの表現に焦点をしぼって、その全体像を詳細にたどろう。「うやむや表現」を実現する発想と表現手段ごとに井伏流の手法をとりあげる。

3　初期作品に見る「うやむや表現」の諸相

虚構を事実めかす

山口瞳は随筆『井伏先生の諧謔』の中で、井伏が「あの寿司屋はいい粉山葵を使っている」とほめて、その高級店の職人を怒らせた逸話を紹介している。本山葵という権威にこだわらず物自体の価値を味わうこの作家の生き方を示すものだ。そこでは本物と偽物との境界は意味を失う。嘘をほんとめかし、ほんとのことを嘘っぽく書くのもうなずける。

『鯉』に親友の青木南八が病没して間もなく、必要があってその「愛人」に手紙を出す箇所がある。小説の中で「青木の霊魂が私を誤解してはいけないので、こゝに手紙の全文を復写《ママ》する」などとわざわざことわり、相手から来た返事の手紙についても同じ扱いをくり返すのは、ことさら事実めかして見せる、例のおとぼけだろう。

『彼等の戯れ』で「彼女の来歴を示すためには、キネマ会社に送ってある彼女の履歴書を復写《ママ》するのが適当」として、以下にその履歴書らしき文面を掲げるのも同工異曲の手法だ。『談判』では「彼女に仔細にわたって白状させた」と記した直後、「これは公表を禁ず」として伏せてしまう。このおとぼけも表現機構はそれと共通する。『谷間』で「耕した田畑というものは(略)以上」と記し、「雄弁に早口に饒舌《しゃべ》ったので、筆記する者は追いついて行けなかった」のだと注釈をつけるのも、虚構をいかにも事実らしく見せるとぼけたテクニックだ。晩年の『兼行寺の池』その他に用いられる手法が、このようなごく初期の作品にもすでに見えていることはもっと注目されていい。

矛盾を抱え、嘘っぽく装飾

逆に、言動に矛盾を含ませて事柄そのものが嘘っぽく映る箇所もある。「俺が東京中で一番酔っているぞ！　しかし、酔えば酔うほど、俺はしっかりするんだ！」とどなってよろめく酔っぱらいが登場し、交番の巡査に「こちらは強いぞ。それに酔っぱらっているんだからな」とつっかかる『夜ふけと梅の花』の一節などは、さしずめその好例だろう。酔ったほうがしっかりしたり強くなったりするというのは明らかに常識違反だが、読者はそんな馬鹿なと思いながら、酔ってしまえば恐いものなしで、日頃できないことを酔った勢いでやってしまうこともたしかにあり、自信を持って否定することもできない。

表現の内部に矛盾を抱え込むことで相対化し、事実や認識を曖昧にしてしまう例も目につく。『朽助のいる谷間』に「若し私が好色家であるならば、彼女のまくれた上衣のところに興味を持ったであろうが、私は元来そういうものではなかったので」と展開する箇所がある。この流れは、女性の着衣の乱れなどに無関心であることを予想させる。だが、井伏の原文はそこから「杏を食べることに熱中している様子を装った」と続く。「装った」とすることで、好色家でなかったと主張する先行部分とさりげなく論理的な矛盾を起こす。いわば、すぐばれる嘘であり、そういう流れがあのとぼけたおかしみをつくりだすのである。

『雑誌の表紙』で、プロレタリア文学以外は一切認めない女性が「阿部知二さんという人はプロレタリア作家ではないでしょう。そういう人の書いたものは幾らよくっても、ほめたりしたら古いわよ」と言う。文学の「よさ」と「古さ」と「ほめる」行為との関係を微妙にする発言で、論理の矛盾がある。

その女にある雑誌の「表紙をちらと」見せてから、ある作品を読んで聞かせ、「どうだ、いゝと思うかね？」と尋ねると、「彼女は二度ばかり雑誌の表紙をのぞいてみてから「すてきだわ」と答えた」。「表紙の絵がプロレタリア文学雑誌に見うけられるように、赤や青の色で雲形と楔形《くさびがた》の模様が描いてあった」という。文学的価値も人間の判断も、こうしてわけがわからなくなる。「後略とする」ととぼけて本文を結んだあと、（と井伏鱒二氏は言う―記者）と他人事めかした註を添えて作品を閉じるのだ。

『散歩どきの会話』は、大酒飲みの大工が、自分の動作のまねをして幼児が事故死したことで悔悟し、「係官の面前で、今後六十年間の禁酒を誓った」として終わる。当人の年齢が（四〇歳）とあるから、百歳まで長生きしないと酒に再会できない計算になる。その頃はたして存分に飲酒できる体で生存していられるかどうかははなはだあやしいから、ほとんど矛盾に近く、現実には一生禁酒したのも同然だ。が、その解禁の日を楽しみに禁酒生活に耐えようとする人間のさもしい根性が哀れでおかしい。同時に、禁酒にそういう条件を付けることで、決心そのものがどこまで本気なのかわからなくなってしまう。

問題の方向をそらす

『借衣』の最後で、恋に失敗した男が「恋愛など夢にものぞまない」と述べるとき、失恋がよほどこたえて勇気を失ったものと読者は予想する。が、「胸をときめかしたりなどすると、これは非常に心臓を悪くする」からだという意表をつく説明が続いて小説は終わる。これでは問題がそれてしまう。心臓が丈夫だったらどうなのかという新たな疑問が残り、恋愛に懲りたという事実関係がうやむやになってしまうからだ。

『青木南八』にも「垣根越しに彼女の姿を眺めて胸をときめかすことは健康に害であることを私は知ったのである。これは非常に心臓を悪くする」という類例が現れる。気をもんだりどきどきしたりするのはたしかに心臓に負担をかけそうだから、これはわけのわからない理屈ではないが、恋の話が意外な方向にそれて、読者は煙に巻かれるのだ。

『酒』では、「酒乱の人を遇する方法」として「其の場へ相手を置去りにして、走って逃げること」を推奨している。これもたしかに遇し方の一つにはちがいないが、読者が通常考える「扱い方」というものから少しずれる。まして、「自分の方から先に酔ってしまう」というもう一つの方法となると、明らかに「遇し方」などというものではない。

『遅い訪問』の「粗悪な米をうまく炊くには、最初からお粥を炊こうとして取りかゝるに限る」というのも、「うまく炊く」ということばからは当然「ご飯」が連想されるから、これは読者の予測をはずしている。が、失敗しない炊き方という点ではあてはまる面もあり、まるっきり嘘だとは言いきれない。

『鱒二への手紙』では、多くの者が「プロレタリア文学運動に加盟した」なかで自分だけが参加していないことを「加盟するのを失念していた」と書いている。もし失念しなかったら加盟したのかどうかという点がぼやけて、その意志自体がうやむやになる。『一ぴきの蜜蜂』の「デモに行くには電車賃がいる」という書き方も、電車賃があればデモに参加したのかどうかという自分の意志について何も語っていない点、類例と言えよう。

一般化・形式化してはぐらかす

『埋憂記』で「水稲荷へ願懸けしてゞも立派な作品をつくること」を誓ったことを述べた直後に、「夜更けというものは、私達に誓ったり約束させたりしがちなものである」という一般化が出る。この記述に水をさされ、その誓いが当人の意志なのか時間のせいなのかがあやしくなる。そこへ「気圧の関係による」という奇妙な根拠が示され、自発的な誓いか否かがますます曖昧になる。誓いと気圧の関係の部分は後出の〔奇妙な論理を呈示〕に属する例だが、気圧と夜更けと誓いとがどう絡むのか見当がつかず、滑稽感が生ずる。

『休憩時間』で井伏はまず、早稲田で英文学を講じていた高山樗牛が学生時代の正宗白鳥の質問攻めにあって泣き出したという噂について、「と言い伝えられている」という形で紹介し、自分たち学生はこの類の挿話を事実であると信じたことを述べる。が、すぐに「信じてもさしつかえなかったほど、この教室は古びて埃っぽくて、神秘めいてほの暗かった」と、その噂の信憑性の根拠をぼかし、さらに、「窓の外には三本の桜の老木が生えていたが、こんな大木というものは、その附近いったいに起こった伝説や挿話を真実らしく人々に思いこませがちなのである」と一般の心理に置換し、伝説を信じやすくする環境が整っていたことを強調して、伝説の中身が事実であったかどうかをうやむやにする。

そういう由緒ある教室を学生監に蹂躙されたと興奮したらしいある学生は、「こんな不愉快な争いを僕達の教室でくり返すのは、僕は嫌だ。この傾向はよくないと思う。僕は末梢神経はきらいです。僕は一刻たりともこの教室にいたくない」、「諸君よ、さらば！」と黒板に書き捨て、颯爽と教室を後にする、はずだった。ところがこの作家は、その学生に「時々おたより下さい」という形式的な慣用表現を付け加えさせ、せっかく盛り上がった雰囲気に水をさす。持って生まれた悪戯精神と含羞に由来する例のはぐらかしだ。その結果、学生が本気で怒って出て行ったのか、理屈をつけて教室を抜け出したのかさえはっきりしなくなるのである。

関連不明の情報を挿入

『岬の風景』に、「私の腕の環の中で、みち子が最も感傷的であった時、不意に賄の娘が部屋に入って来」る場面がある。そのとき、「みち子さんの耳には、垢がたまっているんだよ」と「賄の娘」に言うのは、抱き合った姿を見られた照れ隠しに、見た相手をごまかす単なる嘘ともとれる。そして、「きみの耳にも垢がたまっているだろう。ここへ来てごらん、見てあげるから」と言って、その言いわけと辻褄を合わせる。抱擁とは無関係だが、この発言内容そのものは全面的に嘘だとは言えない。

が、男はさらに「耳の中は衛生上清潔にすべき」だと補強したあと、つい「他人のことを人に言いふらすのはよくない」と付言してしまう。耳掃除に関係のないこの一言で、せっかくの弁明をぶちこわし、何の話だかわからなくなってしまう。白状したような、しないような、うやむやな結末がおかしい。

『田園、電車等』の「電車の中では、主に私は窓の外の青葉を眺めたり若い女を見たりする」という文は、表向き「青葉」と「女」とを同等の重さで扱っているのだが、次の文から風景の話は消え、もっぱら女性の話題で展開する。こうなると、何のために「青葉」が取り上げられたのかわからず、その一文に意図した伝達内容がうやむやになる。

『青木南八』に「枕元へ原稿用紙の書きかけを置い」て寝るところがある。友人が起こしに来たとき、夜遅くまで小説を書いていたものと先方が勝手に思い込み、朝寝に対して寛大な態度をとることを期待してのことだ。嘘をつかずに、嘘をついたのと同じ効果を狙っている点で、巧みに誘導して相手の心理を操る、あの送金依頼の無心状の心憎い文面を思わせる。

『丸山警視総監と久米正雄氏を訪ねる』で、「統計家の説によると」と前置きし、「最も早起きをするものと最も朝寝をするものとは、いずれも性善良であって、後者は前者よりも更らに性善良である」という奇怪な学説を紹介する。「性善良なることは、人間として恥辱ではない」という理屈をつけて、早い話が「椅子にもたれて」「居眠りをする」という欲求を正当化するのだ。世間で評判の悪い「朝寝」を評判のよい「早起き」と一緒にし、あまり関連なさそうな人の性格と結びつけた展開だ。このようによけいな情報を持ち出すことで肝腎の部分がぼやける。統計学までくりだす大げさな手つきがおかしい。

奇妙な論理を呈示

関連の薄い情報、関連があるかどうかさえ不明な情報を挿入することで情報全体があやふやになるが、そこを作者がもう一歩進めると、読者には関連がたどれず、不思議な論理に呆れるほかはない。ごく早い時期の『借衣』にすでに、虚実を見きわめがたい奇妙な表現を認めることができる。「あなたは、わたしより年が下だから黙ってらっしゃい、な」と言われた学生が「なに黙るもんですか。あなたは私より背が低いじゃないですか」と反論するのはその一例だ。年長者が意見をするのは当然の権利だという主張に対して、身長の高低というほとんど無関係な別の基準を持ち出す、その奇妙な論理がおかしい。奇妙ではあるが、大人は一般に子供より背が高いから、読者はまったく無関係とも言えないような気がしてしまう。

「激しく正義を愛して、遠い島に行って鶏を飼った」という『能勢と早川』の例も、前半と後半との関係に飛躍があり、わかったようなわからないような理屈がおかしい。『文章其他』は「自分が破産したと自覚した日の夜から、急に青春時代のように性慾が盛んになってしまった」という「五十歳の婦人」の話で始まる。両者の間に一体どういう関係があるのか、まるで見当もつかないが、さりとて否定する根拠もない。人知の及ばぬ不思議に出合って人間の哀しみを思いながら、読者はやはりこの奇妙な理屈に笑うだろう。

『青木南八』に「人生に絶望して、巻莨《まきたばこ》をすわなくなり、教室へ煙管《きせる》を持って来た」という箇所がある。これも人生に対する絶望が「巻莨」とどう関連し、煙管を使う「刻み煙草」とどう違うのか、読者はよく飲み込めないままに笑いだす。

『七月一日拝見』で運勢の鑑定の文面に、「恋慕止みがたきものある」ため「心身困憊し」、「ヴィタミンABに不足の人なり」とある。「ヴィタミン云々」は鑑定らしくないし、その三者の関係もはっきりせず、鑑定自体の虚実をうやむやにする例である。『隠岐の島』では、宿屋のおかみさんについて、「肥ってもいないし痩せてもいないが、何故だか肥っていると人々は言う」と説明したあと、「つまり未だお婆さんではないのである」と続ける。なぜ「つまり」なのかが読者にはぴんと来ない。すんなりと伝わって来ない微妙な理屈がおかしい。

気持ちと言動の乖離

『夜ふけと梅の花』の末尾に、「意気揚々と、しかし前後左右によろめきながら、或いは倒れそうになりながら」という記述がある。酒に酔って気持ちどおりに体がいうことをきかないさまを描いたものだ。ところが酒に酔わなくても、考えているとおりに行動できず、むしろ逆の行動に出てしまう場合もしばしばだという。『たま虫を見る』に「人を押しのけはしないのだと心のなかで思いながら、実は少しばかり押しのけながら割り込む」とあるのは、そういう例だろう。

『夜更けの心』に「彼女に向かって、立派な人にならなければならないということをくり返して言うつもり」なのに、実際には「おしるこをのんで行かないか」などと言ってしまう箇所がある。『彼等の戯れ』でも、「急いでふところ手を止して書物を読んでいたような風を装っ」て、訪ねて来た女に「忙しくて弱っていたところだ」と言うのだが、実は「この上もなく嬉しい」のに、結果として「迷惑そうな顔つきをしたり、非常に忙しいという様な風を見せたり」してしまうのである。これはいずれも、ことばや行動が、思っていることとむしろ反対になってしまう一例だ。

事実この作家は『声・言葉・文章』という短い随筆の中で、こんなことを書いている。声帯がよく訓練されていないせいか、「小さい声でしゃべろうとするときにはがらがら声になり、大きい声でしゃべるときにはきいきい声にな」ってうまく調節が利かない。しかもそれは、話し声だけのことではなく、文章を書くときにも思うように行かず、話すときと同じような不便を感じるという。「自分の思っていることをそのまま人に伝えることが難しいばかりでなく、それと正反対のことを言っているらしい文章になりやすい」というのだ。その実例と思われる箇所もたしかにいくつかある。「人々が一度にとびかゝって来ないように牽制するために」、「やい、みんな束になってかゝって来い」と「心にもないことを叫」ぶ『谷間』の例はその一つだ。「若しいるならば一歩前に出ろ！」と言われて、「いるが何とした！」と「一歩後ろへ退いて答え」るのもそれに近い例だろう。『ジョセフと女子大学生』で、「ふところ手をして、それから相手をせゝら笑ってやろうと試み」ながら、「お前が羨ましいんだ」と、自分にも「意外と思われる言葉を呟いてしま」うのもその好例だ。それに似たことは誰にもありそうで、妙におかしい。

対象の多面性を強調

『薬局室挿話』に、下宿屋から立ち退きをくらって居場所のない男が、知り合いの医院に置いてもらう話が出てくる。医者は「おもてむき扁桃腺炎の患者として」「医院に収容」した。そのため、「外来患者のある度毎に」「診察室へ呼び出され」て治療を受けねばならない。看護婦に対して「体面を保つ」とともに、「病室の設備もあるという広告」にもなるからだ。このように辻褄《つじつま》を合わせるのもまた虚と実の間を縫う例だろう。一つの行為の多面性を示すことで事実をうやむやにしているとも言える。

多面性を指摘することで焦点をぼかしてしまう例も少なくない。『鱒二への手紙』の終わりに「怠屈《ママ》ではないが、小説が書けないので怠屈だといってもいゝだろう」とある。気持ちに両面あって「怠屈」という判断が揺れ、「怠屈」であるともないとも言えるのだ。こうなると事実はうやむやになってしまう。『谷間』にある「所詮は、屁は風じゃろが！」の例も、「屁」というものがたしかに一種の「風」であるという一面をも持っていることを明るみに出し、屁の固定観念を揺さぶる。

『シグレ島叙景』にある「必要があって二人が会話をしなければならない場合には、彼等はこれを口論の形式でなしとげた」の例は、「口論」も「会話」の一種にほかならないことを読者に気づかせる。『ならずものと光り』では、「あゝ寒い」と叫んだ相手について「おそらく彼は淋しいという言葉を知らなかったのだろう」と言う。「淋しい」という感情が実は「寒い」という感覚とどこか通い合うことを読者に覚らせ、認識の輪郭をぼかす。

虚と実の交錯

『うちあわせ』に、舞台に登場した南画風の人物が「詩集らしいものを片手に持って微吟」する場面で、「見物人に判《は》っきり聴えないのですから、ホイットマンを読んだっていゝわけです」と説明するところがある。俳優が役を演ずるように、現実のホイットマン詩集が、舞台では東洋風の詩集の役をこなすのだ。最後に、そういう二面性が融合する象徴的な例を鑑賞しながら、虚実のあわいを縫うように次へ進もう。

『場面の効果』には、映画撮影の見物に出かけた男が、臨時にその映画のエキストラとして酒場の客の役で登場する話が出てくる。「映画芸術を尊重」するその男は、「劣等の客はビールをがぶがぶと飲むものである」という思い込みから、いかにもそういう客らしくふるまおうと「しきりにがぶがぶと飲んだ」。映画の世界と実生活とはまさに虚と実の関係に相当する。場面としては女給からビールを注いでもらう客だが、現実としては女優からビールを注いでもらう物見高い見物客という関係になる。つまり、芸熱心という演技者の側面と、気分よく女優に酌をさせる好奇心旺盛な見物客の心理とが交錯し、その虚実の間で本物のビールをがぶがぶ飲んでしまう。

「飲めば幾らでも注いでくれる」し、「これまでに酒場に於てこんなに親切に扱われたことがない」男としては実に愉快な気分だ。そのため、「こゝで酒を飲むことは架空の生活であったけれど」、「事実に於て酔って来た」。架空の世界の本物のビールで酔ったその男は、架空と現実とのはざまで、「すっかり女給に見える女優に」話しかけ、「君の名前は何というんだ？　ところで僕の名刺をあげよう」と名刺交換をする。現実の酒場でも相手の名前を尋ねたり名刺をやりとりしたりすることはよくある。だから、映画の酒場の場面としても何ら不自然な光景ではない。むしろ本物の酒場に見える迫真の演技とも言える。

こうなると当人も、女給と客との演技なのか、女優と物見高い見物客との雑談なのかという区別があやしくなる。そういう虚実皮膜の一景をカメラは非情に撮ってゆく。

4　井伏式ユーモア表現の広がり

その他の間接化による笑い

第Ⅱ類【とぼけ】表現として一括したものにも、具体的にはいくつかの違った方策が観察される。『朽助のいる谷間』に、アメリカ人の父と日本人の母との間に生まれたハワイ生まれの少女タエトという人物が登場する。その娘が縄をなっている「甚だしく催春的な姿体」に、「人々は誰しも、かゝる姿体に対して会話を申し込みたがるものなのである」と一般的な傾向を述べてあらかじめ正当化したうえで、「そんなに仕事をつゞけて、掌が痛くならない？」と話しかける。相手が差し出して見せた掌を

「二本の指でつまん」だときに、突然戸が開いて祖父の朽助が入って来たので驚き、「掌を離した」。その夜、タエトが英語で「寝る前のお祈りをはじめた」。「私は寝たふりを装いながら、彼女の言葉を逐一訳して行って、私自身に了解さした」とあり、次に「恵み深きイエス・キリストさま」で始まる祈りの日本語訳を記す。

「さっき東京の客人は、祖父の姿を見ると急に私の掌から手を離しました。多分私の掌が痛いかどうかを見るためではなかったのでございましょう。あの嫌悪すべき目や笑いかたは、私の心を常に悲痛にさせようといたします。全智全能の主におたずねいたします。東京の客人は不良青年ではないのでございましょうか云々」と続く。そのあと「私は私のとんでもない了見を彼女に見抜かれてしまったものというべきである」と書く前に、「この訳述に誤訳の箇所がないとすれば」とよけいな条件を加えるのは、《とぼけ》の一例と言えよう。

『雑誌の表紙』の末尾で「敢て後略とする」と結んだあとに、(と井伏鱒二氏は言う—記者)と添える《他人事めかし》、『先輩訪問記』の「私は表札には注意をむけないで、観念論的になってしまっていた」といった《間接表現》、『或る統計』に出てくる「エロチシズム四〇% 悪魔主義五% 憂鬱五% 悪趣味二〇% 道徳趣味五% ヒロイズム一五% 異国情緒一〇%」といった作品定量分析表などの《抽象体の計量化》、

『岬の風景』にある「どのくらいぐらい少し大変です？」のような《重複修飾》、『談判』に出る「誰だって結婚式をあげない結婚の夜は、どちらかゞ暴行的でありましょう。そしてお花は反って(中略)でありました。あなたは(中略)であったことを何と思いますか」といった《思わせぶりな省略》、『青木南八』に「誰も彼も若くて健康であった。第一、絶望した者や病人などは教室へ出て来なかったのである」として現れ、のちに若干変形して『休憩時間』にも用いられた《言うまでもない事柄への言及》その他、読者を煙にまく一連の方策がここに該当する。

第Ⅲ類【めかし】表現の中心は、『谷間』に「丹下氏は傍らに筆記している者がいるために、雄弁に早口に饒舌ったので、筆記する者は追いついて行けなかった」のような形で出る《事実めかし》の方策にある。『兼行寺の池』などの晩年の作品にも時折現れるこの種の表現が、こういう初期作品にもすでに見られる特徴であったことが注目される。

また、『GOSSIP』の末尾に、中学時代に佐藤春夫の『病める薔薇』を読んでいるのを体育教師に見つかって叱られる話が出てくる。「お前はまだ中学生だから読んではいけない。大きくなってお前もこんなものが書けるようになってからなら、これを読んでもいゝ」という教師のことばについて、「この訓諭には論理の間違いが二箇所もある」とするような《学術的記述》や、『青木南八』に「本郷三丁目で彼女を待伏せることをまる三年と二箇月間」続け、「後の四年と十箇月間は、強いて待伏せしないことにし」、「その後の二年と二箇月間(現在まで)は、私に彼女を待ち伏せたいという心の要求がなくなった」などと記す《厳密記述》の方策も、記述内容をほんとめかす効果がある。

そういう態度の表現がふさわしくないときには、その不当な厳格さが読者の笑いを誘う。『鱒二への手紙』にある「あなたのお書きになる小説は三年古い」という例や、『川口尚輝に関する記事ならびに誤りの訂正』にある「私達の青春は過ぎ去ろうとしている。今日ではあますところ、もう二三日しかないほどに切迫している」という一節などはそういう典型であろう。

イメージ化による笑い

次に〔イメージ化〕の原理に立つ二つの類を扱う。

第Ⅳ類【擬人化】の表現も最初期から例が多い。習作『幽閉』にすでに、「山椒魚は恰かも目高達よりは一歩悟入しているつもりで苦々しく呟いた」とか、車えびについて「小さいこの肉片が何の物思いに耽っているのだろう」とかといった例が出る。その改作である『山椒魚』にも小蝦《こえび》が「ひどく失笑してしまった」ことを描き、「全く蝦という小動物ほど濁った水のなかでよく笑う生物はいない」と解説を加えている。

『アンコンシアスネスの魅力』に出てくる「現実というものはあくまでも愚かさを装っているものであるが、その粗末な上着の下には絹製のシャツを着ていたり、それを腕口に少しのぞかせてみたりする。そうして彼は変態的に博学で、容赦なく人間をたゝきつけることのできる才智がある」という一節は、「現実」という抽象的な概念を人間めかして扱ったものであり、感覚的にとらえようのない認識上の存在をイメージ化した極端な例である。

第Ⅴ類【比喩】表現もごく初期の作品から例が多い。『借衣』には「その女学生に対して、犬の遠吠えをしているようだ」とか、「島田の髷は頂辺のところはスリッパを裏返したような形になっていて」とかといった直喩の例が出るし、『うちあわせ』にも「星の色は月を文鎮で細かく砕いたような色」という例が出、さらに『寒山拾得』にも「患者が吸入を要求するような急がしさ」という例が出てくる。

『岬の風景』の「月は矢張り島の上にぬらぬらと浮びあがる一箇のただれた片目であった」という隠喩の例や、『埋憂記』の「私の目つきは正午時刻の泥棒みたいであった」という直喩の例などは、その突飛な比喩的発想が笑いを誘う。

『青木南八』の「恋愛というものは、誤って胸の中に生えた一種の鼻茸である」という隠喩も同様である。この発想は『初恋』の冒頭にもくり返され、「いつのまにか消えてなくなったり、いつまでもなくならなかったりして、われわれを苦しめる」とその類似点を解説する。「恋愛する当人の胸の中」だけでなく「相手の胸の中にも、しばしばこの鼻茸が繁殖」するとし、「恋人同志《（ママ）》が胸をときめかすのは、この故であろう」と尤もらしく説くくだりは特におかしい。

誇張による笑い

〝誇張〟も一種の〝摩擦〟であるが、〝矛盾〟を抱える次の三類とは異質なので、ここでは独立させて扱う。〔拡大〕の原理に立つ第Ⅵ類【誇張】を代表する《誇張》表現も、ごく初期の作品から例が多い。『借衣』で「女のお尻は坐っていれば丸くふくらんで形よく座布団におさまっている」と形容したあと、「空気銃でゞもうってやればいゝほど張りきっている。しかし空気銃のバラ弾ならはじき返すかもしれない」と書いたのは明らかな誇張の例であろう。『文章其他』に出てくる「春さきになると女は互いに十歳ばかり若返って、各々美しくなって来る」という箇所も、『岡穂の実を送る』の「私が経済をうまくたもてないといって、おそらく五千度くらい意見されました」

という一節も誇張と見て間違いない。『旅行案内』の案内書きの例として出てくる「三日三晩歩き通せば、よほど健脚の人であるならば目的地に着くことができる」という乱暴な表現もその類例となろう。

『朽助のいる谷間』でハッパの音について「谷間の空気を二三寸も動かしたであろうか。私は頬を空気でたゝかれたと思った」と書いた箇所も、『ならずものと光り』で「あゝ寒い」と書いたあと、「彼はおそらく淋しいという言葉を知らなかったのであろう」と続けた例も、角度をずらした誇張と見ることもできよう。

『うちあわせ』に、二人の意見が一致しただけで「老人と貴公子との輿論であった」と断定する例がある。この「輿論」という語の用法は誇張というよりも《大仰》な表現と言うべきであろうが、表現機構としては《誇張》と同じ方向にある。『岬の風景』で、「深い吐息と共に合点《うなず》いて、その吐息の語尾を震えさせた」彼女の行為を「ポーズやメソッド」と表現するのも類例である。

『倉田潮に関する誤り』で「酒を飲まないことにしている。それは酒のうえの間違いを心配するためからではなく」と書いたあと、「すこぶる近代的色調を帯びた理由から」と大きく出て、「飲みたくても飲めないのである」と経済的な問題をほのめかす落差のくだりも似ている。

『休憩時間』で、教室に下駄履きで来ていた廉《かど》で学生監に連行される学生について、他の学生が「彼は従容として引致されて行ったのであります」と弁ずる演説調のことばも大げさな表現で笑いを誘う。『丸山警視総監と久米正雄氏を訪ねる』で、「女給達は私に勘定を払わなくてもいゝといって遠慮したが、私は正確に支払をした」と記したあと、「わが国の刑事行政問題の面目のため、私はチップまで奮発した」と展開する大仰な表現もおかしい。

『シグレ島叙景』に出る「彼等にとっては、言葉というものは口論するためにだけ存在した」という《極言》も同様である。

『谷間』に「鼻が低く口にしまりがなくて、目や眉は忍苦に充ちた感情を現わしてい」る石地蔵が出てくるが、「この表情や風貌は、容易に生活苦にうちのめされてしかめっ面をした者のそれに違いない」と断定し、「この石像を刻んだ石工は、おそらく彼自身の祖父の顔をモデルにしたものであろう」と勝手にきめつける《独断》も、何の論拠もない点が滑稽な感じを引き起こす。

摩擦による笑い

初期作品に現れた「うやむや表現」を中心とする笑いの広がりをたどってきたが、

終盤として、〔摩擦〕の原理に立つ三つの類を扱う。

この原理に立つ表現群は三つの系統に分かれる。一つは第Ⅶ類【矛盾】表現である。「矛盾を抱え、嘘っぽく装飾」の項でも扱ったが、『夜ふけと梅の花』に出てくる「俺が東京中で一番酔っているぞ！　しかし、酔えば酔うほど、俺はしっかりするんだ！」という酔っ払いのことばはその典型的な一例である。そして、この男は「意気揚々と、しかし前後左右によろめきながら、或いは倒れそうになりながら、そして屢々《しばしば》嘔吐を催したりしながら家の方に向って帰って来」るのである。

『夜更けの心』には「此の悲しさが何れ《ど》だけ私を落ちつかせたことであろう！」という表現が現れ、作品の末尾に「この日、一日中私は落ちついた気持でいることが出来た。何となれば、この日、一日中私は悲しく且淋しかったからである」という形でくり返される。これも、悲しみや淋しさと心の落ち着きとの関係について、世間の常識と矛盾する論理で述べた例と言えよう。

『谷間』に「人々が一度にとびかゝって来ないように牽制するために」、「やい、みんな束になってかゝって来い！」と、「心にもないことを叫ん」でしまう場面がある。『ジョセフと女子大学生』にも、「相手をせゝら笑ってやろうと試みた」が、「うまく笑うことができなくて、笑うためにゆがめていた私の唇は」、「お前が羨ましいんだ」

という「私にも意外と思われる言葉を呟いてしまう」箇所がある。「気持ちと言動の乖離」として前にふれた、こういう《心と言動との不一致》もこの作家に特徴的な表現であり、自分の言動が自分の自由にならないその矛盾感が笑いにつながる。

次は第Ⅷ類【違和感】として一括した系統の摩擦表現である。『言葉』に「中学校の主席教諭も、大阪言葉で数学や方程式を教えた」というところがあり、『休憩時間』には二五歳以上の学生に「老いたる……」という形容を冠したニックネームをつけるという箇所がある。これらは取り立てて矛盾というほどではないが、いずれも軽い違和感が伴う。『終電車』で「御安宿」の「売れ残りの一つの部屋に案内された」客が「洋服の上にドテラを着ると」、「僕は勤め人だ。日本橋へ勤めている」と言って「たちまち鼾をかきはじめた」というくだりも、異様な姿や粗野な行為と洗練されているはずの職種とのちぐはぐな感じが同様のおかしみを誘う。

『薬局室挿話』で無免許医者が今度は新規に「おでん桃源」を始めようとしたり、『ジョセフと女子大学生』で「それはモナ・リザではなくてひどく古びた西郷隆盛の肖像画である」と展開する《落差》も笑いを喚ぶ。『先輩訪問記』で作家を訪問して文学に関する質問をしながら、それに何の関係もない「どこか私にできるような勤め口はありませんか」という質問を交ぜる《立場忘れ》も同系統にある。

三番目として、ことばの意外な組み合わせによって表現上の違和感を生み出す第IX類【異例結合】の系統を取り上げる。『借衣』に「女のふところ手や立て膝」について「色彩が濃厚すぎる」と形容するのは、その一例である。『青木南八』にある「絶望なぞをすっかり止して」、『談判』中の「格闘は秩序正しく終りをつげた」、『朽助のいる谷間』に出てくる「オータム吉日」や「止むを得ないピューリタン」、『先輩訪問記』の「あらんかぎりの料理を完膚なきまでにつゝきあらして」、『海岸と女』の「寝姿が成熟し且洗練されている」、それに『作品手引艸』の「ミゼラブルという点でのみ殆んど英雄的な人物」など、この種の例は多い。

『山椒魚』の「彼を狼狽させ且つ悲しますには十分であった」とか「何たる失策であることか！」とかといった《欧文脈》や、『夜ふけと梅の花』の「血祭にコーヒーとしる粉とをのむ」、あるいは『貧困其他』の「うっとりとしたような思想」のような例に見る《不適用語》の方策もこの延長線上にある。

5　人を映す奇想

奇妙な理屈

〔摩擦〕の原理に続くもう一つの系統として、最後に、〔創意〕の原理に立つ第X類【奇想】表現と名づけた一連の方策を取り上げる。

『岬の風景』に「英語の出来ない少女は全く好ましく且つ可憐に見えることとを発見した」とあるような《奇妙な理屈》はその一例である。「うやむや表現」として前にもふれたが、『文章其他』の冒頭近くにある「自分が破産したと自覚した日の夜から、急に青春時代のように性欲が盛んになってしまった」という五十歳の婦人の悲痛な話など、まさに人知の及ばぬ不思議である。

同じ作品で「女の容貌とか肉体に対しては相当に鑑賞眼のある人でも、文章に対しては全然鑑識の低劣な人がある」ことを不満げに述べ、「統計的に云ってみれば、そういう人は概して酒を飲まないようである」と、統計をちらつかせながら眉唾の理論を展開するのも笑いを招く。

これも「うやむや表現」として前にふれたが、『埋憂記』には「夜更けというものは、私達に誓ったり約束させたりしがちなものである」という説が紹介され、「これは気圧の関係による」という補足説明が続いて、読者はますます訳がわからなくなる。『青木南八』に出てくる「人生に絶望して、巻莨をすわなくなり、教室へ煙管を持って来た」というあの一文も、絶望が「巻莨」と刻みたばことの違いにどう結びつくのかわからない点が笑いを誘う。

『競馬その他』に「精神」を「多分霊とは異った筋肉繊維か何かであろう」と推測する《変わった思考》も同じ方向にある。また、『デスクリプシオンパアソネエル』で、最近活躍している作家を何と「身長順」に並べるのも、その類例と言えよう。

『岬の風景』で「この世の中に代数と鼠さえなければ、どれだけ幸福かわかりませんわ」という娘の「思想」が紹介される。このうち「思想」の部分は大げさな用語という摩擦であるが、「代数と鼠」という括り方は《ふしぎな組合せ》とも言うべき方策に当たる。『言葉』の「牛や馬はその草原の上に点々と遊び又は交尾して」における「遊び又は交尾」の部分も同様である。

『文章其他』で「短篇小説を呉れてやろうか、それとも半襟の方がいゝか」と義妹に尋ねる箇所も、相手の反応によって、自分の小説を「安物の半襟より拙い」と判断するように、両者を同列に扱っていることになる。『或いは失言』にある「声帯及び情欲、恋のてくだ、ネクタイの結びかた、処世術」という列挙もどこでどうつながるのか不明で、同じ性格の滑稽感である。

『夜ふけと梅の花』に、質草にけちをつける質屋の番頭に、客が「入れてしまうまでは僕のものだから、マントの悪口を言うのは止したまえ」と文句を言う場面がある。言われてみればたしかに筋が通る。この種の《一理ある》表現も同じ系統に属し、やはり笑いを喚ぶ方策となる。『私の保証人』に「一般の規約からいえば、学生の保証人というものは、その学生が学校を止すと同時に、保証人たるの権能を断念しなければならない」として、いつまでも干渉したがる保証人に抗議するのも理に適う。

意外な発見

『休憩時間』では、「下駄をはいて来ようが靴をはいて来ようが、人生の未来の光明にどれだけの関係があるか」という内容の学生の即興の抗議短歌が喝采を受ける。『朽助のいる谷間』に「お互に裸体であるということは、その裸体の持主達をしていちはやく親しい友人にさしてしまう」というくだりがある。まさに裸の付き合いだが、日頃思ってもみなかった事実を言い当てたかのような《意外な発見》も笑いを誘う方策となる。

『私の保証人』にある「高価な葉巻莨《たばこ》を罵倒されながら喫うことは、あまりに寂しさに値することである」という例も、「こんな美しい庭にいると、尚お更らならずものに見えるようだ」という『ならずものと光り』の末尾のつぶやきも、多くの読者はそれまで考えたこともなかっただろう。が、あらためて想像してみるとどこか真実みがあって笑ってしまう。

白眉は『酒』の掉尾《ちょうび》を飾る卓見であろう。X類の【奇想】には〔創意〕という原理が働いていたことを思い出そう。「枯淡であってまたユーモラスである」飲み方もあれば、「叙情的であって余韻をふくんでいる」飲み方もあり、それぞれ違った風格がある。そうして、「酒は量の多きを以て誇りとすべきではない」とし、「いかに美しく酔えるかゞ要点である」という。

この結論に読者は《意外な発見》を意識して、にこりとする。すると、この作家の太いペリカン製の万年筆は、そのあとに「芸術だって同じである」という一文をさりげなく書き添える。また新たな発見をした思いで、読者ははっと思わず襟を正す。ところが、ふと、それが「酒」と題するエッセイであったことを思い返し、読者はそういう虚実皮膜のとぼけた文学の方法に気づき、思わずにやりとすることだろう。

作者という人間の発したことばを契機として読者側に起こる笑いは、何らかの感動を胚胎《はいたい》する表現効果であり、基本的に読者側のものである。どのような文体研究も純粋な読書体験に始まる。読者は作品の場で作者と出会い、対話を通じてその人間性を満喫する。調査も分析も考察もその時の文学的感動に届かねばならない。

作品の現場ではじける作者と読者とのダイナミックな交流——文体論はそういう人間の行為をたどる円環であるように思われる。

文庫版へのあとがき

本書は岩波セミナーブックス47『日本語の文体――文芸作品の表現をめぐって』(一九九三年九月刊)を原本とし、以下の改変を加えたものである。

(1) 書名が、外国語の場合と比較した日本語という体系の特質という意味に誤解されないよう、ずばり「日本語文体論」と改題し、それに応じて不要になった副題を省いた。

(2) 旧版の《文体論の原理》の末尾「文体分析のモデル」を理論の実践モデルを示したものと位置づけ、独立させた。

(3) 旧版で《文体論の展開》の「作品の文体」「作家の文体」として扱った作家や作品は、近著『日本の作家 名表現辞典』との重複記述を避けるためにすべて割愛し、「作品の文体」には「『坊っちゃん』の人物描写」(『早稲田大学大学院文学研究科紀要』(第四二輯・第三分冊所収、一九九六年)および「『坊っちゃん』対話録」(森田良行古稀記念論集『日本語研究と日本語教育』(明治書院)所収、一九九九年)の内容をもとに一般向けに改稿した論文に、「作家の文体」には「虚実皮膜の笑いの系譜」(近代語学会編『近代語研究』一一集所収、二〇〇二年)および「井伏鱒二初期作品の笑い」(日本文体論学会『文体論研究』四九号、二〇〇三年)の内容をもとにこれも一般向けに改稿した論文に、それぞれ差し替え、文体論実践の一例として示した。

(4) 旧版の「注」は厳選して本文中に取り込み、同じく「文体関係書目」は一般書という観点からすべて割愛した。

(5) 旧版の「あとがき」を割愛し、記録すべき内容の一部のみ、この「文庫版へのあとがき」に書き残した。

(6) 著者の年齢や執筆時期の関係もあり、肩に力の入った生硬な表現が目立ち、いささか瓢鮎図《ひょうねん》じみてきた昨今の文章と肌合いが異なるが、それはそれで調子がとれているため、当時の文体をほぼそのまま残し、特に難解な言いまわしを平たく開き、専門用語の一部に注釈を付するにとどめた。

日本語および日本文学を対象とする文体論の研究書を思い立ったのは遠い昔で、古い手帖によると、岩波書店の合庭惇氏と最初に刊行企画の打ち合わせをしたのは一九八四年の十二月六日らしく、午後四時半から東京西荻窪駅前の二階の喫茶店で、鋭い質問を柳に風と、なごやかに構想を語ったようだ。そして翌年三月二十六日の二時に、岩波書店で第一稿を渡したことになっている。

ところが、研究の進展が迷走したのか、この企画を中断し、一九九一年三月に同じ出版社から同じ編集者の担当で先に『日本語レトリックの体系』という学術書を刊行。その後、続稿来らず金庫のなかで玉稿心細げに云々の合庭氏の玉章至り、はっと心を入れ換えたらしく、翌九二年の九月十八日より毎金曜の晩二時間ずつ五週間、岩波市民セミナー「日本語の文体――文芸作品を中心に」を開催。朝日新聞の「天声人語」の筆者やのちの岩波書店の社長と同姓同名の人物やら知的階層を前に、冷たい汗をぬぐいながら笑いの渦にまきこんだかもしれない。これを機に筆勢速まり、突貫工事で構築したのが旧版『日本語の文体――文芸作品の表現をめぐって』であった。

表現の在り方ということばの面から作品・作家の特性に迫るこの文体論は、文学作品を対象にすえた文体分析の実践という具体的な成果によって魅力が測られる。本書はその理論的な根幹を主内容としており、言語的な美の文体的精華については、『日本の作家　名表現辞典』を併読することで補っていただければ、著者望外の喜びとする。

旧版の刊行については合庭惇氏、セミナーの開催に際しては高本邦彦氏、そしてこのたびの新しい岩波現代文庫版の刊行にあたっては鈴木康之氏に、それぞれ全面的な協力を仰いだ。岩波書店の歴代の編集者に心より深い感謝の気持ちを申し述べる。

また、文章の一部を例として引かせていただいた作家のほか、「文体分析のモデル」に短章を掲げた当時の学生二氏にも謝意を表したい。たしかのちに作家として令名を馳せる村上龍と同じ基礎デザイン学科に在籍していたはずだ。うち詳しく言及した作品Xの筆者は栗田千晶という名だったか知らん？　なかなかの才媛で卒業後に七宝焼か何かの展示会の案内を受け取ったような遠い記憶がよみがえる。お二人に本書を届けて笑い合いたいのだが、今ではたどりようもなく、その夢は叶わない。せめて春の訪れとともにこの本が燕を追って全国に羽ばたくその先のどこかで、本人か一九六八年頃の受講生の誰かかの視野に入る、そんな偶然を期待しよう。

二〇一五年晩秋の朝　門先に侘助の花咲く東京小金井の自宅にて

中村　明

本書は一九九三年九月、岩波書店より『日本語の文体――文芸作品の表現をめぐって』として刊行された。文庫では、表題を変え、内容も改変した。詳しくは「文庫版へのあとがき」を参照されたい。

日本語文体論

2016年2月16日　第1刷発行

著　者　中《なか》村《むら》　明《あきら》

発行者　岡本　厚

発行所　株式会社　岩波書店
〒101-8002 東京都千代田区一ツ橋2-5-5

案内 03-5210-4000　販売部 03-5210-4111
現代文庫編集部 03-5210-4136
http://www.iwanami.co.jp/

印刷・精興社　製本・中永製本

ISBN 978-4-00-600341-8　　Printed in Japan

岩波現代文庫の発足に際して

新しい世紀が目前に迫っている。しかし二〇世紀は、戦争、貧困、差別と抑圧、民族間の憎悪等に対して本質的な解決策を見いだすことができなかったばかりか、文明の名による自然破壊は人類の存続を脅かすまでに拡大した。一方、第二次大戦後より半世紀余の間、ひたすら追い求めてきた物質的豊かさが必ずしも真の幸福に直結せず、むしろ社会のありかたを歪め、人間精神の荒廃をもたらすという逆説を、われわれは人類史上はじめて痛切に体験した。

それゆえ先人たちが第二次世界大戦後の諸問題といかに取り組み、思考し、解決を模索したかの軌跡を読みとくことは、今日の緊急の課題であるにとどまらず、将来にわたって必須の知的営為となるはずである。幸いわれわれの前には、この時代の様ざまな葛藤から生まれた、人文、社会、自然諸科学をはじめ、文学作品、ヒューマン・ドキュメントにいたる広範な分野のすぐれた成果の蓄積が存在する。

岩波現代文庫は、これらの学問的、文芸的な達成を、日本人の思索に切実な影響を与えた諸外国の著作とともに、厳選して収録し、次代に手渡していこうという目的をもって発刊される。いまや、次々に生起する大小の悲喜劇に対してわれわれは傍観者であることは許されない。一人ひとりが生活と思想を再構築すべき時である。

岩波現代文庫は、戦後日本人の知的自叙伝ともいうべき書物群であり、現状に甘んずることなく困難な事態に正対して、持続的に思考し、未来を拓こうとする同時代人の糧となるであろう。

（二〇〇〇年一月）